【禮節敎育】

예절교육

이화문화출판사

차 례

제 1 장 예절(禮節)의 의의

1. 전통예절의 의미

1) 예(禮)의 뜻

예(禮)란 여러사람이 함께 살아가기 위해 서로가 지키려고 정한 형식과 규범을 말한다. 즉 예(禮)는 사람과 사람 사이를 아름답게 유지해 주고, 우리가 사는 사회를 밝고 건강하게 지탱해 주는 기본이며, 다른 사람에게 마음을 써 주는 배려를 뜻한다. 이를 좀더 자세히 말하면

① 예(禮) : 원활한 인간관계를 위한 일상생활의 기본으로써 지켜 가야 할 일정한 형식을 말하는 것으로 예법(禮法)의 준말이다.

② 예의(禮儀) : 사회생활을 함에 있어서 남에게 실례가 되지 않도록 하기 위하여 공손하고 삼가는 몸가짐을 뜻한다.

③ 예절(禮節) : 말과 행동을 예의있게 하되 때와 장소, 그리고 상대방에 따라 그 상황에 맞도록 말과 행동을 하는 것이다.

2) 고전에 나오는 예절

(1) 명심보감(明心寶鑑)에 다음과 같은 구절이 있다.

'마음가짐을 선하게 하여 모든 일에 대처한다면 글을 읽지 않았더라도 덕이 있는 군자가 될 수 있다. 즉 마음이 안정되어야 이치를 정확하게 판단하고 사물을 대응하는 것이 정도를 벗어나지 않음을 뜻한다.'

(2) 예기(禮記)에서는

'예(禮)란 친한 것과 소원한 것을 정하고, 의심스러운 것을 해결하며, 같고 다른 것을 구별하고, 옳고 그른 것을 밝히는 것이다.' 라고 말했다.

(3) 맹자(孟子)에서는 '인지사단(仁之四端)'을

'딱하게 여겨 언짢아하는 마음은 인(仁)의 실마리이고, 자기의 착하지 않음을 부끄러워하는 마음은 의(義)의 실마리이며, 사양하는 마음(남을 공경하는 마음)은 (禮)의 실마리이고, 옳고 그름을 가리는 마음은 지(智)의 실마리이다.' 라고 밝히고 있다.

(4) 논어(論語)에서는

'천명을 알지 못하면 군자가 될 수 없고, 예를 알지 못하면 남 앞에 설 수 없으며, 말을 알지 못하면 남을 알 수가 없느니라.' 라고 밝히고 있다.

2. 우리의 전통예절

1) 우리나라는 예로부터 동방예의지국(東方禮義之國)이라고 불려 왔다.

지금부터 2300년 전 공자(孔子)의 7대손 공빈(孔斌)의 동이열전(東夷列傳)에서는 다음과 같은 내용으로 우리나라를 '동방예의지국'이라 칭송하였다.

즉 먼 옛날부터 동쪽에 나라가 있으니 이를 동이(東夷)라 한다. 그 나라가 비록 크지만 교만하지 아니하고, 군사는 비록 강하지만 남의 나라를 침략하지 않았다. 풍속이 순박하고 인정이 두터워서 길을 가는 이들이 서로 양보하고, 음식을 먹는 이들이 먹을 것을 서로 미루며, 남자와 여자가 따로 기거해 섞여 앉지 아니하니, 이 나라야말로 동쪽에 있는 예의 바른 군자의 나라가 아니겠는가?

2) 한국의 예절은 우리 고유의 문화이다.

예절은 언어(言語)와 같은 것이다. 높은 산과 깊은 물에 막혀 무리 지어 사는 생활권에 따라 쓰이는 말이 다르듯이, 예절도 일정한 여건하의 생활 속에서 행해지는 생활 방식인 것이다. 같은 언어를 사용하는 사람은 생활 예절도 거의 같은 것이다.

우리의 예절이 중국의 예절과 다른 점을 살펴보면 다음과 같다

① 혼인례(婚姻禮) : 혼인이란 남자와 여자가 몸을 합하여 부부가 되는 절차인데, 주자가례(朱子家禮)는 '친영(親迎)'이라 하여 남자의 집에서 예식을 올리고 첫날밤을 치러 부부가 되지만, 우리나라에서는 여자 집에서 예식을 올리고 첫날밤을 치르고 부부가 된다.

② 상장례(喪葬禮) : 사람의 죽음을 갈무리해 장사 치르는 절차에서 우리나라의 효자는 부모의 묘지 앞에 여막(廬幕)을 짓고 3년간 묘지를 지키는 시묘(侍墓) 제도가 있는데 주자가례에는 그 시묘(侍墓) 제도가 없다.

③ 제의례(祭儀禮) : 돌아가신 조상을 받드는 절차에서 중국은 차(茶)가 대중 음료이기 때문에 모든 제의에 차를 올리지만 우리나라는 일체 차를 올리지 않는다.

④ 배례법(拜禮法) : 중국에는 아홉 가지의 절하는 법이 전해지고 있으나, 우리나라는 다섯 가지의 배례법이 있을 뿐이다.

따라서 우리나라의 예절은 우리만의 독자적인 주체성을 지니고 있다. 우리 조상들이 예절을 모든 행동 양식의 기본으로 삼았던 것처럼 우리도 예절 바른 민족의 긍지를 가지고, 우리의 고유문화 유산인 예절을 지키며, 전통적인 예의 문화를 올바르게 이해하고 실천해 나가는 것이 우리나라가 예절의 나라임을 입증해 나가는 길이다.

3. 예절의 분류

1) 기본 예절 : 모든 분야에 통용되는 공통 예절이다.

① 사람의 기본 윤리, 기본 질서 ; 우리로 함께 살려면 서로 사랑해야 하며, 남을 사랑하려면 이기심과 사욕을 버려야 하고, 사욕을 버리려면 사양하는 마음인 예절을 실천해야 한다. 위계(位階)와 질서(秩序)는 자기 혼자의 마음대로 하는 것이 아니고, 함께 사는 모든 사람들이 정하는 것이다. 사람이 남과 더불어 살려면 인간관계에 있어서의 위와 아래, 앞과 뒤의 차례인 위계를 정해야 하고, 정해진 위계를 지키는 데는 분명한 질서가 있어야 한다

② 절에 대한 예절은 상대편에 공경을 나타내는 기초적인 행동 예절이다. 공수법, 읍례법과 절의 종류와 방법 등을 알아야 한다.

③ 말에 대한 예절

언어 예절로서 대화 상대에 따라 높임말과 낮춤말을 가려 써야 하며, 호칭과 지칭, 대화 예절, 전화 예절을 알고 실천해야 한다.

④ 예절의 방위와 상하석이 있다.

2) 생활 예절

① 개인 예절

마음가짐과 표정, 몸차림과 몸가짐, 그리고 기거동작의 예절이 있다.

② 가정 예절

어른을 모시는 예절과 부부간의 예절, 그리고 아랫사람에 대한 예절을 지켜야 하고, 촌수 관계를 알아야 한다.

③ 학교 예절

선생님에 대한 예절, 제자에 대한 예절과 동문 선후배간의 예절이 있다.

④ 직장 예절

출근 시간, 근무 시간과 퇴근 시간을 지켜야 한다.

⑤ 사회 예절

식당과 호텔에서 예절을 지키고, 거리 교통 질서와 공공장소에서 예절을 지켜야 한다.

⑥ 국민 예절(국민의례)

3) 가정 의례 : 가정에서 행하는 의식 절차로는 성년례, 혼인례, 상장례, 제의례, 수연례가 그 대표적인 것이다.

① 성년례(成年禮) : 현대에서는 만 19세가 되는 생일이나 그 해의 성년의 날에 행하며 어른으로서의 책임과 의무를 일깨우는 의식이다.

② 혼인례(婚姻禮) : 남녀가 만나 부부가 되는 것을 혼인이라 하며, '혼(婚)'은 남자가 장가든다는 뜻이고, '인(姻)'은 여자가 시집간다는 뜻이다. 전통 혼례에서는 남자는 16세, 여자는 14세 이상이어야 하고, 동성

동본과 근친의 상중일 때는 혼인하지 못했다.

③ 상장례(喪葬禮) : 상장례란 사람의 죽음을 맞고 주검을 갈무리해 땅에 묻고, 근친들이 슬픔으로 근신하는 기간의 의식 절차를 정한 예절이다.

④ 제의례(祭儀禮) : 돌아가신 조상을 살아계신 조상 섬기듯이 모시는 것이며, 그와 같이 효도를 계속 하는 것이다.

⑤ 수연례(壽筵禮) : 어른의 생신에 아랫사람들이 상을 차리고 술을 올리며, 오래 사시기를 비는 의식이다.
(육순-60세, 회갑-61세, 진갑-62세, 美壽-66세, 稀壽-칠순, 喜壽-77세, 傘壽-팔순, 米壽-88세, 卒壽-구순, 白壽-99세)

4. 한국 통과의례(通過儀禮)의 사적 변천(史的 變遷)

1) 우리나라의 통과의례는 단군신화를 비롯하여 박혁거세(朴赫居世), 김알지, 김수로왕(金首露王)의 건국 신화가 통과의례의 근원이 되어 왔다. 삼국유사(三國遺事) 가락국기(駕洛國記)에는 수로왕이 알에서 태어나 왕위에 오른 후 혼인하고 사후(死後)에 제사를 모시는 과정이 잘 묘사되어 있어 이에 의하여 우리의 통과의례의 체제가 이루어져 왔다.

2) 삼국시대

고구려에서는 남녀가 혼인을 하면 신랑은 신부집에 가서 서옥(壻屋)을 짓고 살면서 자식을 낳을 동안 신부집에서 노력 봉사를 하다가 첫아들을 낳으면 신부와 아이를 데리고 자기 집으로 돌아왔는데 이것이 우귀례(于歸禮)의 근원이 되었다.

신라에서는 왕족의 혈통을 보존하기 위해 근친혼인(近親婚姻)을 하였으며, 백제에서는 왕실과 귀족들간에는 일부다처제(一夫多妻制)가 행해졌다고 한다.

부여(夫餘)에서는 순장제도(殉葬制度)와 복을 입는 제도가 있었고, 고구려에서는 3년 치장(三年治葬) 제도가 시행되었으며, 백제에서는 남편이 죽으면 3년 동안 복상(服喪)을 입었다는 기록이 있다.

3) 고려 시대

서기 965년 고려 광종 16년에 관례(冠禮)의 예로 왕자에게 원복(元服)을 입혀 태자로 삼았다는 기록이 있으며, 1147년 고려 의종(毅宗) 1년에는 5촌까지의 근친간 금혼(近親間禁婚)을 시행했고, 1234년 고려 고종(高宗) 21년에 최태의(崔台儀)가 금속 활자로 상정고금예문(詳定古今禮文) 50권을 편찬하여 통과의례 예절의 기틀을 마련했다. 그리고 1390년 고려 공양왕(恭讓王) 2년에 정몽주(鄭夢周) 선생이 제례규정(祭禮規定)을 지어 임금에게 바쳤으며, 제례(祭禮)에서 신분에 따라 4대 봉사(四代奉祀)제가 시행되었다.

4) 조선 시대

유교적인 전통인 통과 의례가 정착된 시기이다. 상례(喪禮) 부분은 중국의 제도 원형 그대로를 따라 지켜왔다. 이는 억불숭유(抑佛崇儒) 정책에서 기인한 것이었으나 중국 남송(南宋)의 주자(朱子) 학설인 성리학(性理學)의 영향이 더 크다고 할 수 있다.

그러나 1475년 조선 성종(成宗) 6년에는 나라의 예절을 정하는 국조오례의(國朝五禮儀)가 편찬되었고, 특히 우리나라의 예절을 바르게 세워 겨레의 스승(東國 18賢)이 되신 예학의 종장 사계(沙溪) 김장생(金長生) 선생은 선조 16년(1583년)에 상례비요(喪禮備要)와 선조 32년(1599년)에 가례집람(家禮輯覽)을 지으면서 "모든 예문이 주자가례에 자상하게 실려 있으나 옛날과 지금은 사정이 달라서 현실에 맞지 않는 것도 있는데, 선비들이 변통(變通)하는 요령이 없으니 병폐다. 그러므로 예로부터 전해지는 우리의 풍속과 여러 학자들의 주장을 참작하여 실용하기에 편하게 했다"고 말하여 우리 예절은 우리 고유문화임을 설명하고 있다.

이어서 기본예절의 응용 방법을 다룬 이의조(李宜朝)의 가례증해(家禮增解, 정조 16년, 1792년)와 헌종 10년(1884년) 이재(李縡)가 지은 가정의례(家庭儀禮)의 절차만을 간추린 사례편람(四禮便覽)이 뒤를 이어 간행되었다.

5) 갑오경장 이후

그러나 이렇게 바르게 세워진 우리의 예절은 거의 모두가 한자로 씌어졌기 때문에 한문 공부를 할 수 있었던 지배 계층에서만 행해졌던 것이 사실이다.

현대에 와서 우리의 미풍양속(美風良俗)인 예절이 왜 흔들리게 되었을까? 1894년 6월 갑오경장(甲午更張)으로 인해 신분 제도가 철폐되면서 그로 인해 대중화가 이루어졌지만, 1910년에 국권(國權)을 상실하면서 일본(日本)의 생활 문화가 침투하여 범람하였고, 1945년 조국은 광복되었으나 서구(西歐) 문화가 밀고 들어오면서 우리의 미풍양속(美風良俗)인 예절은 흔들리게 되었고 혼란스럽게 변해갔다.

이에 성균관(成均館)과 향교(鄕校)를 주축으로 하는 전국의 유림(儒林)이 중심이 되어 현재 우리 예절의 재건과 실천을 위해 충효(忠孝) 교실을 설치하여 운영하고 있다. 우리는 다시 예의 한국을 재건하여 예의 국민으로서의 보람을 누려야 할 것이다.

제 2 장 기본예절(基本禮節)

제 1 절 절에 대한 예절

1. 절의 뜻

상대편에 공경을 나타내는 기초적인 행동 예절을 절이라고 한다. 그 대상은 사람뿐 아니라 공경해야 할 표상(標象)에 대해서도 한다.

절에 대해서는 지금부터 약 4백년 전인 1599년에 예학의 종장이신 사계 김장생(沙溪 金長生) 선생께서 지으신 '가례집람(家禮輯覽)'에 그림까지 곁들여 제시되어 있다.

2. 공수법(拱手法)

1) 공수의 뜻

우리가 어른 앞에서나 의식 행사에 참가하면 공손한 자세를 취한다. 이 때 한 손을 다른 손의 위에 놓고 두 손을 마주 잡아 공경의 뜻을 나타내는데 이것을 공수(拱手)라 한다.

2) 공수의 방법

(1) 남자의 공수

① 평상시 공수는 왼손이 위로 가게 두 손을 포개 잡는다.

② 흉사시 공수는 오른손이 위로 가게 두 손을 포개 잡는다.

(2) 여자의 공수

① 남자와 반대로 오른손이 위로 가게 하여 두 손을 포개어 잡는다.

② 흉사시는 왼손이 위로 가게 두 손을 포개 잡는다.

(3) 공수할 때의 손의 모습은 위로 가는 손바닥으로 아래 손의 등을 덮어서 포개 잡는데, 두 엄지손가락은 깍지 끼듯이 교차시킨다. 그 이유는 넓고 긴 예복의 소매가 흘러내려 맨살이 드러나지 않도록 맞은편의 소매 끝을 누르고, 큰 의식 때 쥐는 홀을 쥐기 위해서이다.

(4) 소매가 넓은 예복을 입었을 때는 공수한 팔의 소매 자락이 수평이 되게 올린다.

(5) 소매가 좁은 평상복을 입었을 때는 공수한 손의 엄지가 배꼽 부위 위에 닿도록 자연스럽게 앞으로 내린다.

(6) 공수하고 앉을 때의 공수한 손의 위치는 남자는 두 다리의 중앙에 얹고, 여자는 오른쪽 다리 위에 얹으며, 남녀 모두 한쪽 무릎을 세우고 앉았을 때는 세운 무릎 위에 얹는다.

(7) 흉사(凶事)시의 공수

흉사란 사람이 죽은 때를 말한다. 따라서 자기가 상주 노릇을 하거나, 남의 상가에 가서 인사할 때나, 영결식에 참석하는 것이 흉사이다. 흉사의 공수는 사람이 죽어서 약 백일만에 지내는 졸곡제(卒哭祭)까지의 행사에 참석할 때만 하는 것이다. 그 이후는 길사(吉事)에 속한다.

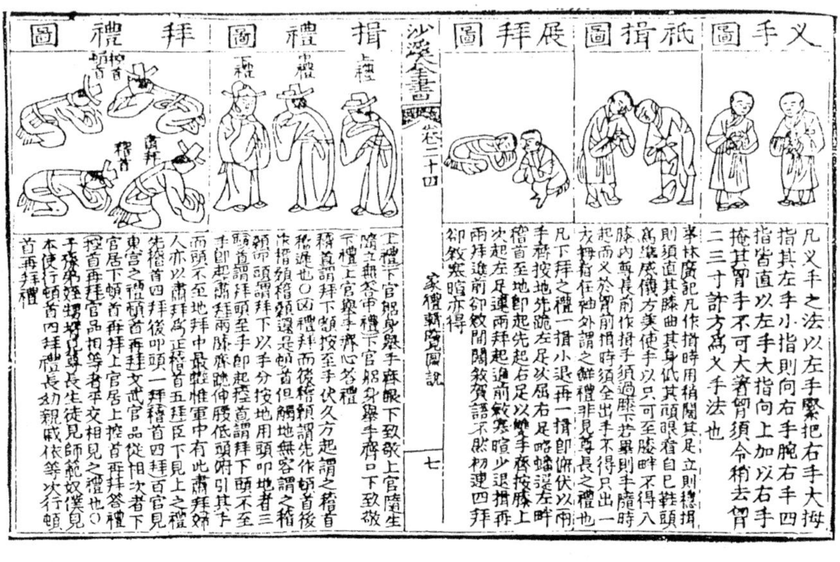

〈그림 1〉 읍례 및 배례법

3) 남좌여우(男左女右)

동쪽은 해가 뜨니까 양(陽, +)이고, 서쪽은 해가 지니까 음(陰, −)이다. 남자는 양(陽, +)이고 방위는 동쪽인데, 그 동쪽이 왼편에 있으므로 남자는 좌(男左)이고, 여자는 음(陰, −)이니까 방위는 서쪽이며, 그 서쪽이 오른편에 있으니까 여자는 우(女右)이다.

남좌여우(男左女右)란 남자는 동쪽, 여자는 서쪽이라는 뜻이다(男東女西).

3. 읍례법(揖禮法)

1) 읍례의 뜻

허리를 굽히는 것은 '읍(揖)',손을 밖으로 원을 그리며 당기는것은 '의'라 하여 '읍의'라 한다. 읍례는 절을 해야 할 대상에게 절을 할 수 없을 때에 간단하게 공경을 나타내는 동작이다. 따라서 읍례는 간단한 예의 표시일 뿐이다. 그러므로 어른을 밖에서 뵙고 읍례를 했더라도 절을 할 수 있는 장소에 들어오면 절을 해야 한다.

2) 읍례의 기본 동작

(1) 두 발을 조금 벌리고 서서, 고개를 숙여 자기의 발끝을 본다.

(2) 공수한 손이 무릎 아래에 이르도록 허리를 굽힌다.

(3) 허리를 세우며, 공수한 손은 밖으로 원을 그리면서 가슴높이까지 갔다가 팔뚝이 수평이 되게 올린 후 가슴쪽으로 당기면서 배에 내리며 허리를 굽힌다.

(4) 공수한 손을 원위치로 내린다.

3) 읍례의 종류=考證:가례집람 도설 7쪽

(1) 상읍례(上揖禮) :답례를 하지 않는 높은 어른이나, 의식 행사에서 큰절대상자에게 한다. 下官이.몸을구부리고 손을 눈아래부분과 나란히 처들고 공경스럽게 읍하는것.上官은 앉아있거나 서있거나 답례를 하지않는다 .

(2) 중읍례(中揖禮) : 어른이나 같은 또래끼리, 즉 평절을 할 상대에게 한다. 공수한 손을 입 높이까지 올린다.

(3) 하읍례(下揖禮) : 어른이 아랫사람의 읍례에 답례할 때 한다. 즉 반절을 할 상대에게 한다. 공수한 손을 가슴 높이까지 올린다.

4. 절의 종류

남녀의 절은 읍례의 경우와 같이 대상에 따라 절의 종류가 다르다.

1) 큰절

- 명칭 : 남자는 계수배(稽首拜), 여자는 숙배(肅拜)이다.
- 대상 : 자기가 절을 해도 답배(答拜)를 하지 않아도 되는 높은 어른이나, 의식 행사에서 한다(직계 존속, 배우자의 직계 존속, 8촌 이내의 연장 존속, 15년 이상의 연장자, 의식 행사시 상대는 답배를 안 한다).

2) 평절

- 명칭 : 남자는 돈수배(頓首拜), 여자는 평배(平拜)이다.
- 대상 : 자기가 절을 하면 답배, 또는 평절로 맞절을 해야 하는 웃어른이나, 같은 또래끼리 한다(선생님, 연장자, 상급자, 배우자, 형님, 누님, 같은 또래, 친족 아닌 15년 이내 연하자).

3) 반절

- 명칭 : 남자는 공수배(控首拜), 여자는 반배(半拜)이다.
- 대상 : 웃어른이 아랫사람의 절에 대해 답배할 때 하는 절이다(제자, 친구의 자녀나 자녀의 친구, 남녀 동생, 8촌 이내의 10년 이내 연장 비속, 친족이 아닌 15년 이상의 연하자).

5. 절의 횟수

1) **기본 횟수** : 절을 많이 할수록 공경을 더 나타내는 것으로 이해되고 있다. 그러나 남자는 양(陽)이기 때문에 최소 한 번, 여자는 음(陰)이기 때문에 최소 두 번이 기본 횟수이다.
2) **생사의 구별** : 산 사람에게는 기본 횟수만 하고, 죽은 사람과 의식 행사에서는 기본 횟수의 배를 한다.
3) **절의 재량** : 절의 종류와 횟수는 절을 받을 어른이 시키는 대로 변경하거나 줄일 수 있다.

4) **절의 생략** : 절을 할 수 없는 장소에서 절할 대상을 만났을 때에는 절을 하지 않고 읍이나 경례로 대신한다. 경례를 했더라도 절을 할 수 있는 장소로 옮겼으면 절을 한다.

5) **절하는 시기** : 절을 할 수 있는 장소에서 절할 대상을 만나면 지체 없이 절한다. '앉으세요. 절 받으세요.' 라고 말하는 것은 어른에게 명령하는 것이 되어 실례가 된다.

6. 절의 요령

1) **맞절 요령** : 정중하게 맞절을 할 때는 아랫사람이 하석(下席)에서 먼저 시작하여 늦게 일어나고, 웃어른은 상석(上席)에서 늦게 시작하여 먼저 일어난다.

2) **답배 요령** : 웃어른이 아랫사람의 절에 답배할 때는 아랫사람이 절을 시작하여 무릎을 꿇는 것을 본 다음에 시작하여 아랫사람이 일어나기 전에 끝낸다. 비록 제자나 친구의 자녀, 또는 자녀의 친구 및 15년 이하의 연하자라도 아랫사람이 성년이면 반드시 답배를 해야 한다.

7. 남자의 절

1) **남자의 큰절(稽首拜)**

(1) 공수하고 대상을 향해 선다.

(2) 허리를 굽혀 공수한 손을 바닥에 짚는다(이 때 손을 벌리지 않는다).

(3) 왼쪽 무릎을 먼저 꿇는다.

(4) 오른쪽 무릎을 왼 무릎과 가지런하게 꿇는다.

(5) 왼발이 앞(아래)이 되게 오른 발등을 포개며 뒤꿈치를 벌리고 엉덩이를 내려 깊이 앉는다.

(6) 팔꿈치를 바닥에 붙이고, 이마를 공수한 손등에 댄다(차양있는 모자나 갓을 썼을 때에는 차양이 손등에 닿게 한다. 이 때 엉덩이가 들리면

안 된다).

(7) 잠시 머물러 있다가 머리를 들며 팔꿈치를 바닥에서 뗀다.

(8) 오른쪽 무릎을 먼저 세운다.

(9) 공수한 손을 바닥에서 떼어 세운 무릎 위에 얹는다.

(10) 오른쪽 무릎에 힘을 주며 일어나서 왼쪽 발을 오른 발과 가지런히 모은다.

* 생존자에게는 읍을 하지 않고 큰절을 하고, 죽은 자나 의식 행사에서는 읍을 하고 큰절을 한다.

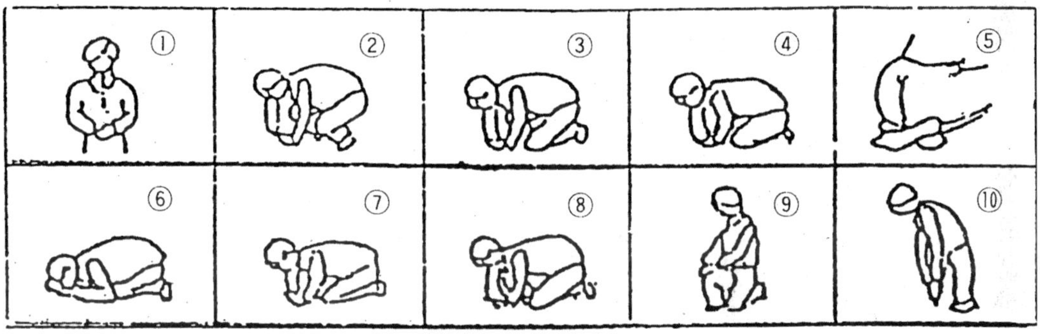

〈그림 2〉 남자의 큰절

2) 남자의 평절(頓首拜)

남자의 큰절과 같은 동작으로 한다. 다만 큰절의 ⑥번 동작에서 이마가 손등에 닿으면 머물러 있지 말고 즉시 ⑦번 동작으로 이어지는 것이 다르다.

3) 남자의 반절(控首拜)

남자의 큰절과 같은 동작으로 한다. 다만 큰절의 ⑤번 동작, 뒤꿈치를 벌리고 깊이 앉는 것과, ⑥번 동작, 팔꿈치를 바닥에 붙이고 이마를 손등에 대는 것과, 공수한 손을 바닥에 대고, 무릎을 꿇은 자세에서 엉덩이에서 머리까지 수평이 되게 엎드렸다가(기마 자세) 일어나는 절이다.

8. 여자의 절

1) 여자의 큰절(肅拜)

여자의 큰절(肅拜)은 원래 무장을 한 군인이 진 중에서 군례(軍禮)를 할 때 하던 절인데 그것이 여자의 큰절로 행해지고 있다.

(1) 공수한 손을 어깨 높이로 수평이 되게 올려서 엄지손가락이 턱에 닿게한다(너무 올리면 겨드랑이가 보여 흉하다).

(2) 고개를 숙여 이마를 공수한 손등에 붙인다(엄지 안쪽으로 바닥을 볼 수 있게 한다).

(3) 왼쪽 무릎을 먼저 꿇는다.

(4) 오른쪽 무릎을 왼 무릎과 가지런히 한다.

(5) 오른발이 앞(아래)이 되게 왼쪽 발등을 포개고, 뒤꿈치를 벌리어 엉덩이를 내려 깊이 앉는다.

(6) 윗몸을 반(45도)쯤 앞으로 굽힌다(이 때 손등이 이마에서 떨어지면 안 된다. 여자가 머리를 깊이 숙이지 못하는 것은 머리에 얹은 장식이 쏟아지지 않게 하기 위한 것이다).

(7) 잠시 머물러 있다가 윗몸을 일으킨다.

(8) 오른쪽 무릎을 먼저 세운다.

(9) 일어나면서 왼쪽 발을 오른발과 가지런히 모은다.

(10) 수평으로 올렸던 공수한 손을 내리고, 고개를 반듯이 세운다.

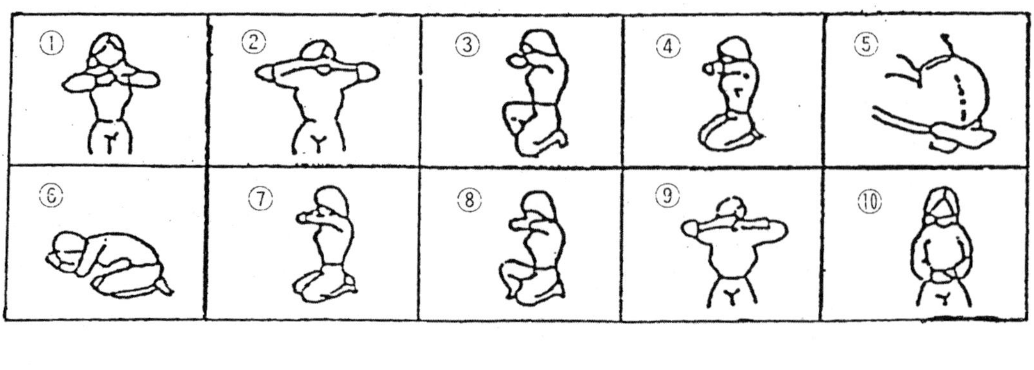

〈그림 3〉 여자의 큰절

2) 여자의 평절(平拜)

여자의 평절은 원래 중국 여자의 큰절이었는데 우리나라의 큰절보다 수월하므로 평절로 쓰인다.

(1) 공수한 손을 풀어 양옆으로 자연스럽게 내린다.
(2) 왼쪽 무릎을 먼저 꿇는다.
(3) 오른쪽 무릎을 왼 무릎과 가지런히 한다.
(4) 오른쪽 앞발이 앞(아래)이 되게 왼발 등을 포개며 뒤꿈치를 벌리고, 엉덩이를 내려 깊이 앉는다.
(5) 손가락을 가지런히 붙여 모아서 손끝이 밖(양 옆)을 향하게 무릎과 가지런히 바닥에 댄다.
(6) 두 손바닥을 바닥에 대고 윗몸을 반(45도)쯤 앞으로 굽힌다..
(7) 잠시 머물러 있다가 윗몸을 일으키며, 두 손바닥을 바닥에 댄다.
(8) 오른쪽 무릎을 먼저 세우고, 손끝을 바닥에서 뗀다.
(9) 일어나면서 왼발을 오른발과 가지런히 모은다.
(10) 공수하고 원 자세를 취한다.

3) 여자의 반절(半拜)

여자의 반절은 평절을 약식으로 하면 된다. 답배해야 할 대상이 많이 낮은 사람이면 남녀 모두 앉은 채로 두 손으로 바닥을 짚는 것으로 답배한다.

* 절이든 읍이든 동작이 끊어져서는 안 된다. 아름다운 곡선의 미가 완만하게 나타나야 한다.

9. 답배

1) 남자의 답배

(1) 상 답배 : 공수하고, 다리를 어깨 넓이로 벌리고, 기마 자세로 엉덩이를 조금 떼고 앉는다.
(2) 중 답배 : 공수만 하고 무릎을 꿇고 고개만 숙인다.

(3) 하 답배 : 앉아있는 상태로 받는다.

2) 여자의 답배

(1) 상 답배 : 공수하고, 엉덩이를 조금 떼고 앉는다.

(2) 중 답배 : 왼손을 옆으로, 오른 손을 반듯이 무릎 앞으로 하고 고개를 숙인다.

(3) 하 답배 : 앉아있는 자세로 받는다.

10. 경례의 종류와 방법

한복을 입었을 때는 반드시 공수해야 되고, 양복을 입었을 때도 조직 생활이나 제복을 입지 않았을 때에는 공수하고 경례해야 한다.

1) 의식에서의 경례

전통적인 절은 의식 행사에서도 두 번 하는 겹 절이 원칙이다. 그러나 경례는 의식 행사라도 한 번만 하되 윗몸을 90도로 굽혀 잠시 머물러 있다가 일어난다(신랑과 신부의 맞절, 상가에서 영가에 하는 경례, 제 의례나 추모 의식 등에서 신위에 하는 경례).

2) 큰 경례

전통 배례의 큰절을 해야 할 경우에 하는 경례이다. 윗몸을 45도 굽혀 잠시 머물러 있다가 일어난다.

3) 평 경례

전통 배례의 평절에 한다. 윗몸을 30도 굽혔다가 일어난다.

4) 반 경례

전통 배례의 반 절에 해당하는 절이다. 윗몸을 15도 굽혔다가 일어난다.

제 2 절 말에 대한 예절

1. 언어 예절

오늘날 서구 물질문명의 만연과 외국어, 특히 영어의 남용으로 우리 고유의 말인 한국어와 고유 문자인 한글 사용이 자리를 잃어가고 있고, 우리말의 아름다움이 사라져가고 일상 언어생활이 혼란스러워지고 있다. 그 나라 고유의 언어와 문자가 없는 민족은 죽은 민족이요, 언젠가는 이 지구상에서 사라질 민족이다.

현재 우리말과 한글은 만신창이가 되어 그 고유의 특질과 아름다움을 찾을 길이 막막한 현실이다. 특히 젊은 세대를 중심으로 한 인터넷의 보급과 생활화로 국어와 한글은 위험한 상황에 놓여 있다

예절의 실제는 마음속에 있고, 그 예절의 마음을 상대편에게 인식시키는 첫 번째 방법이 말이다. 말은 의미가 담긴 소리이기 때문에 뜻이 통하지 않는 말은 말이 아니라 소리인 것이다. 어떤 소리에 어떤 의미를 담는가는 모두가 약속하지 않으면 안 되는데 그 약속을 언어 예절이라 한다.

① 상대편이 알아들을 수 있는 말로 한다. 우리나라 사람끼리의 대화는 한국어로 말해야 한다.
② 외래어나 전문 용어를 쓰지 않는다.
③ 같은 말이라도 고운 말을 골라 쓴다.
④ 감정을 편안하게 가지고 표정을 온화하게 해서 말한다.
⑤ 너무 작거나 크게 말하지 않고, 조용하면서도 알아듣기 좋게 말한다.
⑥ 발음을 정확하게 하고, 속도를 조절하여 상대편이 이해하기 좋게 말한다.

2. 높임과 낮춤

1) **높임법의 뜻** : 높임법이란 문장의 주체(주어)를 높이는 법과, 말을 듣는 상대방을 높이거나 낮추는 법을 말한다.

2) **높임법의 갈래** :

① 주체 높임 : 용언 어간에 '-시-'를 붙여 문장의 주체를 높인다.
② 상대 높임 : 일정한 종결 어미를 사용하여 상대방을 높인다.
③ 높임말과 낮춤말 : 말하는 이가 특수한 말을 써서 남을 높인다.

3) **주체 높임법**

① 주체 높임법의 뜻 : 문장의 주체(주어)를 높이는 표현법이다.
② 방법 : 용언 어간 + 높임 선어말 어미 '-시-' + 어말 어미

아버지께서 가신다.　　할아버지께서 오신다.

③ 대상 :

- 주어가 제 3자일 때 : 철수야, 선생님께서 오신다.
- 주어가 청자일 때 : 선생님, 선생님께서도 차를 좋아하십니까?
- 문장의 주어가 말하는 이보다 높아도 청자가 주어보다 더 높으면 '-시-'를 쓰지 않는다.
  아버지, 형님께서 지금 오시었습니다. (×)
  아버지, 형님이 지금 왔습니다. (○)
- 간접적인 주체 높임 : 직접적인 주어가 높임의 대상이 아니더라도, 전체 문장의 주어가 높임의 대상이면 '-시-'를 사용한다.
  아버님은 아직도 귀가 밝으십니다. ('아버님'을 높임)
  할아버지는 돈이 많으십니다. ('할아버지'를 높임)

4) **상대 높임법**

① 상대 높임법의 뜻 : 상대 높임법이란 말 듣는 이의 사회적 지위나 나이 등에 따라서 상대방을 높이고 낮추는 표현 방법이다.

② 상대 높임의 표현 : 상대방에 따라 일정한 종결 어미를 사용하여 높이거나 낮춘다.

③ 상대 높임법의 표현은 다음 여섯 가지로 구분된다.

갈래	높임의 등분	쓰이는 예
• 합쇼체	아주높임	안녕히 계십시오. (-습니다)
• 하오체	예사높임	빨리 나오시오. (-소-, -구려)
• 하게체	예사낮춤	이군, 이리 와서 앉게. (-네, -세)
• 해라체	아주낮춤	철수야, 빨리 자거라. (-다, -냐?)
• 해요체	두루높임	안녕히 계셔요. (-군요)
• 해체	두루낮춤	철수야, 빨리 자. (-군)

* 두루높임은 '하오체'와 '합쇼체'에 두루 쓰이는 것이고, 두루낮춤은 '해라체'와 '하게체'에 두루 쓰이는 것이다.

5) 공손법(겸양법)

① 공손법의 뜻 : 말하는 이가 듣는 이에게 스스로를 낮추어 공손한 뜻을 나타냄으로써 듣는 이를 높이는 방법이다.

② 공손법의 표현 : '어간 + 공손 선어말 어미 + 어말 어미'

- 모음 아래 ; '-(으)옵-, -(으)오-'
  변변치 못한 물건이오나 정으로 드리오니 받아 주시옵소서.
- 자음 아래 ; '-삽(사옵)-, -사오-'
  편히 있사오나 사연을 들으니 눈물겹사옵니다.
- ㄷ,ㅈ 아래 ; '-잡(자옵)-, -자오-'
  편지 받자옵고 편찮으신 아버님을 맞자오나......,

6) 높임말과 낮춤말

우리말에는 특수한 어휘를 사용함으로써 남을 높이거나 자기를 낮추어서 상대를 높이는 방법이 있는데 이 때 쓰이는 어휘를 '높임말'과 '낮춤말'이라고 한다.

(1) 높임말과 낮춤말의 갈래

① 직접 높임말 : 높이는 대상을 직접 높이는 말이다.

• 주무시다(자다), 계시다(있다), 잡수시다(먹다), 돌아가시다(죽다), 드리다(주다), 뵙다(만나다), 여쭈다(말하다) 등

② 간접 높임말 : 높임의 대상과 관계가 있는 사물이나 소유물 등을 높임으로써 높임의 대상을 간접적으로 높이는 말이다.

요새는 선생님께서 손수 진지를 해 잡수신다고 말했다.

* ('밥'에 대한 높임말 '진지'를 써서 간접적으로 선생님을 높임).

• 진지(밥), 말씀(말), 치아(이), 약주(술), 댁(집), 계씨(동생), 귀교, 옥고(玉稿), ...

③ 직접 낮춤말 - 저(나)

④ 간접 낮춤말 - 말씀(말), 소생(小生), 졸고(拙稿), ...

* '말씀'은 높임말로 쓰이기도 하고, 낮춤말로 쓰이기도 한다.

• 아버지의 말씀(높임말), 제가 말씀을 드리지요(낮춤말).

3. 호칭(呼稱)과 지칭(指稱)

1) 호칭의 뜻

호칭이란 어떤 사람을 직접 부르는 말이고, 지칭이란 어떤 사람을 다른 사람에게 말할 때 가리키는 말인데 모두 말할 때는 칭호(稱號)라 한다. 우리나라는 다른 나라와 달라 같은 대상이라도 경우에 따라 여러 가지로 부르거나 말하게 된다. 또 순수한 우리말과 한자말이 섞여서 쓰이고 있는 경우도 있다. 따라서 호칭이나 지칭을 잘못 쓰면 무례한 사람이 된다.

2) 친척에 대한 칭호

① 자기에 대한 칭호

• 저, 제 : 웃어른이나 여러 사람에게 말할 때. (제가 - '저가'는 잘못임)

• 나 : 같은 또래나 아랫사람에게 말할 때.

• 우리, 저희 : 자기 쪽을 남에게 말할 때. '저희'는 낮춤말.

- 상대가 부르는 칭호 : 자기를 아랫사람에게 말할 때는 상대가 나를 부르는 호칭으로 말한다(손자에게 '할아비, 할미', 자녀에게 '아비, 어미', 제자에게 '선생님', '애비, 에미'는 사투리).

② 부모에 대한 칭호

- 아버지, 어머니 : 자기의 부모를 직접 부르고 지칭할 때.
- 아버님, 어머님 : 남편의 부모를 직접 부르고 지칭하거나 남에게 말할 때와 남에게 그 부모를 말할 때.
- 아비(애비), 어미(에미) : 부모의 어른에게 자기의 부모를 말할 때와 부모가 자녀에게 자기를 지칭할 때. 그리고 조부모가 손자 손녀에게 그 부모를 말할 때.
- 아빠, 엄마 : 말 배우는 아이가 자기의 부모를 부르거나 말할 때.
- 가친, 자친(家親, 慈親) : 자기의 부모를 남에게 말할 때.
- 춘부장, 자당님(春府丈, 慈堂님) : 남에게 그의 부모를 한문식으로 말할 때. '춘부장(椿府丈), 춘장(椿丈), 춘당(椿堂)'도 같은 뜻.
- 부친, 모친(父親, 母親) : 남에게 다른 사람의 부모를 말할 때.
- 현고, 현비(顯考, 顯妣) : 축문이나 지방에 죽은 부모를 쓸 때.
- 선친, 선고, 선비(先親, 先考, 先妣) : 남에게 자기의 죽은 부모를 말할 때.
- 부주, 자주(父主, 慈主) : 편지에 부모를 쓸 때.
- 선고장, 대부인(先考丈, 大夫人) : 남에게 그 죽은 부모를 말할 때.

③ 아들에 대한 칭호

- 아들, 자식(子息) : 남에게 자기의 아들을 말할 때.
- 아비(애비) : 자녀를 둔 아들을 그 아내나 자녀에게 말할 때.
- 아드님, 자제, 영식(令息) : 남에게 그 아들을 말할 때. '영랑(令郎), 영윤(令胤)'도 같은 뜻.
- 망자(亡子) : 지방이나 축문에 자기의 죽은 아들을 쓸 때.
- 네 남편 : 며느리에게 그 남편인 아들을 말할 때.

④ 딸에 대한 칭호

- ○실, ○집 : 시집간 딸은 남편의 성을 붙여서 부르거나 말한다.
- 딸, 여식(女息) : 자기의 딸을 남에게 말할 때.
- 따님, 영애(令愛) : 남에게 그 딸을 말할 때. '令孃, 令嬌'도 같음.
- 어미(에미) : 자녀를 둔 딸을 그 남편이나 자녀에게 말할 때.

⑤ 며느리에 대한 칭호

- 애, 며느리, 너 : 며느리를 직접 부르거나 지칭할 때.
- 네댁, 네 아내 : 아들에게 그 아내인 며느리를 말할 때.
- 어미(에미) : 자녀를 둔 며느리를 직접 부르거나 그 자녀에게 말할 때.
- 며느님, 자부님 : 남에게 그 며느리를 말할 때.

⑥ 사위에 대한 칭호

- ○서방(書房), 너, 이름 : 장인이 사위를 직접 부르거나 지칭할 때.
- ○서방, 자네 : 장모가 사위를 직접 부르거나 지칭할 때.
- 네 남편, ○서방 : 딸에게 그 남편인 사위를 말할 때.
- 사위님, 서랑(壻郞) : 남에게 그 사위를 말할 때.

⑦ 부부간의 칭호

- 여보, 당신 : 부부가 서로 부르거나 지칭할 때.
- 사랑(舍廊) : 시댁의 어른이나 동서에게 자기의 남편을 말할 때.
- 제 댁(宅) : 자기 집이나 처가의 윗대 어른에게 자기의 아내를 말할 때.
- ○서방(書房) : 친정의 어른에게 자기의 남편을 말할 때.
- 안 : 자기 집이나 처가의 같은 세대 어른 또는 제수. 처남댁에게 자기의 아내를 말할 때.
- 안사람(內子, 內室), 집사람, 아내 : 남에게 자기의 아내를 말할 때.
- 주인, 바깥양반, 남편 : 남에게 자기의 남편을 말할 때.
- 주인어른, 바깥어른, 부군(夫君) : 남에게 그 남편을 말할 때.
- 안 어른, 부인(夫人), 영부인(令夫人) : 남에게 그 아내를 말할 때.

⑧ 시댁 가족에 대한 칭호

- 아버님, 어머님 : 남편의 부모를 부르거나 말할 때.
- 아주버님 : 남편의 형을 부르거나 가족 간에 말할 때.
- 시숙(媤叔) : 남편의 형제를 남에게 말할 때.
- 형님 : 남편의 형수나 누님을 부를 때.
- 도련님 : 남편의 장가 안간 동생을 부를 때.
- 서방님 : 장가간 시동생을 부를 때.
- 시동생 : 남에게 자기 남편의 동생을 말할 때.
- 동서, 자네 : 시동생의 아내를 부를 때.
- 작은아씨 : 시집가지 않은 손아래 시누이를 부를 때와 가족 간에 말할 때.
- ○서방댁 : 시집간 손아래 시누이를 부를 때와 가족 간에 말할 때.
- 시누이 : 남편의 자매를 남에게 말할 때.
- ○서방님 : 시누이의 남편을 부를 때.

⑨ 처가 가족에 대한 칭호

- 장인(丈人) 어른, 장모(丈母)님 : 아내의 부모를 부를 때.
- 빙장(聘丈), 빙모(聘母) : 아내의 부모를 남에게 말할 때.
- 처남댁, ○○○어머니 : 처남댁을 부를 때.
- 처형, ○○○어머니 : 처형을 부를 때.
- 처남, 자네 : 손아래 처남을 부를 때.

⑩ 형제간의 칭호

- 백씨(伯氏), 중씨(仲氏), 계씨(季氏) : 자기의 형을 남이 말할 때.
- 사형(舍兄) : 자기의 형을 남에게 낮추어 부르는 말.
- 백씨장, 중씨장, 존형장, 자네 형님 : 남에게 그 형을 말할 때.
- 얘, 이름, 너 : 미혼이나 10년 이상 연하인 동생을 부를 때.
- 동생, 자네, 이름 : 기혼이나 10년 이내 연하인 동생을 부를 때.
- 아우 : 동생의 배우자나 남에게 자기의 동생을 말할 때.
- 아우님, 제씨 : 남에게 그 동생을 말할 때.

⑪ 자매간의 칭호

- 얘, 너, 이름 : 언니가 여동생을 부를 때.
- ○실, ○집 : 시집간 여동생을 부를 때(남편의 성을 위에 붙인다).
- 형 : 집안의 어른에게 여형을 말할 때.
- ○○어미(에미) : 집안의 어른에게 자녀를 둔 여동생을 말할 때.

⑫ 남매간의 칭호

- 오빠 : 미혼 여동생이 남자 형을 부를 때.
- 오라버님 : 기혼 여동생이 남자 형을 부를 때.
- 오라비 : 여동생이 집안 어른에게 남자 형을 말할 때. '오라버니'의 비칭.
- 누나 : 미혼 남동생이 손위 누이를 부를 때.
- 누님 : 기혼 남동생이 손위 누이를 부를 때.
- 얘, 너, 이름 : 손위 누이가 미혼인 남동생을 부를 때와 오라비가 미혼인 누이동생을 부를 때.
- 동생, 자네, ○○아버지 : 손위 누이가 기혼인 남동생을 부를 때.
- ○실, ○집 : 오라비가 기혼인 누이동생을 부를 때.

⑬ 형제자매의 배우자 칭호

- 아주머니, 형수님 : 시동생이 형의 아내를 부를 때.
- 형수씨 : 남에게 자기의 형수를 말할 때.
- 제수씨, 수씨 : 동생의 아내를 직접 부를 때.
- 제수 : 집안 어른에게 제수를 말할 때.
- 제수씨 : 남에게 자기의 제수를 말할 때.
- 언니 : 시누이가 오라비의 아내를 부를 때.
- 올케, 새댁, 자네 : 시누이가 남동생의 아내를 부를 때.
- ○○댁 : 집안 어른에게 남동생의 아내를 부를 때.
- 매부(妹夫) : 누이의 남편을 부를 때와 남에게 말할 때.
- 자형(姊兄), 매형(妹兄) : 누님의 남편을 말할 때와 남에게 말할 때.
- 서방, 자네 : 누이동생의 남편을 부를 때.

- 매제(妹弟) : 누이동생의 남편을 남에게 말할 때.
- 형부 : 여동생이 여형의 남편을 부를 때와 말할 때.
- 서방 : 여형이 여동생의 남편을 부를 때.

⑭ 기타 친척간의 호칭

- 대부(大父), 대모(大母) : 자기의 직계존속과 8촌이 넘는 할아버지와 할머니를 부를 때.
- 큰아버지 어머니, 몇째 아버지 어머니, 작은아버지 어머니 : 아버지의 형제와 그 배우자를 부르거나 말할 때, 맏이는 '큰-', 막내는 '작은-', 기타 중간은 '몇째'를 붙인다. 형제자매나 차례가 있는 친족의 칭호에도 공통으로 쓰임.
- 아저씨, 아주머니 : 아버지와 4촌 이상인 아버지 세대의 어른과 그 배우자를 부를 때.
- 고모 아주머니, 고모부 아저씨 : 아버지의 자매와 그 배우자를 부를 때.
- 외숙 아저씨, 외숙모 아주머니 : 어머니의 형제와 그 배우자를 부를 때.
- 이모 아주머니, 이모부 아저씨 : 어머니의 자매와 그 배우자를 부를 때.

3) 사돈(査頓)에 대한 칭호

① 사돈(査頓)의 뜻 : 사돈이란 여자가 시집갔을 때 여자의 친정 가족과 시댁 가족 간의 관계를 말한다. 사돈 간에도 사행(査行)이라 해서 세대의 상하를 엄격히 가려야 하고, 따라서 칭호도 매우 엄정해야 한다.

② 사돈 간의 칭호

- 사장(査丈)어른 : 위 세대 사돈 남녀에 대한 칭호이다. 위 세대 사돈이란 며느리의 친정 조부모, 딸의 시조부모, 형수나 제수의 친정 부모, 자매의 시부모 등과 같이 자기보다 위 세대인 사돈을 말한다.
- 사돈(査頓) : 같은 세대의 동성끼리의 사돈으로서 연령이 10년 이내 연상까지를 말한다. 여자의 친정과 시댁의 아버지끼리 서로를 말할 때.
- 사돈어른 : 같은 세대의 이성(異性)간의 사돈이나 동성이라도 자기보다 10

년 이상 연상일 때 말한다. 여자의 친정아버지를 말할 때.

- 사돈 양반 : 아래 세대의 기혼 이성인 사돈을 말할 때, 시어머니가 며느리의 오라비, 시아버지가 며느리의 올케나 형, 친정아버지가 딸의 시누이나 동서, 친정어머니가 딸의 시숙이나 시동생을 말할 때.
- 사돈 도령, 사돈 총각 : 미혼 남자인 사돈을 말할 때.
- 사돈 처녀, 사돈 아가씨 : 미혼 여성인 사돈을 말할 때.

4) 직장(조직 사회)에서의 칭호

① 상급자에 대한 칭호

- 부장님, 과장님 : 자기가 소속된 부서의 상급자는 직급 명에 '님'을 붙임.
- 서무부장님, 총무과장님 : 다른 부서의 상급자는 부서 명을 위에 붙인다.
- ○부장님, ○○○과장님 : 같은 직급에 여러 사람의 상급자가 있을 때는 성이나 성명을 위에 붙인다.
- 부장, 과장 : 상급자에게 그 하급자이면서 자기에게는 상급자를 말할 때는 '님'을 붙이지 않고 직책과 직급 명만을 말한다.

② 동급자. 동료간의 호칭

- ○○○과장님 : 동급자라도 연상자에게는 '님'을 붙여 부른다.
- 부장, ○○○과장 : 직급이 있고, 동연배인 동급자간에는 직급 명만을 부른다.
- 선생님, ○○○선생님 : 동료라도 10년 이상 연상이면 '선생님'을 붙인다.
- 선배님 : 자기보다 5년 이상 입사 선배이거나 연장자.
- ○○○씨, ○○○여사(女史)님 : 친숙하지 못한 동년배는 '-씨, 여사님'을 붙인다.
- ○형, ○○○형, ○○○여사 : 같은 연배의 친숙한 사이에는 성이나 성명에 '형, 여사'를 붙인다.
- ○군, ○양 : 10년 이상 연하의 친숙한 미혼이나 미성년자는 '군, 양'을 붙임.

③ 하급자에 대한 호칭

- 과장, 계장, 대리 : 직책이 있는 하급자는 직책, 직급 명으로 말한다.
- ○과장, ○○○대리 : 같은 직급에 여러 사람의 하급자가 있으면 성이나 성명을 위에 붙인다.
- ○○○씨, ○○○여사 : 직급이나 직책이 없는 하급자는 성명에 '-씨, -여사'를 붙인다('女史'는 기혼 여성에 붙인다).
- ○○○선생, ○○○형, ○○○여사님 : 하급자라도 자기보다 연상이면 높여서 말함.
- ○○○군, ○○○양 : 하급자가 미성년이거나 10년 이상 연하인 미혼자이면 성이나 성명에 '군, 양'을 붙인다.

5) 사회생활에서의 칭호

① 잘 아는 사람에 대한 칭호

- 어르신, 어르신네 : 부모의 친구, 친구의 부모, 또는 부모 같이 나이가 많은 남녀 어른(자기보다 16년 이상 연장자)을 부를 때.
- 노형(老兄) : 자기와 11년 내지 15년 사이에 드는 연상, 또는 연하자와의 상호 칭호
- 형님, 형 : 6년~10년 사이에 드는 연상, 또는 연하자와의 상호 칭호
- 선배님, 선배 : 학교 선배나 같은 일을 하는 연상자에 대한 호칭.
- 이름, 자네 : 상하 10년 이내의 연령차로서 친숙한 사이의 호칭
- 부인 : 기혼 여자로서 '어르신네, 선생님'이라 부를 수 없는 여자에 대한 호칭

② 잘 모르는 사람에 대한 칭호

- 노인 어른, 노인장 : 60세 이상의 남녀 노인에 대한 호칭
- 어르신, 어르신네 : 자기의 부모 같이 점잖거나 나이가 많은 남녀 어른
- 선생님 : 자기가 존경할 만큼 점잖거나 나이가 많은 남녀를 부를 때.
- 선생, 노형 : 어떻게 부르기가 거북한 남자를 부를 때.

4. 대화 예절

1) 말을 하는 예절

- 대화 상대에 따라 말씨를 결정한다.
- 감정을 평온하게 갖고 표정을 부드럽게 한다.
- 자세를 바르게 하여 공손하고 성실하게 의젓함을 지닌다.
- 대화 장소의 환경과 상대의 성격, 수준을 참작하여 화제를 고른다.
- 조용한 어조, 분명한 발음, 맑고 밝은 음성, 적당한 속도로 말한다.
- 듣는 사람의 표정과 눈을 주시하며 반응을 살핀다.
- 상대가 질문하면 자상하게 설명하고, 의견을 말하면 성의있게 듣는다.
- 표정과 눈으로도 말하는 진지함을 잃지 않는다.
- 남의 이야기 도중에 끼어 들지 않는다.
- 화제가 이어지도록 간결하게 요점을 말하고, 중언부언하지 않는다.
- 말의 시작은 양해를 얻어서 하고, 끝맺음은 요령있고 분명하게 한다.

2) 말을 듣는 예절

- 말을 귀로만 듣지 말고 표정, 눈빛, 몸으로도 듣는다는 자세가 필요하다.
- 바르고 공손한 자세와 평온한 표정으로 듣는다.
- 상대가 알아차리도록 은근하면서도 확실한 반응을 보인다.
- 말허리를 꺾으면서 끼어들지 말고, 의문이 있으면 말이 끝난 뒤에 묻는다.
- 질문하거나 다른 의견을 말할 때는 정중하게 말한 사람의 양해를 구한다.
- 몸을 흔들거나 손이나 발로 엉뚱한 장난을 치지 말고 열심히 듣는다.
- 말을 듣는 중에 의문나는 점은 메모한다.
- 대화 중에 자리를 뜰 때는 양해를 구하고, 다른 사람에게 방해되지 않게 한다.

5. 전화 예절

1) 전화를 거는 예절

- 상대의 전화번호를 확인한다.
- 용건을 미리 정리하여 짧은 통화가 되게 한다.
- 감정을 안정시키고, 표정을 부드럽게 하며, 호흡을 가다듬는다.
- 바른 자세로 왼손으로 수화기를 들고 발신음을 확인한 다음 오른손으로 상대의 번호를 누른다.
- 통화 중 신호가 가거나, 5회 이상 신호가 가도 받지 않으면 조용히 수화기를 내려놓고 2~3분 후에 다시 건다.
- 상대가 전화를 받으면 정확하게 접속되었는지 상대를 확인한다.
- 상대가 확인되면 자기를 소개한다.
- 상대가 이쪽을 알아차리면 먼저 인사부터 한다.
- 다른 사람이 받았으면 정중하게 바꿔주기를 청한다.
- 상대가 나오면 다시 인사하고 용건을 말한다.
- 상대가 없으면 받은 사람에게 전해줄 수 있는가를 정중하게 묻고 용건을 말한다.
- 용건이 끝나면 정중하게 인사하고, 전화를 끊겠다고 예고하고 끊는다.
- 전화가 잘못 걸렸으면 정중하게 사과한다.

2) 전화를 받는 예절

- 전화 신호가 울리면 호흡을 가다듬고 평온한 감정으로 전화기 앞에 바른 자세로 임한다.
- 전화 신호가 두 번 울리면 왼손으로 수화기를 들고, 먼저, "예"라고 대답하여 예비 음을 보낸 다음 자기를 소개한다.
- 전화를 건 사람이 확인되면 먼저 인사부터 한다.
- 다른 사람을 찾으면 친절하게 기다리라고 하고 바꾼다.

- 받을 사람이 없으면 그 사실을 친절히 말하고, 대신 받아도 되겠느냐고 정중하게 묻는다.
- 남에게 온 전화일 때는 통화 내용을 누가, 언제, 무슨 일로 전화했다고 기록하여 전한다.
- 통화가 끝나면 정중하게 인사한다.
- 전화를 건 사람이 먼저 끊은 다음에 수화기를 내려놓는다.
- 상대가 건 전화에 이쪽의 용건을 장황하게 말하지 않는다
- 잘못 걸려온 전화라도 친절하게 응대한다.

제 3 절 위계 질서(位階秩序)

1. 위계 질서의 중요성

위계(位階)란 위와 아래, 앞과 뒤, 먼저와 다음 등 차례를 말하는 것이고, 절차(節次)란 그 위계를 원만하게 지켜서 대우하는 방법을 뜻한다.

위계는 사회생활에 있어서 '아버지 위에 할아버지 계시고, 아버지 밑에 아들이 있는 것'과 같이 반드시 있게 마련이다. 가정에는 항렬(行列)이 있고, 직장에서는 직위의 고하(高下)가 있어 이에 따라 우리 가족과 사회 생활에서는 위계 질서가 엄격히 지켜져 왔다.

2. 가정과 사회의 위계와 질서

1) 가정의 구성원인 가족 간에는 세대 차(世代差)와 출생 선후 차(先後差)에 의한 위계가 있다. 아버지와 아들은 세대 차의 위계이고, 형과 아우는 출생 선후 차의 위계이다. 아버지 어머니와 같은 세대는 위 세대이고, 아들딸과 같은 세대는 아래 세대이며, 형제자매(兄弟姉妹)는 같은 세대이다.

위 세대는 아래 세대를 사랑하고, 아래 세대는 위 세대를 효도로 모시는데, 그것을 부자자효(父慈子孝)라 하고, 형은 아우와 우애하고, 아우는 형에게 공손한데, 그것을 형우제공(兄友弟恭)이라 한다.

2) 사회생활에서도 가정과 같은 위계가 있다. 직장은 조직에 따라 상급자와 하급자, 선배와 후배가 있고, 그 사이에 위계 질서가 있어서 조직 생활이 영위된다. 첫 번째는 나이가 많은 웃어른과 나이가 적은 아랫사람 사이이고, 두 번째는 지위가 높은 상급자와 지위가 낮은 하급자 사이, 그리고 나이가 같은 친구와 지위가 같은 동료가 있다.

3) 그리고 동양의 고전 논어(論語)에서는 나이에 따라 위계를 정하는 기준을 다음과 같이 말했다.

(1) 15년 이상 많으면 아버지를 섬기듯이 모시고(年長以倍則父事之),

(2) 10년 이상 나이가 많으면 형님을 섬기듯이 모시고(十年以長則兄事之),

(3) 5년 이상 나이가 많으면 선후배 사이로 지낸다(五年以長則肩隨之).

따라서 6년 이상 10년까지는 나이가 많은 쪽이 친구로 지내자고 허락할 때만 친구 사이로 지낼 수 있고, 5년 이내에 드는 사이는 서로 친구처럼 지낼 수 있다는 말이다.

3. 예절의 방위와 상하석(上下席)

1) 예절의 동서남북(東西南北)

예절에서는 상하석의 방향을 전후좌우(前後左右)라 하지 않고, 동서남북(東西南北)이라 한다. 이것은 자연의 동서남북과는 관계없이 예절을 갖추어야 하는 장소에서 상석(上席)을 북쪽으로 하여 남쪽을 바라보게 하고, 상석에서 보아 좌(左)가 동쪽, 우(右)가 서쪽이 되게 한다. 그 이유는 상석에 웃어른이 앉아야 하는데, 언제든지 웃어른은 남향해 앉아야 하기 때문이다. 이런 이유로

(1) 제의에서는 신위를 모신 곳이 북쪽이고,

(2) 혼인 예식에서는 주례가 있는 곳이 북쪽이며,

(3) 사무실에서는 제일 상급자가 있는 곳이 북쪽이고,

(4) 교실에서는 선생님이 계신 곳이 북쪽이며,

(5) 행사장에서는 단상이 북쪽이고,

(6) 묘지에서는 그 묘지가 어느 방향으로 있든지 북쪽에서 남향한 것이며,

(7) 모든 건물은 어느 쪽을 향했든 북쪽에서 남향한 것으로 보아 동서남북을 정한다.

2) 예절의 방위와 특례

일반적으로 예절의 방위는 동서남북으로 하는데, 단 특례 몇 가지가 있다.

(1) 특정인을 기준으로 말할 때는 '누구의 왼쪽, 누구의 오른쪽'이라고 말할 수가 있다. 왜냐 하면 그렇게 해야 혼동될 염려가 없기 때문이다. (주인의 왼쪽, 또는 오른쪽 등)

(2) 특정인을 기준으로 하지 않고, 그냥 전후나 좌우라고 말할 때는 웃어른, 즉 상석의 전후와 좌우를 의미한다(左右則尊長之左右).

3) 남좌여우(男左女右)는 남동여서(男東女西)

남좌여우(男左女右)란 남자는 양(陽)이기 때문에 동쪽에 서고, 여자는 음(陰)이기 때문에 서쪽이란 뜻이다. 따라서 남녀가 함께 의식을 하거나, 여러 사람이 함께 예절을 행할 때는 예절의 동서남북에 따라 남자는 동쪽에, 여자는 서쪽에 서는 것이 바른 위치이다. 단 죽은 자는 산 자와 반대로 한다.

4) 상하석(上下席)의 기준

우리가 일상생활이나 예식 행사를 할 때는 예절의 위계에 맞게 상하석을 찾아서 위치를 정하고, 좌석을 정해야 한다.

(1) 동쪽과 서쪽에서는 산 사람은 동쪽이 상석이고, 죽은 사람은 서쪽이 상석이다.

(2) 북쪽과 남쪽에서는 생사 모두 북쪽이 상석이다.

(3) 중앙과 양단에서는 중앙이 상석이다.

(4) 높은 곳과 낮은 곳에서는 높은 곳이 상석이다.

(5) 편리한 곳과 불편한 곳에서는 편리한 곳이 상석이다.

(6) 안전한 곳과 위험한 곳에서는 안전한 곳이 상석이다.

(7) 상석에 가까운 곳과 먼 곳에서는 상석에 가까운 곳이 상석이다

(8) 남자와 여자는 남자가 상석이다.

5) 좌석 배치의 실제

(1) 혼례식에서는 신랑은 동쪽이고, 신부는 서쪽이다(壻東婦西).

(2) 혼례시 현구고례(見舅姑禮)에서는 시아버지는 동쪽이고 시어머니는 서쪽이다(舅東姑西).

(3) 수연례(壽筵禮)에서는 남자 어른이 동쪽이고, 여자 어른이 서쪽이다.

(4) 지방(紙榜)과 신주(神主)는 남자는 서쪽, 여자는 동쪽에 모시고, 묘지에서는 남편을 서쪽에, 부인을 동쪽에 모신다(神位以西爲上, 考西妣東).

(5) 행사장의 좌석 배치는 다음과 같이 한다.

① 단상 좌석 배치는 다음과 같이 한다.

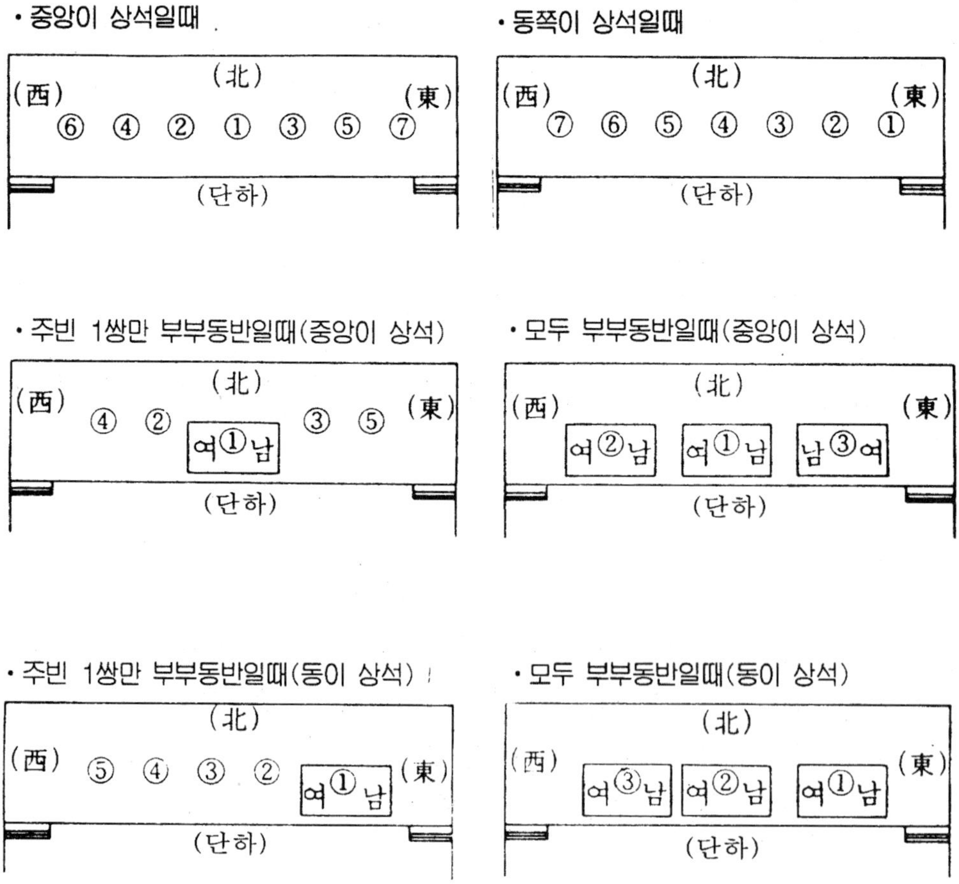

〈그림 4〉 단상의 좌석 배치

② 행사장 단하의 좌석 배치는 다음과 같이 한다.

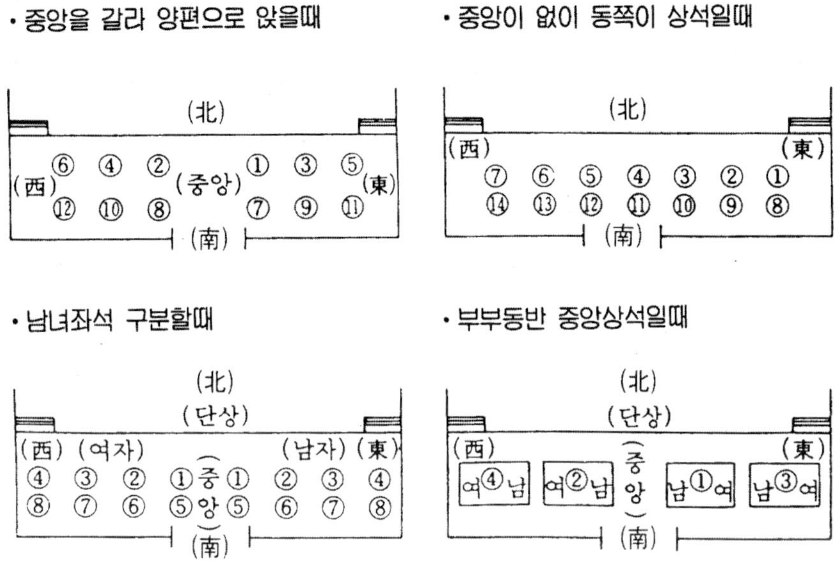

〈그림 5〉 단하의 좌석 배치

③ 회의탁자와 응접세트 좌석 배치는 다음과 같이 한다.

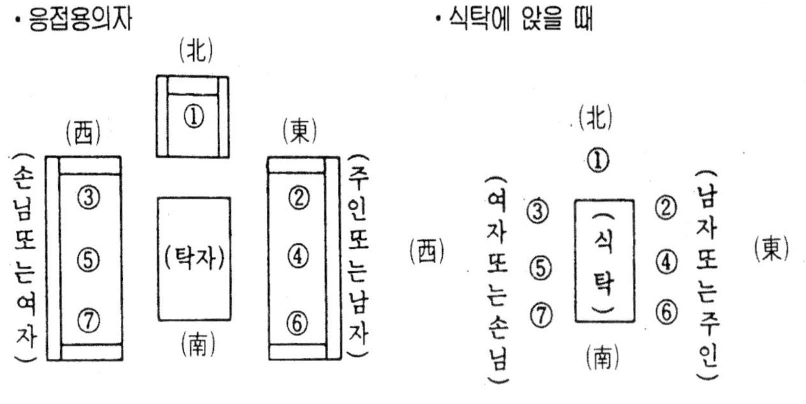

〈그림 6〉 응접세트 좌석 배치

④ 회의장에서의 좌석 배치는 다음과 같이 한다.

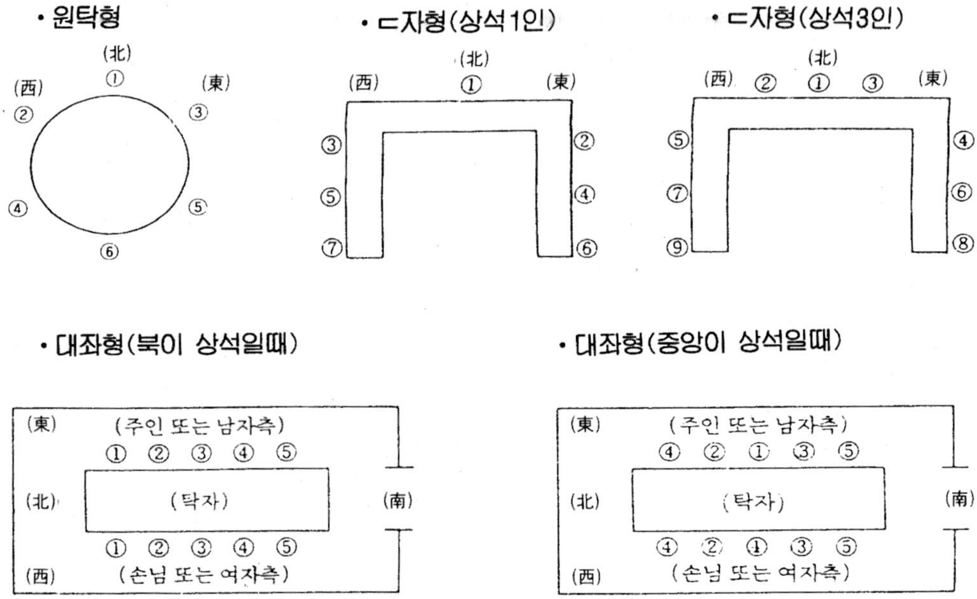

〈그림 7〉 회의탁자 좌석 배치

6) 승용차를 탈 때의 좌석 배치는 다음과 같이 한다.

자가용의 경우는 운전자의 옆이 상석이고, 기사가 별도로 있을 때는 운전자의 옆이 최하석이다.

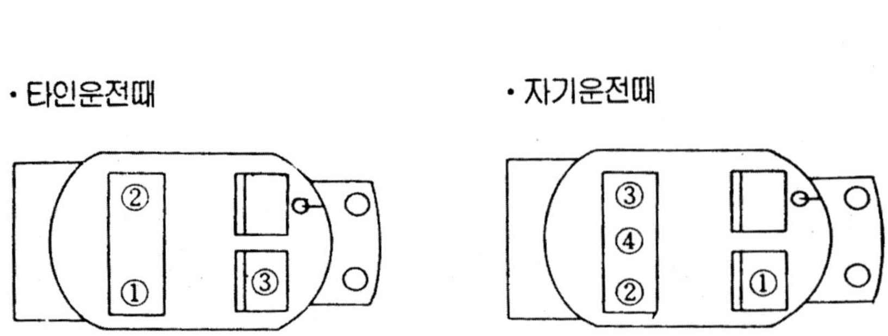

〈그림 8〉 승용차의 좌석 배치

7) **대중교통수단**(버스, 기차, 배, 비행기)을 이용할 때의 좌석 배치는 다음과 같이 한다.

(1) 창 쪽과 통로 쪽은 창 쪽이 상석이다.

(2) 가는 방향을 바라보는 쪽과 등지는 쪽은 바라보는 쪽이 상석이다.

(3) 안쪽과 출입문 쪽은 안쪽이 상석이다.

(4) 안전하고 편리한 쪽과 위험하고 불편한 곳은 안전하고 편리한 곳이 상석이다.

제 3 장 생활 예절(生活禮節)

제 1 절 개인 예절(個人禮節)

1. 개인 예절의 의미

개인 예절이란 사람이 사람다워지는 것을 말한다. 사람이 스스로 사람다워지기 위하여 자기 관리를 하는 방법이 필요하다. 우리는 대인 관계를 엮어 사회생활을 하고 있고, 대인 관계는 사람과 삶 사이의 관계이다. 따라서 사람이 사람다워지는 예절은 모든 예절의 출발점이 된다. 그러므로 개인 예절은 나 스스로를 먼저 다스려서 사람다워지기 위한 마음가짐과 바른 몸가짐을 하는 자기 관리이다. 그것을 위해서는 마음가짐과 표정 관리와 몸가짐과 기거동작 등 고전의 구사 구용(九思九容)에 대하여 알아야 한다.

2. 심정과 표정 관리

1) 심정

모든 말과 행동은 마음에서 연유된다. 따라서 마음은 예절의 뿌리이며 샘이다. 그러므로 예절을 잘 지키는 사람은 그 마음부터 예에 맞는 바른 마음을 갖는 것이 우선 과제이다.

(1) 모든 것을 사랑하는 마음을 갖는다.
- 상대를 사랑하지 않고서는 예스러울 수가 없다.

(2) 너그럽게 수용하는 마음을 갖는다.
- 용서하고 이해하는 마음 앞에서는 아무리 뾰족하고 모난 것도 그 날카로움을 잃게 된다.

(3) 어른을 공경하고 아랫사람을 아끼는 마음을 갖는다.

• 이것이 예를 실천하는 것의 시작이 될 것이다.

(4) 매사에 조심하고 삼가는 마음을 갖는다.

• 조심스럽고 삼가는 자세가 확립되면 실수가 적다.

(5) 욕심을 버리고 분수를 지켜 사양하는 마음을 갖는다.

• 자기가 누릴 수 없는 소유는 가치가 없으므로 양보하고 나면 마음이 편하다.

(6) 스스로 옳고 그름을 가려 부끄러운 마음을 갖는다.

• 사람은 타율(他律)을 혐오하고 자율(自律)을 선호한다. 스스로 하는 자는 남의 간섭을 적게 받는다.

(7) 항상 감사하고 넉넉한 마음을 갖는다.

• 마음이 가난하면 억 만금을 가지고도 다 부족한 것이고, 감사하는 마음은 그 마음을 항상 값지게 만든다.

(8) 남을 앞세워 의심하지 말고, 긍정하고 믿는 마음을 갖는다.

• 남을 부정하는 마음은 스스로를 왜곡시킬 수 있다.

(9) 예절을 잘 지키려는 바른 마음을 갖는다.

• 이것이 바로 사람다움이며 사람노릇이고 사람의 행동이다.

2) 표정 관리

심정은 표정, 즉 얼굴에 나타나는 표정이고, 표정은 마음을 열어 보이는 창(窓)이며, 심성(心性)의 분화구라 할 수 있다. 깊이가 없는 사람의 표정은 상대나 상황에 따라 변화한다. 그러므로 표정을 보면 그 사람을 알 수 있다 할 것이니, 원만한 대인 관계를 하려면 예스러운 표정에서부터 출발해야 할 것이다.

(1) 얼굴 전체를 부드럽고 온화하며 편안하게 갖는다.

• 상대를 안심시켜 포근한 감정을 줄 것이다.

(2) 얼굴의 근육과 빛을 긴장시키지 않고 곱게 갖는다.

• 그렇지 않으면 상대가 겁을 먹게 되기 쉽고 두려워하게 된다.

(3) 얼굴을 경직시키거나 양미간을 찌푸리지 않는다.

• 신경질을 낼까 두려워서 상대가 안심하고 접근하지 않는다.

(4) 눈을 곱게 뜨고, 시선을 단정하게 한다.

- 치뜨는 눈 가짐은 억눌려 사는 사람같이 보이고, 곁눈질의 눈 가짐은 마음이 사악해 보여 상대방이 경계할 수 있다.

(5) 입은 살며시 다물어 힘주지 않는다.

- 입에 힘을 주면 단호하고 냉기가 돌아 보이고, 그렇다고 너무 벌리면 단정치 못하고 헤프게(허술하게) 보인다.

(6) 턱은 항상 바르고 자연스럽게 갖는다.

- 턱에 힘을 주어 끌어들이면 의도적으로 젠 척하는 것으로 보이고, 앞으로 쳐들면 방자하게 보인다.

(7) 표정은 억지로 짓지 않는다.

- 자연스러운 것보다 더 이상 좋은 것은 없다.

(8) 때와 장소에 맞는 표정을 짓는다.

- 슬픔은 슬픔으로, 기쁨은 기쁨으로, 고통은 나도 같이 고통스러운 듯한 표정을 나눌 줄 알아야 한다.

(9) 얼굴빛으로 마음을 보이고, 눈빛으로 마음이 통한다.

- 마음속의 감정과 나타나는 얼굴빛이 일치되어 정직함을 보여야 하고, 맑고 순수한 눈빛이어야 마음을 통할 수 있다.

3) 고전(古典)의 구사(九思)

구사(九思)란 아홉 가지를 생각한다는 뜻으로 이것은 예절을 가르치는 소학(小學)이란 책에 인용되었고, 율곡 이이(栗谷 李珥)선생이 저술한 격몽요결의 지신장(擊蒙要訣 持身章)에도 인용된 내용이다.

이 내용은 우리 조상들의 마음가짐이 얼마나 용의주도하고 깊은 배려를 했는지를 알 수 있으며, 우리 현대인들도 본받아야 할 것들이다.

(1) 시사명(視思明) : 볼 때는 밝게 보기를 생각하라.
(항상 눈에 가림이 없이 사람이나 사물을 밝고 바르고 옳게 볼 것)

(2) 청사총(聽思聰) : 들을 때는 똑똑하게 듣기를 생각하라.
(항상 남의 말을 똑똑하고 분명하게 들어 참 뜻을 밝게 알 것)

(3) 색사온(色思溫) : 얼굴빛은 온화하게 가지기를 생각하라.
(항상 얼굴빛은 온화하여 성난 빛이 없도록 한다)

(4) 모사공(貌思恭) : 태도는 공손하게 하기를 생각하라.
(항상 외모를 공손하고 단정하게 가질 것)
(5) 언사충(言思忠) : 말은 참되게 하기를 생각하라.
(항상 진실하고 정직하며 믿음이 있는 말을 할 것)
(6) 사사경(事思敬) : 무슨 일을 할 때는 공경하기를 생각하라.
(항상 모든 일에 공경하고, 행동을 조심히 하여 삼갈 것)
(7) 의사문(疑思問) : 의심스러울 때는 묻기를 생각하라.
(항상 의심이 있을 때는 반드시 선각자(先覺者)에게 물어서 할 것)
(8) 분사난(忿思難) : 분하고 화가 나면 곤란하게 될 것을 생각하라.
(분한 일이 있을 때에도 흥분치 말고 반드시 사리를 따져서 참을 것)
(9) 견득사의(見得思義) : 이득이 생기면 의(義)를 생각하라.
(어떤 재물이 생기면 받아도 되는지 옳고 그름을 구분하여 본다.)

3. 몸가짐

자기 몸이라 하지만 옳고 그름의 영향이 남에게도 미친다는 사실을 알아야 한다. 내 몸가짐을 어떻게 관리하느냐에 따라 사회적으로도 그 위치와 대우가 달라질 것이다. 내 마음가짐이 중요한 내 정신 관리인 것처럼 내 몸가짐 또한 중요한 내 육체 관리인 것이다.

1) 청결한 몸 관리

우리가 예절을 바르게 실천하려는 데에는 예절의 소리를 의미하는 언어 예절과 예절의 색을 의미하는 화장과 복장의 예절이 있듯이, 예절의 냄새를 의미하는 청결한 육체 관리의 예절이 있다.

(1) 몸을 청결하게 하여 남으로부터 불쾌감을 갖지 않도록 한다.
(2) 이를 깨끗이 하여 상대에게 입 냄새를 풍기지 않도록 한다.
(3) 코털이나 수염이 길지 않게 한다. 다만 기르는 사람은 깨끗이 손질을 하여 기른다.
(4) 손·발톱이 너무 길면 때가 잘 끼거나 게을러 보이고, 역겨운 손톱 장

식은 천박해 보이기 쉽다.

(5) 눈은 마음의 창이다. 맑고 청순하게 유지한다.

2) 화장과 장신구

화장은 건강한 자연 색을 써서 나를 아름답게 하는 것이고, 장신구는 자기의 신체적 허점을 보완하려고 하는 꾸밈새이다.

(1) 화장은 남의 눈에 뜨이게 돋보이려는 것이 아니다. 남과 어울려 지낼 때 잘 나타나지 않도록 자연스럽게 해야 한다.

(2) 눈과 눈썹의 화장은 윤곽을 분명하게 한다.

(3) 장신구는 경사에는 아름답고 화사한 것이 좋고, 흉사에는 화려한 색이나 디자인은 피한다.

(4) 자기의 경제 사정, 연령, 사회적 위치 등에 알맞은 것이어야 한다.

(5) 값을 논하지 말고, 자기와 어울리는 것을 택한다.

3) 고전(古典)의 구용(九容)

구용(九容)이란 아홉 가지 몸가짐을 말하는 것으로 우리 조상들이 몸가짐의 기준을 어디에 두고 행하였는지에 대하여 알 수 있는 내용이다. 이 구용(九容)은 예절을 가르치는 소학(小學)이란 책에 인용되었고, 율곡 이이 선생이 저술한 격몽요결 지신장(擊蒙要訣 持身章)에도 인용되어 있다. 이를 통하여 우리 조상들의 몸가짐이 얼마나 용의주도했는지를 음미해야 하고, 또 이를 본받아야 할 것이다.

(1) 두용직(頭容直) : 머리는 똑바르게 가져야 한다.
(항상 머리를 곧게 가져야 전체의 자세가 바르게 된다.)

(2) 목용단(目容端) : 눈은 단정하고 곱게 가져야 한다.
(눈동자를 단정히 하여 그윽하게 바라보는 것이 아름다운 눈의 모습이다.)

(3) 구용지(口容止) : 입은 다물어 조용하게 가져야 한다.
(말은 아껴서 해야 하며, 그렇지 않을 때는 자연스럽게 다물어 둔다.)

(4) 기용숙(氣容肅) : 숨소리는 맑고 조용히 하고, 안색은 평온하게 한다.

(기상은 호흡을 조절하여 늘 엄숙한 태도를 가지도록 한다.)
(5) 성용정(聲容靜) : 소리는 조용하게 내야 한다.
(나직하면서도 맑은 음성으로 잡소리를 내지 않는다.)
(6) 색용장(色容莊) : 얼굴빛은 항상 명랑하고 씩씩하게 가져야 한다.
(안색을 늘 바로잡아 가지런히 하고, 태만한 기색을 보이지 않는다.)
(7) 수용공(手容恭) : 손은 공손하게 가져야 한다.
(손가짐은 공수하여 공손한 자세를 취한다.)
(8) 족용중(足容重) : 발은 무겁게 가져야 한다.
(발을 옮겨 걸을 때에도 경망스럽지 않게 한다.)
(9) 입용덕(立容德) : 서있는 모습은 의젓하게 가져야 한다.
(서 있는 모습이 그윽하고 덕성스러워야 한다.)

4. 기거동작

1) 기거동작은 사람이 살아가는 데 있어서의 기초적인 동작으로 몇 가지 기본 원칙이 있다.
(1) 상대편에게 뒷모습을 보이지 않는다.
(2) 상대편보다 높은 곳에 위치하지 않는다.
(3) 상대편보다 편안한 자세를 취하지 않는다.
(4) 편리하고 유익한 것은 상대편에게 먼저 권하고 사양한다.
(5) 불편하고 불리한 것은 내가 먼저 행하고, 남에게 권하지 않는다.

2) 서는 자세

정지된 자세이면서도 모든 자세의 기초가 되므로 가장 중요한 자세이다. 이것이 바르지 못하면 여기서 시작되는 모든 동작이 바르게 되지 못한다.
(1) 발을 가장 편하게 약간 옆으로 벌리고 자세를 바르게 한다.
(2) 손은 앞으로 모아 공수하고, 고개는 반듯하게 들고, 턱을 자연스럽게 갖는다.
(3) 눈은 곱게 떠서 시선의 초점을 자기 키의 3배 정도 전면에 둔다.

3) 바닥에 앉는 자세

(1) 어른의 정면에 앉지 않는다. 남자는 어른의 왼쪽 앞, 여자는 어른의 오른쪽 앞에 앉는 것을 원칙으로 한다.

(2) 두 손을 가지런히 펴서 두 무릎 위에 얹거나 공수한 손을 남자는 중앙에, 여자는 다리 위에 놓는다

(3) 어른께서 편히 앉기를 권하시면 무릎을 펴고 편히 앉을 수 있다

(4) 의복이 앉은 주변에 넓게 펼쳐지지 않도록 다독거려 갈무리한다.

(5) 자세를 바르게 하고, 시선은 앉은키의 2배 정도의 바닥에 둔다.

4) 방석 위에 앉는 자세

(1) 모든 앉음새는 바닥에 앉을 때와 같다.

(2) 어떤 경우라도 방석을 절대로 발바닥으로 밟으면 안 된다.

(3) 무릎을 꿇기 전에 두 손으로 방석을 당겨 무릎 밑에 반듯하게 넣으면서 방석 위에 두 무릎을 꿇어 올려 앉는다.

(4) 방석 중앙에 앉되 발끝이 방석의 뒤편 끝에 걸쳐지게 앉는다.

(5) 일어날 때는 무릎을 들면서 두 손으로 방석을 앞으로 끌어내어 원 자리에 밀어 놓는다.

5) 1인용 의자에 앉는 바른 자세

(1) 앉아야 할 의자의 옆에 가서 바른 자세로 정면을 향해 선다.

(2) 의자 쪽으로 몸을 약간 돌리고, 한 손으로 의자의 등받이를 잡아 의자가 흔들리지 않게 한다.

(3) 의자의 반대쪽 발을 의자의 앞 선보다 약간 앞으로 내디딘다.

(4) 의자 쪽의 발을 의자에 앉았을 때 놓일 위치로 내디딘다.

(5) 의자의 반대쪽 발을 앞에 내디딘 발과 가지런히 모으며 등받이를 잡은 손을 뗀다.

(6) 의자가 밀려 흔들리지 않도록 두 손으로 의자의 양옆이나 팔걸이를 잡고 앉는다.

(7) 남자는 두 무릎을 붙이고, 여자는 발끝까지 붙인 다음 공수한 손은 남

자는 양다리 중앙에, 여자는 오른쪽 허벅지 위에 올려놓는다.
(8) 등받이에 등을 기대지 않고 곧은 자세로 앉는다.
(9) 눈은 곱게 떠서 눈높이보다 낮은 곳에 시선을 둔다.
(10) 공용 의자에 앉을 때도 1인용 의자에 앉을 때의 자세를 원용한다.

6) 의자에서 일어서는 바른 자세

(1) 일어날 때는 앉을 때의 반대 동작이면 된다.
(2) 의자는 반드시 탁자 밑에 밀어 넣는다.
(3) 의자 위의 방석이나 등받이, 팔걸이, 덮개 등이 흩어지지 않았는지 확인한다.

7) 걷는 자세 : 바르게 선 자세에서 발을 움직여 위치를 옮긴다.

(1) 몸은 흔들리지 않게 발만 옮긴다.
(2) 눈의 시선은 키의 3배 정도 앞의 지상에 둔다.
(3) 양손은 달걀을 쥔 듯이 하고 자연스럽게 걷는다.
(4) 양팔은 자연스럽게 앞뒤로 흔들며 걷는다.
(5) 발바닥이 앞뒤에서 보이지 않게 바닥과 발바닥이 평행이 되게 걷는다.
(6) 발바닥을 바닥에 붙일 때는 앞과 뒤를 동시에 붙인다.
(7) 발끝이 땅에 먼저 닿는 기분으로 조용히 물 흐르듯 걷는다.
(8) 발뒤꿈치를 먼저 디디되, 발끝을 벌리지 말고 십 일자로 벌려 일직선으로 놓이도록 곧게 걷는다.
(9) 뛰거나 허둥대지 말고, 옷이 펄럭이지 않게 여미고 걷는다.
(10) 실내에서 걷는 자세
① 보폭은 옥외에서 보다 좁게 한다.
② 발자국 소리가 나지 않게 조용히 걷는다.
③ 여자가 한복을 입었을 때는 발끝으로 치마 앞자락 끝을 차듯이 밀며 걷는다.

8) 남의 앞을 지날 때

(1) 반드시 좌측 통행을 한다.

(2) 어른과 같이 걸을 때에는 어른 앞을 먼저 걸어가지 않는다.

(3) 남의 몸에 부딪히거나 옷이 스치지 않게 걷고, 무례하게 행동하며 지나지 않는다.

(4) 반드시 '실례합니다.', '미안합니다.' 등의 양해를 구한다.

(5) 조용하고 민첩하게 걷고, 뒷모습을 정면으로 보이지 않도록 한다.

9) 계단을 오르내릴 때

(1) 오를 때는 계단 오른쪽으로, 내릴 때는 왼발을 먼저 내딛는다.

(2) 내릴 때는 왼발을 먼저 내디딘다.

(3) 남녀가 함께 계단을 오를 때는 남자가 먼저 오른다.

(4) 남녀가 함께 계단을 내릴 때는 여자가 먼저 내린다.

(5) 계단식 에스컬레이터를 오르고 내릴 때는 일반식 계단과 같이 한다.

10) 방안 출입의 기본 자세

(1) 노크를 하고 인기척을 하여 방안에 있는 사람에게 양해를 구한다.

(2) 문을 열고 닫을 때는 절대로 발이나 어깨 등을 쓰지 말고 두 손으로 연다.

(3) 두 손에 물건을 들었을 때는 물건을 내려놓고 손으로 열고 닫는다.

(4) 문턱(문지방)을 절대로 밟지 않는다.

(5) 문을 필요 이상으로 넓게 열지 않으며, 문을 열어 놓은 채 다른 일을 하지 않는다.

(6) 문은 소리나지 않게 열고 닫으며, 발소리가 나지 않게 걷는다.

11) 문을 열고 닫는 예절

(1) 문을 열 때는 돌쩌귀가 있는 쪽에 서서 열고, 문이 열리는 쪽을 막지 않고 연다.

(2) 여닫이문은 가까이에서 밀어 열고, 잡아 당겨서 열 때는 한 발자국쯤

떨어져서 연다.

(3) 미닫이문을 열고 닫을 때는 옆으로 서서 두 손으로 당겨 열고 닫는다.

(4) 다른 사람과 함께 출입할 때는 상대에게 먼저 들고 나도록 양보한다.

12) 물건 다루기

물건을 다룬다는 것은 평소에 물건을 대하는 마음가짐과 물건을 취급하는 요령 및 남에게 물건을 줄 때와 받을 때의 요령을 말한다.

(1) 물건을 바르게 다루는 기본자세

① 물건을 다룰 때에는 두 손으로 다루되 물건이 다치지 않게 조심스레 다룬다.

② 위 아래가 거꾸로 되지 않고, 속과 겉이 뒤집히지 않게 다룬다.

③ 물건은 항상 위험하지 않게 들고 운반해야 한다.

④ 음식이 담긴 그릇은 입이 닿는 부분에 손이 닿지 않게 다룬다.

⑤ 물건을 들고 다닐 때는 팔꿈치를 몸에 붙여야 정숙해 보인다.

⑥ 물건을 바닥에 놓을 때나 들을 때는 앉아서 놓고 앉아서 든다.

⑦ 같은 종류의 물건들끼리 잘 정리하여 둔다.

⑧ 작은 물건이나 흐트러지기 쉬운 물건은 그릇에 담아서 보관한다.

⑨ 물건은 일정한 곳에 두어 찾아 쓰기 편하게 관리한다.

(2) 물건을 주고받을 때의 예절

① 공손한 자세로 두 손으로 주고받는 것을 원칙으로 한다.

② 신문이나 책 등 문자로 된 것은 상대가 바르게 보이도록 준다.

③ 칼이나 송곳, 가위 등 위험한 물건을 줄 때는 손잡이를 거꾸로 잡고 받는 사람이 위험하지 않게 받도록 준다.

④ 바늘이나 핀 등은 큰 종이나 흰 천에 꽂아서 준다.

⑤ 앉은 사람에게는 앉아서 주고, 선 사람에게는 서서 준다.

⑥ 앉아서 주는 물건은 앉아서 받고, 서서 주는 물건은 서서 받는다.

⑦ 물건을 주고 바로 뒤돌아 서서 뒷모습을 보이지 않는다.

⑧ 물건을 주고 상대가 안전하게 받은 것이 확실할 때 손을 뗀다.

⑨ 잔잔한 물건은 접시나 쟁반에 담아서 준다.

제 2 절 가정 예절(家庭禮節)

1. 가정(家庭)의 의미

가정이란 한 남자와 한 여자가 만나 혼인하여 생활한다고 해서 부부만이 중심이 되는 한 가정의 탄생이라고 만은 할 수 없다. 가정은 조상으로부터 나에게로 이어졌고, 나에게서 다시 자손으로 물려지는 영원한 것이다. 이러한 가정이 모여 지역 사회가 되고, 지역 사회는 또 다시 한 나라를 이루는 방대한 조직을 이루게 된다. 따라서 가정은 가장 기초적인 단위이며, 인간들이 원초적인 대인 관계를 형성하는 사회생활의 출발점인 것이다.

2. 가정 예절과 사회생활

가정의 예절은 국가와 사회의 기본이 되는 예절이다. 예절이 일정한 사회생활 속의 약속된 생활 규범이라면, 그 사회의 작은 구성 요소인 우리 가정생활에서부터 반드시 그 생활 규범을 알아야 하고, 그것을 익혀야 할 것이다. 따라서 가정 예절은 사회 예절의 샘이며 근본이 되는 것이다.

① 가정 예절에 능숙하지 못하면 사회생활에서도 무례(無禮)하게 된다.

② 가정에서 부모에게 효도하지 못하는 사람은 밖에 나가서도 어른들을 공경하지 못한다.

③ 가정에서 동기간에 우애하지 못하면 사회생활에서도 동료들끼리 잘 어울리지 못한다.

④ 가정에서 아랫사람을 사랑하지 못하면 사회에 나가서도 아랫사람을 따뜻하게 대하지 못한다.

⑤ 가정에서 부부간에 화합하지 못하면 사회생활에서도 이성을 존중하지 못한다.

⑥ 조상들이 정해 놓고 준수해 온 예절들을 우리가 배워서 지키지 않는다면 우리가 정한 규범과 예절 또한 우리 자녀들이 어찌 따라주겠는가를 생각해야 한다.

3. 가족의 범위

가정 예절이란 가족 간에 꼭 지켜야 하는 예의 범절이므로 가족의 범위를 알아야 한다. 좁은 의미의 가족은 법률적으로 형식을 갖추어 같은 호적에 등재되어 있는 것을 말하는 것이나, 실제적으로는 직접 한 집안에서 식생활(食生活)을 같이 하고 있는 구성원을 말하고, 넓은 의미로는 한 핏줄이고 한 살붙이인 모든 친척을 말하기도 한다.

1) 법률상의 가족

현행 법률적인 호적법상의 가족은 맏아들(장남)과 맏손자(장손)로 이어지는 혼인한 직계와 그에 딸린 혼인하지 않은 방계 혈족을 말한다. 즉 할아버지 할머니와 이의 맏아들인 아버지와 어머니, 또 아직 혼인하지 않은 아버지의 동생과 누이, 그리고 나와 나의 형제 자매이다.

2) 혈족(血族)과 동성동본(同性同本)

남자 조상이 같을 때 핏줄 또는 혈족이라고 하고, 동성동본의 일가라고도 한다. 그리고 직계 존속 여자, 즉 어머니, 할머니, 증조할머니와 직계 비속 남자의 아내, 즉 며느리와 손부는 핏줄은 아니지만 핏줄과 같이 간주해 혈족의 범위에 속한다.

혈족은 직계(直系)와 방계(傍系)로 나뉜다. 자기와 직접 이어지면 직계 혈족(아버지, 아들, 손자), 가지를 뻗어 이어지면 방계 혈족(형제자매, 백숙부, 조카)이다.

3) 근친(近親), 당내간(堂內間), 유복지친(有服之親)

근친(近親)이라 함은 나로부터 4대조(祖)인 고조 할아버지 이하의 조상을 직계로 하는 8촌 이내의 모든 사람을 말한다. 근친간을 한 집에서 산다는 뜻으로 당내간(堂內間)이라고도 했고, 죽으면 상복을 입는 친척이라는 뜻으로 유복지친(有服之親)이라고도 한다.

4) 척족(戚族), 살붙이(肉親)

척족(戚族)이란 성(姓)이 다른 친족을 말한다.

① 외척(外戚) : 직계 여자 조상(할머니와 어머니)의 친정 가족으로 외가(外家)의 친족(親族)을 말한다.

② 내척(內戚) : 혈족인 여자, 즉 고모나 대고모, 누이, 또는 딸이나 손녀가 시집가서 낳은 자손이다. 즉 외손들을 말한다.

③ 인척(姻戚) : 혼인으로 인해서 집안·친족이 된 사람을 말한다. 남자에게 있어서는 아내의 친정 가족, 여자에게 있어서는 남편의 직계가 아닌 친족을 말한다.

4. 촌수(寸數)

1) 촌수(寸數)와 계보(系譜)

친척간의 멀고 가까운 친소(親疏)를 말하려면 촌수로 말한다. 그리고 상대와 자기와의 관계를 말할 때는 친척 관계로 말한다.

2) 촌수(寸數) 계산법

① 직계 가족과의 촌수는 자기와 상대까지의 대수(代數)를 말한다. 즉 나와 아버지는 1대이므로 1촌이고, 나와 할아버지는 2대이므로 2촌이다.

② 방계 가족과의 촌수를 가리는 법은 나와 그 상대가 어떤 조상으로부터 갈려졌는지 그 조상부터 찾아야 한다. 나와 그 조상의 대수를 찾고, 그 조상과 그 상대의 대수를 찾는다. 위에서 찾은 그 대수를 합한 것을 촌수로 한다.

〈예①〉 형제자매는 몇 촌인가? ☞ 형제자매는 아버지에게서 갈라진 자손이다. 나와 아버지는 1대, 아버지와 자매도 1대이므로, 1대+1대=2대, 즉 2촌이다.

〈예②〉 나와 백부는 몇 촌인가? ☞ 나와 백부는 할아버지에게서 갈라진 자손이다. 나와 할아버지는 2대, 할아버지와 백부는 1대이므로, 2대+1대=3대, 즉 3촌이 된다.

3) 촌수와 계보(系譜)

근친간의 촌수와 갈라진 상태를 그림으로 보면 다음과 같다.
굵은 선은 직계이고, 가는 선은 방계이며 숫자는 촌수이다.

① 친가(親家)

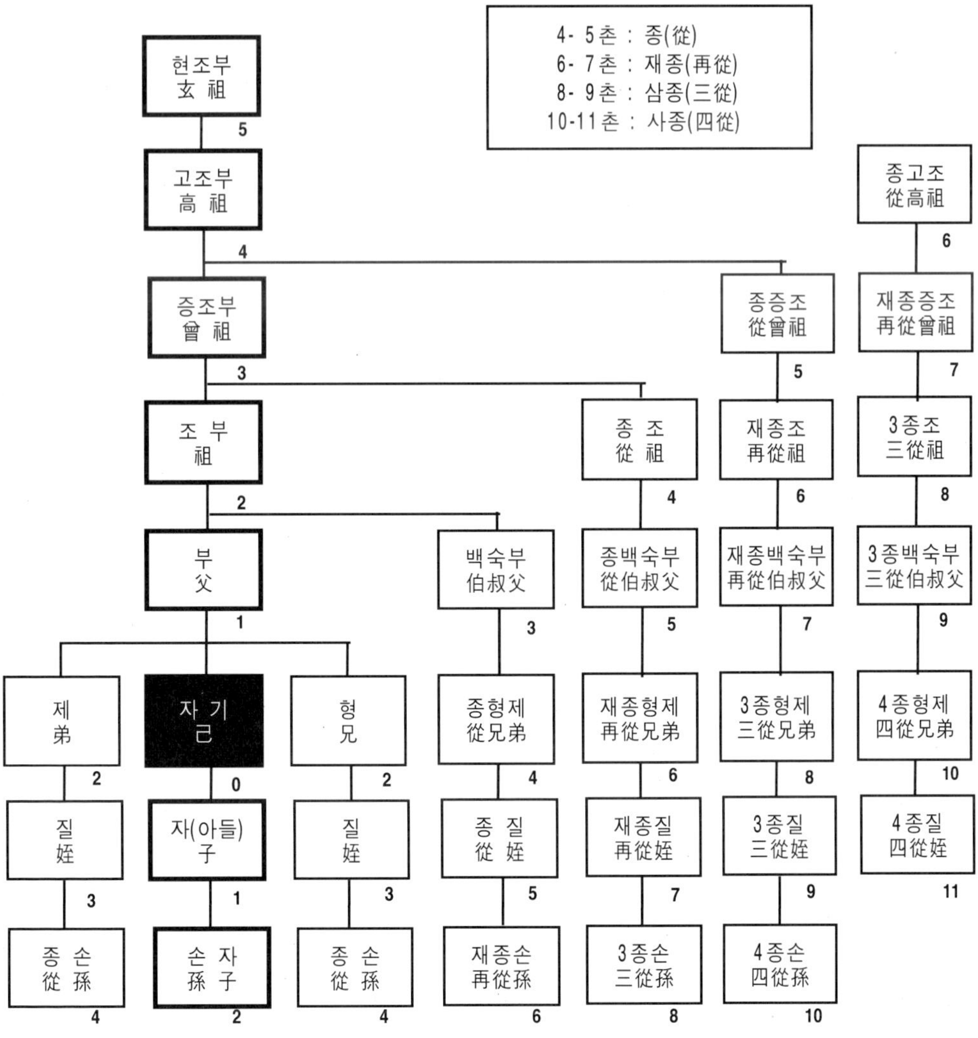

② 내종간(內從間)

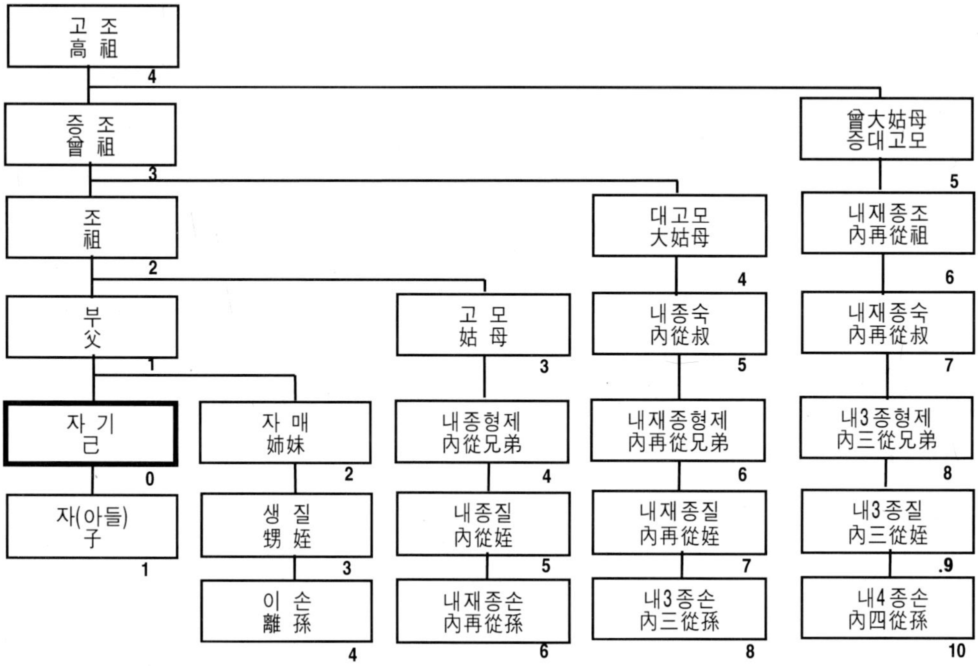

③ 외종간(外從間)

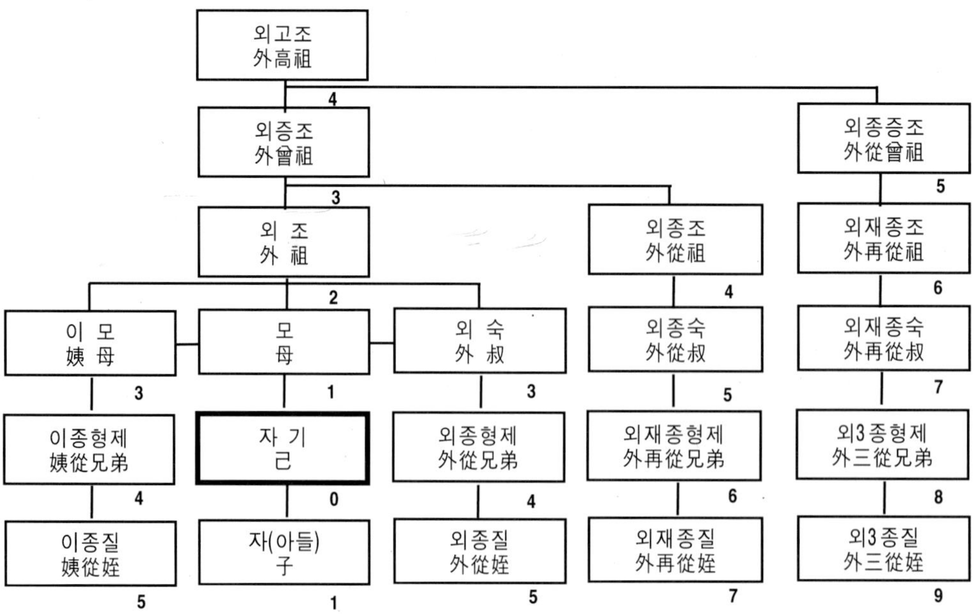

④ 처가(妻家) : 처가의 촌수는 아내의 촌수를 기준으로 하여 따른다.

4) 친척 관계

① 인척(姻戚) : 혼인으로 인해서 척분을 갖게 된 사람.
즉 남자 측은 여 자의 친정 가족, 여자 측은 시댁 가족.
② 외척(外戚) : 직계 여자 조상(할머니나, 어머니)의 친족.
③ 내척(內戚) : 직계 존속 남자의 자매(고모, 대고모)나 자기 자매(누이), 또는 딸이나 손녀가 시집가서 그 배우자와 낳은 자손을 말한다.
즉 외손(外孫)을 말한다.
④ 구부간(舅婦間) : 시아버지와 며느리 사이.
⑤ 고부간(姑婦間) : 시어머니와 며느리 사이.
⑥ 옹서간(翁壻間) : 장인, 장모와 사위 사이.
⑦ 조손간(祖孫間) : 조부모와 손자 손녀 사이.
⑧ 형제간, 자매간(兄弟間, 姉妹間) : 남자 형제 사이, 여자 형제 사이.
⑨ 남매간(男妹間) : 남자형제와 여자형제 사이, 처남과 매부 사이.
⑩ 수숙간(嫂叔間) : 남편의 형제와 형제의 아내 사이.
⑪ 동서간(同壻間) : 형제의 아내 사이, 또는 자매의 남편 사이.
⑫ 숙질간(叔姪間) : 아버지의 형제자매와 나 사이. 즉 삼촌과 조카 사이.
⑬ 종형제자매간(從兄弟姉妹間) : 4촌 형제자매 사이.
⑭ 당, 종숙질간(堂, 從叔姪間) : 아버지의 종형제자매(4촌)와 나 사이.
⑮ 재종형제자매(再從兄弟姉妹) : 6촌 사이.
⑯ 재당, 종숙질간(再堂, 從叔姪間) : 아버지의 6촌 형제자매와 나 사이.
⑰ 삼종형제자매(三從兄弟姉妹) : 8촌 사이.
⑱ 구생간(舅甥間) : 외삼촌과 생질 사이, 장인과 사위 사이.
⑲ 내외종간(內外從間) : 외숙의 자녀와 고모의 자녀 사이.
⑳ 이숙질간(姨叔姪間) : 이모부 및 이모와 친정 자매의 자녀.
㉑ 이종간(姨從間) : 자매의 자녀 사이.
㉒ 고숙질간(姑叔姪間) : 고모부 및 고모와 친정 男형제의 자녀.
㉓ 고, 내종사촌(姑, 內從四寸) : 고모의 자녀.

5. 어른을 모시는 예절

가정에서는 어른만 잘 모시면 그 가정은 화목하게 된다. 그리고 아이들은 저절로 본받아 부모에게 효도를 하게 된다. 사자소학(四字小學)에는 다음과 같은 말들이 있다.

- 아버지는 나를 낳으시고, 어머니는 나를 기르셨다.
- 배로써 나를 품으시고, 젖으로써 먹이셨도다.
- 옷으로 나를 따뜻하게 하시고, 밥으로 나를 살리셨다.
- 두 분이 아니 계셨으면 이 몸이 있었을까!
- 은혜 높기는 하늘과 같고, 그 두텁기는 땅과 같도다.
- 사람의 자식이 된 자가 어찌 효도하지 않으리오?
- 깊은 은혜를 갚고자 할진대 하늘과 같아 끝이 없구려.

1) 문안 여쭙는 예절

① 저녁에는 반드시 잠자리를 정해서 요를 펴드린다.

② 새벽에는 반드시 기후를 살펴 안녕히 주무셨는지를 살피며, 절하고 뵙는 것을 조석문안(朝夕問安)이라 하고, 이를 여쭙는 것을 혼정신성(昏定晨省)이라 한다.

③ 어버이를 모시고 앉을 때나, 나아가고 물러날 때는 반드시 공손하게 한다.

④ 부모님께서 누어서 명하시면 머리를 수그리고 들어야 한다.

⑤ 잠잘 때는 이불을 연대서 펴고, 식사할 때는 밥상을 같이 해야 한다.

⑥ 새벽에는 반드시 먼저 일어나야 하고, 저녁에는 모름지기 부모님보다 늦게 자야 한다.

2) 일상생활의 예절

① 어른께서 나를 부르시면 빨리 대답하고 달려가야 한다.

② 부모님의 명령은 거역하거나 게을리하지 말아야 한다.

③ 어버이를 모시고 앉을 때는 걸터앉아도 안 되고 누워도 안 된다.

④ 책 읽기를 권할 때는 게을리 해서는 안 된다.
⑤ 부모님께서 침을 뱉으시면 매 번 반드시 그것을 덮어야 한다.
⑥ 만약 서쪽으로 간다고 고(告)하고, 동쪽으로 가서는 안 된다.
⑦ 서서는 반드시 발을 보고, 앉아서는 반드시 무릎을 보아야 한다.
⑧ 부모님께서 나를 사랑하시면 기뻐할 것이며 잊지 말아야 한다.
⑨ 부모님께서 나를 미워하시더라도 두려워하거나 원망해서는 안 된다.
⑩ 부모님의 연세를 반드시 알아야 한다.
⑪ 어버이 앞에서 음식을 먹을 때는 그릇 소리를 내어서는 안 된다.
⑫ 다른 사람과 싸우지 말라. 부모님께서는 그것을 걱정하신다.
⑬ 어버이를 섬김에는 효를 다하고, 뜻을 받들고 잘 봉양해야 한다.
⑭ 신체발부는 부모로부터 받은 것이니 감히 훼상하지 않는 것이 효도의 시초이다.

3) 어른께서 편찮으실 때의 예절

① 항상 어른의 생활상을 가까이서 살피고, 어디가 편찮으신지 살핀다.
② 부모님께서 병이 있으시면 걱정하고 치료할 것을 꾀해야 한다.
③ 편찮으신 어른이 혼자 계시지 않도록 밤낮으로 옆에서 모시고, 정결하고 정숙하게 한다.
④ 편찮으신 어른께서 보고 싶어하는 사람이 있으면 연락하여 뵙도록 한다.
⑤ 궁금하신 일이 없도록 자상하게 여쭙는다.

4) 어른의 의식주

① 밥상을 대하고 잡수시지 않으면 좋은 반찬을 원하심을 알아야 한다.
② 음식이 비록 나쁘더라도 어른이 주시면 반드시 먹어야 한다.
③ 의복이 비록 나쁘더라도 어른이 주시면 반드시 입어야 한다.
④ 여름이면 베개에 부채질하고, 겨울이면 옷을 따뜻하게 해 드려야 한다.
⑤ 부모의 의복은 넘지도 밟지도 말아야 한다.
⑥ 자손이 새 옷을 해 입을 때는 반드시 어른의 옷을 먼저 해드리고 나서

해 입는다.

⑦ 아랫사람이 옷을 해 입을 때도 반드시 어른께 말씀을 드려야 한다.

⑧ 가정의 모든 음식은 어른의 식성에 맞춘다.

⑨ 새로운 음식이 생기면 어른부터 잡수시게 한다.

⑩ 음식을 먹을 때는 어른을 상좌(上座)에 모시고, 어른께서 먼저 수저를 드셔야 아랫사람이 든다.

⑪ 어른께서 진지를 다 잡수셔야 아랫사람은 자리에서 일어선다.

5) 출입할 때의 예절

① 출필고(곡) 반필면(出必告 反必面)이라 하여 나갈 때는 반드시 부모님께 고하고, 돌아와서는 반드시 배알(拜謁)하여야 한다.

② 나갈 때는 반드시 방향을 바꾸지 말고, 놀 때도 반드시 방향이 있어야 한다.

③ 일상적인 외출 시에는 공수 자세로 경례를 하고 뵙지만, 밤을 지나고 돌아올 정도의 외출 시에는 들고 날때 반드시 절을 하며 뵙는다.

④ 어른께서 출입하실 때는 반드시 문밖까지 나가 배웅하고 맞이한다.

⑤ 어른께서 교통이 불편하거나 먼 곳에 가셨을 때는 행선지에 연락하여 안전을 확인한다.

⑥ 어른의 출입을 인도할 때는 너무 빨리 걷거나 뒤에 처져도 안 된다.

⑦ 어떤 경우라도 어른께서 허둥대거나 기다리는 일이 없도록 곁에서 모신다.

6) 살림살이와 어른의 용돈

① 어른께서 따로 수입이 있으시더라도 어른의 용돈은 드려야 한다.

② 어른에게 용돈을 드릴 때는 아들이나 딸이 드리는 것보다 며느리나 사위가 드리는 것이 더욱 아름답고 어른을 기쁘게 한다.

③ 어른의 용돈은 떨어지지 않게 미리 준비하여 드린다.

④ 아랫사람이 돈 관리하더라도 통상 외의 지출은 어른께 여쭈어서 한다.

⑤ 가족들의 수입과 지출은 가장(家長)인 어른께서 관리하시게 한다.

6. 부부간의 예절

1) 부부 예절의 중요성

부부가 이끄는 가정은 한 가족이 편안하고 따뜻하며 포근한 행복을 누릴 수 있는 보금자리이고 안식처이다. 이것을 만들어 낼 수 있는 근원은 오직 부부이다. 부부는 가족의 핵이며, 대자연의 섭리에 따라 가족을 형성하고 존립할 수 있게 하는 창조의 근원이다. 그러므로 부부는 신비스럽고 신성하며 존엄하고 위대한 것이다. 부부가 이 모든 것을 다 번창하게 하고, 영속하게 하여 존엄함과 위대함을 더욱 더 명백히 하고 윤택하게 하려면 부부가 서로 지녀야 할 도덕이 있고, 지켜야 할 윤리가 있으며, 실천해야 할 생활 규범이 있다.

2) 부부의 위계 질서

(1) 남녀의 차별과 구별

지금 우리 사회에서 남녀 차별 문제에 대해 심한 오해가 뿌리 깊이 내려져 있는데, 차별과 구별은 그들의 능력과 조건에 따르는 것임을 알아야 한다.

사례 ① 같은 남성과 같은 여성끼리도 그 조건과 능력에 따라 대우가 다르고, 삶의 과정에서도 커다란 차이가 있다.

(2) 부부 동권이 남녀평등이다.

고례(古禮)에서 부부 동권을 규정한 것을 보면 일단 부부가 되면 남편의 높고 낮은 신분에 따라 부인도 같은 대우를 가졌었다.

사례 ① 남편이 정승이면 부인도 정경부인이었다.

사례 ② 부부는 연령에 차이 없이 완벽한 동등 위계로써 서로 평등한 존대 말씨를 사용하였다.

그런데 오히려 현대에 와서 그렇지 않음이 문제이다. 그것은 혼인 전에는 대등한 교제를 하다가도 부부가 되면 남편은 아내에게 내림말씨를 쓰고, 아내만 남편에게 높임 말씨를 쓰는데 이것은 부부의 예절이 무너졌을 뿐 차별의 규정은 아니다. 부부는 절대적인 동권이다. 이 동권은 부부의 예절이 바르게 지켜지는 데에서 존립할 수 있다. 남편에게 '오빠' 한다거나, 아내에게 '야, 너, ○○야' 하는 호칭은 사용하지 않아야 한다.

3) 부부 예절의 실제

(1) 부부의 기본 요건

① 부부는 반드시 남성과 여성으로 이루어져야 한다.

② 일정한 절차에 의해 혼례를 하고, 호적에 부부로 등재되어야 한다.

③ 강제가 아닌 임의의 합의에 의해야 한다.

(2) 부부의 공통 예절

① 남존여비의 차별이 아닌 동격으로 평등하다.

② 정서적 신체적인 상태가 다르기 때문에 그에 상응한 직분의 구별은 지켜야 한다.

③ 부부는 배우자에게 몸과 마음을 모두 바치는 정성이 있어야 한다.

④ 부부는 몸과 마음을 항시 함께 해야 한다. 따라서 생활 방식이나 행복의 추구 등이 서로 엇갈려서는 안 된다.

⑤ 부부는 서로 처지를 바꾸어 이해하고 화합하며 협력해야 한다. 부부간에 이해와 협력과 화합이 없으면 가정의 파탄이 따르게 된다.

⑥ 부부는 항상 배우자에게 없어서는 안 되는 꼭 필요한 존재가 되어야 한다. 그렇기 위해서 서로가 자기 희생적인 정성을 다해야 한다.

⑦ 부부는 항상 가정의 계승자이며 관리자라는 인식으로 조상에게서 이어 받은 가정을 훌륭하게 관리하여 자손에게 물려주겠다는 책무에 충실해야 한다.

⑧ 부부는 조상과 웃어른을 받들어 모시고, 자손을 사랑하고 모범을 보여 바르게 양육하는 데에 서로 솔선해야 한다.

⑨ 부부는 서로 존중하고 공경하며 사랑하고 아껴야 한다.

⑩ 부부간에는 서로 존댓말을 써야 한다.

⑪ 부부간에는 서로 맞절을 해야 한다.

⑫ 부부간의 호칭은 서로 거처 칭(居處稱)으로 말한다.

(3) 훌륭한 남편과 아내의 예절

① 성 안내는 남편과 부드러운 아내가 된다.

② 남편은 아내와 처가를 존중하고 아내는 남편과 시부모를 잘 섬긴다.

③ 서로의 전공 분야를 격려하여 발전토록 한다.

④ 가족의 건강과 정결함을 서로 지킨다.

⑤ 남편의 바깥 생활과 아내의 안살림을 서로 믿게 한다.

(4) 맞벌이 부부간의 예절

① 직장 때문에 가정에 불성실하거나 걱정하는 일이 생겨서는 안 된다.

② 자기의 수입이라도 독단 처리하지 않고 공동 관리한다.

③ 배우자 앞에서 직장의 이성(異性)에게 관심을 가지거나 칭찬을 하지 않아야 한다.

④ 복장, 몸차림, 액세서리 등은 서로의 의견을 물어서 착용한다.

⑤ 통상 직무 외의 일로 회식, 모임 등에 참석할 때는 미리 배우자의 양해를 구한다.

⑥ 배우자가 묻지 않아도 직장에서의 직무 외의 일은 자상하게 이야기한다.

⑦ 서로의 직장 일에 상관하지 않으며 궁금하게 생각하지 않는다.

(5) 아랫사람에 대한 예절

일반적으로 웃어른에게만 예절을 지키고, 아랫사람에게는 아무렇게나 하는 것은 잘못이다. 예절이란 원만한 대인 관계를 위한 것이므로 아랫사람에게도 깍듯이 예절을 지켜야 한다.

① 아랫사람을 항시 사랑하는 마음으로 자상하고 인자하게 대한다.

② 아랫사람과의 대화나 생활은 철저히 예절에 맞게 한다.

③ 아랫사람 앞에서는 옷매무새나 자세를 흐트러지지 않게 한다.

④ 어른을 모실 때는 반드시 아랫사람과 함께 하여 보고 배우게 한다.

⑤ 집안 의식 행사에는 반드시 아랫사람도 참여시켜 그 의견을 참작한다.

⑥ 손님이 올 때나 남의 집에 손님으로 가서는 아이들에게 인사시키는 것을 습관화한다.

제4장 세시 풍속(歲時風俗)

1. 세시 풍속(歲時風俗)의 뜻

세시 풍속(歲時風俗)이란 일정한 여건 속의 생활권에서 계절과 연관되어 해마다 매 번 반복되어 행해지는 민속의 풍습을 말한다. 지리나 기후, 생업이 같은 사람들은 생활 습관이 같아지고, 언어와 사고는 물론 그것으로 말미암아 행해지는 놀이나 먹거리 등 문화의 행위가 같아지는데 이런 세시 풍속은 주로 매 해의 명절을 중심으로 행하여졌다.

2. 우리나라의 명절

① 고려 : 설과 정월대보름, 삼짇날, 팔관회, 한식, 단오, 추석, 중구, 동지

② 조선 : 설, 한식, 단오, 추석, 동지

3. 세시 풍속의 대강(大綱)

① 서기 1432년(세종14) : 신찬팔도지리지(新撰八道地理誌)

② 서기 1530년(중종25) : 신증동국여지승람(新增東國輿地勝覽)

③ 서기 1669년(현종10) : 동경잡기(東京雜記)

④ 서기 1819년(순조19) : 열양세시기(洌陽歲時記)

⑤ 서기 1849년(헌종15) : 동국세시기(東國歲時記)

* 신증동국여지승람(新增東國輿地勝覽)에는 각 지방을 중심으로,

- 동경잡기(東京雜記)는 경주를 중심으로,
- 열량세시기(洌陽歲時記)는 서울의 풍속을 주로, 그리고
- 동국세시기(東國歲時記)는 매년 정월부터 섣달까지를 전체적으로 하여 썼다. 그러므로 우리나라의 세시 풍속을 가장 쉽게 알기 위해서는 동국세시기(東國歲時記)를 보는 것이 좋다.

4. 계절, 명절과 풍속 관계

세시 풍속은 대개 같은 지역의 주민들이 함께 놀고 마시며 겨루고, 가족들이 함께 어울려 노는 것이기 때문에 춘하추동(春夏秋冬)의 계절과 상관이 있는 명절들이 중심이 된다. 그리고 농경사회에서는 편리한 농한기에 집중되고, 주로 음력을 썼기 때문에 달이 차고 이지러지는 것과도 깊은 관계가 있다.

먼저 음력으로 따져지는 1년 중의 명절을 세어보면 거의 달마다 들어 있고, 거기에는 세시 풍속이 짙게 깔려 있다.

- 1월 : 1일은 설날이고, 장승제를 지내는 15일이 대보름(上元日), 계절의 시작인 입춘(立春)이 있다.
- 2월 : 노비(奴婢)의 날인 1일, 조상의 산소를 돌본다는 한식(寒食)과 대동강도 풀린다는 경칩일(驚蟄日)이 있다.
- (正月) 3월 : 3일은 강남 갔던 제비가 이날 돌아온다는 삼진날(三辰日)이다.
- 4월 : 8일은 부처님이 탄생하신 파일이다.
- 5월 : 5일은 단오절(端午節)이다.
- 6월 : 15일은 유두(流頭)이다.
- 7월 : 7일은 칠석(七夕)이고, 15일이 중원(中元) 백종일(百種日)이다.
- 8월 : 15일은 한가위 추석(秋夕)이다.
- 9월 : 9일은 중양절(重陽節)이다.
- 10월 : 3일은 상달(上月)이고, 문중에서는 윗대 조상의 세일사(歲一祀)를 지낸다.
- 11월 : 낮의 길이가 가장 짧고, 반면에 밤의 길이는 가장 길다는 동지(冬至)가 있으며 팥죽을 끓여 먹는다.
- 12월 : 환약(丸藥)을 짓는 날인 납일(臘日)이 있고, 그믐날을 제석(除夕)이라 한다.

이것을 보면 그 달의 숫자와 날의 숫자가 같은 날이 명절로 되어 있다. 즉 1월 1일은 설날, 3월 3일은 삼짇날, 5월 5일은 단오절, 7월 7일은 견우와 직녀가 만난다는 칠석, 9월 9일은 가장 큰 숫자로서 양(陽)과 양이 겹쳐져서 중양절(重陽節)이다. 또한 달이 꽉 차는 보름날이 명절로 된 것은 1월 15일은 대보름, 6월 15일은 유두, 7월 15일은 백종일, 8월 15일은 한가위이다.

이렇게 매 계절과 매 달에 알맞은 명절과 여러 놀이 등의 풍습이 전해지고 있으나, 지금은 4대 명절이라 하여 설날, 한식, 단오, 한가위를 꼽을 뿐이다.

5. 4대 명절의 소개

1) 설날

① 음력 1월 1일, 그 해의 첫날이라 하여 원일(元日)이라 하고, 그 날 아침을 원조(元朝), 원단(元旦)이라 한다. 가정의례준칙에서는 정조(正朝)라 한다.

② 설날이란 명칭의 유래

- 나이 먹기가 서러워 '설날'이라고 했다고 한다.
- 그 해의 첫날이라 '낯이 설다' 하여 '설날'이라고 했다고 한다.
- 봄이 시작되는 날을 '봄이 선다' 하여 입춘(立春)이라 하듯이, 해가 시작되는 날이라 '해가 서는 날(立歲日)'이라는 뜻으로 '설날'이라 했다.

③ 이 날은 설빔을 잘 차려입고 차례도 지내며, 여러 어른들에게 세배를 드린다.

④ 떡국을 먹는데 떡국 한 그릇에 나이도 한 살씩 더 먹어진다고 하여 더 먹고 싶어도 꾹 참았다는 장난스러운 말도 있다. 그리고 사기(邪氣)를 물리치고 오래 산다 하여 도소주(屠蘇酒)란 약술을 마셨다.

⑤ 세함(歲銜)이라 하여 세배를 갔다가 주인이 없으면 종이에 이름을 써서 놓고 오면 세배가 되었는데, 요즈음 같으면 연하장과 같은 것이다. 현대는 명함을 이용하여 대신하기도 한다.

⑥ 연날리기, 제기차기, 널뛰기 등의 놀이를 했는데, 이것은 겨우내 움츠렸던 하체를 튼튼히 하기 위함이었다고 한다.

⑦ 윷놀이도 숫자로 나타내어 겨루는 놀이로서 설날의 대표적인 가족 놀

이이다.

⑧ 승경도(陞卿圖) 놀이를 했다. 넓은 종이에 옛 벼슬의 이름을 품계, 종별에 따라 써 놓고, 주사위알을 굴려서 벼슬이 오르고 내리는 놀이이다.

2) 한식(寒食)

① 전 해의 동지로부터 105일이 되는 날이며, 양력으로는 4월 5일이나 6일이 되는데, 음력으로는 2월에 들기도 하고, 3월에 들기도 한다.

② 글자의 뜻과 같이 모든 음식을 차게 먹는 날이라는 뜻인데, 이에 대해서는 다음과 같은 유래가 전해오고 있다.

- 중국 춘추시대 진(晉)나라에 개자추(芥子推)라는 선비가 있었는데, 그는 진나라 문종(文宗)이 과거 망명 유랑 시 굶주렸을 때 스스로 허벅다리 살점을 베어 바쳤다. 그는 후에 포상자에 들지 못하자 부끄러워 깊은 산 속에 숨어버렸다. 그 후 임금이 그를 관직에 나오게 하려고 산에 불을 놓았으나, 그는 결국 세상에 나오지 않고 홀어미와 함께 버드나무 밑에서 불에 타 죽고 말았다. 그래서 임금은 이 충신을 추모하는 뜻으로 이 날은 종일 불을 못 쓰게 해서 자연히 찬 음식을 먹게 되었다.
- 우리나라에서는 이 날에 임금이 새로운 불씨를 나누어주었는데, 새 불씨를 받기 위해 묵은 불씨를 미리 없앴으므로 찬 음식을 먹었다.
- 한식은 계절적으로 초목이 잘 사는 때라 조상의 산소에 나무도 심고, 떼도 입히는 일을 하는데 산에서 음식을 데워 먹기 위해 불을 피우다가 잘못하여 산불이라도 날까 하여 산화 방지책으로 불을 쓰지 못하게 해서 찬 음식을 먹었다고 한다.

③ 이 날은 조상의 묘지에 사초(莎草)도 하고, 계절 음식을 하여 묘에서 차례도 지낸다. 종묘(宗廟)와 각 능원(陵園)에서는 제향을 지내고, 농가에서는 농작물의 씨앗을 뿌렸다.

3) 단오(端午), 수릿날

음력으로 5월 5일이다. 음력 1월이 인(寅)월이고, 따라서 5월은 오(午)월이다. 5일을 같은 음(陰)인 오(午)일로 보아 오(午)가 겹친 날이라 참오(午)일이라는 뜻으로 단오(端午)절이라 했다. 양수(陽數), 즉 기수(寄數)의 달과 날이 같은 수로 겹치는 것을 중요시한데서 5월 5일을 명절로 한 것이다.

(1) 단오절의 유래

① 초나라 회왕(懷王)시대 충신인 굴원(屈原)은 그 인격과 학식과 덕망이 출중하여 이를 시기 질투하는 무리들이 많아 임금에게 중상 모략 참언하는 일이 많았다. 이에 굴원은 자기의 깨끗한 지조를 보이기 위해 멱라수에 투신 자살하였다. 그 날이 마침 5월 5일이라 해마다 이 날을 기념하고 그 영혼을 위로하기 위해 제사를 지냈다.

② 이 날 쑥떡을 해 먹는데 그 모양이 수레바퀴처럼 만들어졌기 때문이라고도 하고, 또 수리취로 떡을 해 먹었기 때문에 수리란 이름이 붙었다 한다.

(2) 단오절의 풍습

① 차례 : 단오절 쑥으로 떡을 하여 조상에 올리기도 했다.

② 단오선(端午扇)이라 하여 부채를 서로 선물했다.

③ 대추나무를 시집보내어 많은 열매가 열리고 풍년들기를 기원했다.

④ 그네뛰기 : 특히 아낙네들이 그네를 멀리 뛰어 바깥세상을 구경했다.

⑤ 씨름 : 남자들의 기량을 한껏 뽐내보기도 했다.

⑥ 청포탕에 머리 감아 액을 막기도 했다.

4) 추석(한가위)

(1) 음력으로 8월 15일. 우리나라에서는 한가위라고 하는데 가을달이 밝은 날이라 추석이라고도 한다.

(2) 한가위의 유래는 우리나라의 고유한 놀이 날로 삼국사기 신라 3대 유리왕 9년(32년)조에 다음과 같이 나타난다.

나라의 아낙들을 두 편으로 가르고, 왕녀가 각 팀의 감독이 되어 1달 동안 삼베 길삼 짜기를 하여 내기를 하였다. 그리고 그 많고 적음을 가려 진 편이 음식을 만들어 이긴 편을 대접하면서 춤추고 노래하며 즐겼다는데서 '가배, 즉 가위'라 하는 풍습이 생겼다고 한다.

(3) 그것이 서기 32년으로 그 첫 번째 놀이를 하였으니, 2005년의 한가위는 무려 1974번째의 한가위가 된다. '한가위'는 '한(크다)'+'가위(가운데)'의 뜻이다.

(4) 조상 묘지의 벌초도 하고, 명절 음식인 신도주(新稻酒)와 송편을 빚어 차례를 올리는 예를 드린다.

(5) 송편, 토란국, 햇과일이 대표적이다.

(6) 줄다리기를 하는데 남녀가 함께 하다가 혹 줄이 끊어져 남녀가 서로 포개어져 엎어지는 것이 즐거움이었다고 한다.

(7) 강강술래, 닭잡기, 원놀이, 가마싸움, 풍년을 기원하는 소먹이놀이 등 여러 가지 놀이들이 있어 모두 뜻있고 즐거운 놀이였다.

(8) 우리나라의 세시 풍속 중 한가위는 오곡백과가 무르익어 모두가 풍성하고, 농사가 끝나 한가하며 춥지도 덥지도 않은 가장 큰 명절이다. 그래서 옛날 속담에 '일년 열두 달 365일 내내 더도 말고 덜도 말고 한가위만 같아라'(加也勿 減也勿, 但願長似嘉俳日)는 말이 전해 오고 있다.

6. 상십이지일(上十二支日)과 세시 풍속

1) 상자일(上子日, 쥐 날)

① 지봉유설 : 쥐는 곡식을 축낸다 하여 모든 일을 쉬고 놀았다. 베를 짜고 옷을 지어 입으면 쥐가 썬다고 하여 일을 쉬었다. 이 날은 부인들이 밤에 방아를 찧었다.

② 동국세시기 : "쥐알 볶아라. 콩알 볶아라." 하고 외치면 그 해에는 쥐가 없어진다고 믿었다.

- 쥐의 눈을 멀게 하기 위해 목화씨를 불태웠다.
- 써는 일을 삼가고 구멍 뚫는 일은 하지 않았다.

2) 상축일(上丑日, 소 날)

- 새해 첫시경 : 곡식을 집 밖으로 퍼내지 않는다.

- 소를 사면 좋다.
- 도마질을 하지 않고, 방아를 찧지 않았다.

3) 상인일(上寅日, 범 날)

- 남의 집에 가서 대소변을 보게 되면 그 집의 식구 중에 호환을 입는다.
- 남과 서로 내왕을 삼가며, 여자는 외출하지 않고 자중(自重)한다.

4) 상묘일(上卯日, 토끼 날)

- 자중하고 언행을 삼가며 실수가 없도록 해야 한다.
- 장수를 비는 날이다.
- 백일이나 돌 때 떡을 돌리면 실타래를 주어 답례한다.
- 대문이나 사립문을 가장(家長)이 열면 더욱 좋다.
- 어촌에서는 바다에 배를 띄우지 않았으며, 오전에 손님 오는 것조차 꺼려 하였다.

5) 상진일(上辰日, 용 날)

- 전라도 지방은 물을 길어오지 않는다(홍수, 어장에 큰 피해).
- 용알 뜨기 : 부녀자들은 남보다 먼저 일어나 우물물을 길어 온다.

6) 상사일(上巳, 뱀 날)

- 남녀 모두 머리를 빗거나 깎지 않는다.
- 종이에 '巳'자를 써서 거꾸로 기둥에 붙임.
- 빨래를 하지 않고, 바느질도 하지 않으며, 땔나무를 옮기거나 집안에 들여놓지 않는다.

7) 상오일(上午日, 말 날) : 제주도에서는 우물을 파지 않는다.

8) 상미일(上未日, 염소 날)

- 특이할만한 금기 민속은 전국 어디에서도 보이지 않는다.
- 전남지방에서 출항을 금한다.

9) 상신일(上申日, 원숭이 날)

- 제주도에서는 나무를 자르지 않는다.
- 칼질을 하면 살을 벤다고 해서 삼간다.

10) 상유일(上酉日, 닭 날)

- 부녀자들의 바느질을 금했다.
- 전라남도 지방에서는 곡식을 마당에 널지 않는다.
- 제주도에서는 모임을 갖지 않으며, 닭을 잡아먹지도 않고, 지붕을 잇지도 않는다.

11) 상술일(上戌日, 개 날)

- 이 날 일을 하면 개가 텃밭에 가서 해를 준다고 하여 일손을 쉬고 논다.
- 이 날에는 풀을 쑤지 않는데 풀을 쑤면 개가 먹은 것을 토한다.

12) 상해일(上亥日, 돼지 날)

- 살갗이 검은 사람은 왕겨로 문지르거나 녹두로 비누를 만들어 세수하면 얼굴이 희고 고와진다.
- 여자가 바느질을 하면 손가락이 저리고, 머리를 빗으면 풍증이 생긴다.

제 5 장 21C. 국제 예절(國際禮節)

1. 국제화 시대의 예절

오늘날은 바야흐로 전 세계가 거의 동시 생활권이라 해도 지나침이 없다. 우리나라를 찾는 외국인은 각기 언어와 생활 습관을 달리하는 다양한 사람들이고, 우리도 그들과 섞여 함께 생활해야 하는 시대가 되었다. 반면 우리도 세계 여러 나라에 수시로 왕래하며 그들 속에서 그들과 어울려 생활하게 되었다.

생활 습관이 다른 외국인과의 예절은 어떻게 하는 것이 좋을까? 예기(禮記)에서 말하기를 '예절이란 가장 마땅한 것을 따르는 것이며, 남의 나라에 가서는 그 나라의 풍속을 따르게 되어 있다'라고 했다. 그러므로 우리나라에 온 외국인에게는 우리의 예절로 대해야 하고, 외국에 갔을 때는 그 나라의 예절을 따라 행하는 것이 옳다.

여러 나라 사람들이 공동 목표를 달성하기 위한 단체 생활을 할 때는 국력 또는 각자의 기분에 따라 어느 나라의 예절을 적용할 것인가가 결정될 것이다.

2. 해외 여행 예절(海外旅行禮節)

1) 항공기 내에서의 예절

① 지정 좌석에서 안전벨트 착용한다.

② 기내의 화장실 사용시 안에서 문을 잠근다(남녀 구분이 없으며 잠그지 않으면 비어있다는 표시등이 켜짐).

③ 안내 방송을 경청한다.

④ 기내 좌석에는 1등석, 2등석, 우대석이 있다.

⑤ 스튜어디스에게도 예절을 지켜야 하며, 팁이 없는 것이 세계적 관습이

다.

⑥ 기내에서는 기압 변화로 만년필의 잉크가 새어 나오므로 주의한다.

⑦ 좌석 배치 순서는 앞에서 뒤로는 번호순, 옆으로는 알파벳순이다.

⑧ 용무가 있으면 스튜어디스에게 문의한다.

2) 호텔에서의 예절

① 예약, 투숙

- 예약 : 성명, 성별, 도착 일시, 비행기 편, 출발 예정 일시 및 비행기 편 연락처, 지불 방법을 알려 준다.
- 등록카드 작성 : 한 사람씩 작성한다. 가족 동반시 함께 작성한다.

② 객실 이용

- 열쇠 : 외출시 프런트에 보관하고, 출입시 소지한다.
- 욕실 : 찬물을 먼저 사용한 후 더운물 온도를 맞춘다.

③ 전화, 텔레비전

- 일반 채널, 자체 채널
- 모닝콜 : 아침에 원하는 시간에 깨우도록 교환에게 부탁한다.

④ 룸 서비스와 미니 바

- 룸 서비스 : 레스토랑보다 10% ~ 15% 정도 비싸다.
- 냉장고 미니 바 : 음료, 주류, 안주
- 이용시 : 계산서에 직접 표시, Check out시 계산한다.

3) 외국인 접대 예절

국제 생활에서 상호 초대와 방문은 그 나라의 문화에 따라 해야 하는데, 대부분 상호주의 원칙에 따라 상대방이 초대하면 자신도 상대방을 초대하는 것이 예의이다.

① 초대하는 사람의 예절

- 목적과 장소, 시간이 분명해야 한다.
- 모임의 성격에 따라 초대 대상을 정한다.
- 초대할 날짜는 미리 알아본 후 결정한다.

- 초대 방법은 초대장 발송이 가장 좋다.
- 초대할 장소를 미리 예약한다(참석할 인원 미리 고려).
- 좌석 배치에 결례가 없도록 한다. 벽난로가 있는 곳이 상석이며, 벽난로가 없는 경우 출입구에서 먼 쪽이 상석임을 안다.
- 참석자의 연령, 성별, 계절 등을 고려해서 메뉴를 선정한다.

② 초대받은 사람의 예절

- 참석 여부를 미리 알린다.
- 초대를 받으면 참석하는 것이 예의이다.
- 옷차림을 단정히 하고 참석한다(초대의 성격과 내용에 맞게 입는다).
- 방문 시간을 정확히 지킨다.
- 초대 외의 사람은 동반하지 않는다.
- 행사 진행 중 자리를 뜨지 않는다.
- 사례나 부조는 분수에 맞게 한다.
- 초대에 대한 감사의 인사를 한다.
- 퇴장은 동료보다 늦어서는 안 된다.
- 주빈이 돌아갈 때까지는 머물러 있어야 한다.
- 자기가 주빈일 때는 너무 오래 머물러 있어서는 안 된다.
- 시간이 정해져 있지 않으면 다른 사람들이 자리를 뜰 때 같이 일어선다.

③ 선물을 주고받는 예절

- 선물을 든 채 다른 집에 들리지 않는다.
- 축하나 송별 환영시에는 당일이나 며칠 전쯤이 효과적이다.
- 그 집에 들어가 인사를 하면서 내 놓는다.
- 선물을 받았을 때 바닥이 아닌 곳에 올려 놓는다.
- 카드나 편지를 먼저 읽는다.
- 선물한 사람의 성명, 금액, 품목을 적었다가 상대의 경조사에 답례한다.
- 유학이나 업무 차 오랫동안 머물다 귀국할 경우 카드나 작은 선물을 하는 것은 한국인의 이미지와 사교에 아주 좋다.

3. 식탁에서 삼갈 일

① 오른손으로 식사를 하면서 왼손으로 접시를 잡는 것.
② 식사 후 그릇을 웨이터나 대접하는 사람이 치우기 전에 치우는 것.
③ 식사 후 몸을 뒤로 젖히며 "다 먹었어요.", 또는 "배가 불러요." 라는 말을 하는 것.
④ 더러운 식기가 눈에 띄면 식기를 닦는 것.
⑤ 입안에 음식물이 들어 있을 때에 음료를 마시는 것.
⑥ 립스틱을 진하게 바르고 식탁에 앉는 것.
⑦ 술잔이나 물잔 따위를 집어 들 때에 입 닿는 부분을 거머쥐는 것.
⑧ 잔에다 스푼을 꽂아 두는 것.
⑨ 음식이 반쯤 남아 있는 스푼이나 포크를 들고 이야기하는 것.
⑩ 식사를 하기 전에 그릇에 담긴 음식을 모두 잘게 썰어 놓는 것.
⑪ 식사 중에 머리를 긁거나, 턱을 괸다던가 다리를 꼬는 것.
⑫ 포크나 나이프를 휘저으며 큰 소리로 떠들거나, 손가락을 빨고 나이프를 입에 대는 것.
⑬ 음식을 먹을때 소리내는 것.
⑭ 식탁 앞에서 이쑤시개를 쓰고, 물로 입을 헹궈내며, 화장을 고치는 것.

제6장 가정의례(家庭儀禮)

제1절 총설(總說)

1. 가정의례(家庭儀禮)의 의미

가정의례(家庭儀禮)란 가정에서 일정한 격식을 갖추어 행하는 예절 의식을 말한다. 사람이 한 평생을 살아가면서 거처야 하는 행사라는 의미에서 통과의례(通過儀禮)라고도 한다.

옛날부터 가가례(家家禮)라는 말이 있는데, 이는 지방이나 가문(家門)에 따라 예절이 다르다는 말이다. 예절의 근본(根本)은 같으나, 예서(禮書)에서 각자의 재량에 맡긴 부분을 자기의 형편에 따라 하는데서 나왔다고 볼 수 있다.

2. 가정의례(家庭儀禮)의 종류

옛날에는 관계례(冠笄禮), 혼례(昏禮), 상례(喪禮), 제례(祭禮) 등 사례(四禮)와 조상의 신주를 모시는 사당(祠堂)제도, 예복인 심의(深衣)제도, 가정생활을 정한 거가잡의(居家雜儀)를 포함해서 이를 가례(家禮)라 하였으나, 오늘날은 다음 다섯 가지를 말한다.

① 관계례(冠笄禮) : 아이가 자라서 사회적으로 책임 능력이 인정되는 나이에 행하는 의식.

② 혼인례(婚姻禮) : 남자와 여자가 짝을 이루어 부부가 되는 의식.

③ 상장례(喪葬禮) : 사람의 주검을 갈무리하고 매장하며, 근친들이 상복을 입고 근신하는 의식.

④ 제의례(祭儀禮) : 죽은 사람을 추모하여 기리는 의식.

⑤ 수연례(壽筵禮) : 어른의 생일을 기념하기 위하여 행하는 의식.

제2절 관계례(冠笄禮)

1. 관계례(冠笄禮)의 의미

관계례는 관혼상제(冠婚喪祭) 사례(四禮) 중 첫 번째의 통과 의례(通過儀禮)로서 남녀가 출생하여 성인이 되면 올리는 의식이다. 남자는 15~20세 사이에 효경(孝經)이나 논어(論語)에 통달한 후에 길일(吉日)을 택하여 땋아 내렸던 머리를 올려 상투를 틀고 관을 씌운다는 뜻으로 관례(冠禮)라 했고, 여자는 머리를 올려 쪽을 찌고, 비녀를 꽂는다는 뜻으로 계례(笄禮)라 했다. 그러나 참 뜻은 겉모양을 바꾸는데 있지 않고, 어른으로서의 책임과 의무를 일깨워 주는데 있었다. 〈四禮便覽 卷1. 冠〉

관을 쓰고 난 뒤에 복장이 구비되고, 복장이 구비된 다음에 용모가 바르게 되고, 안색이 가지런하고 말이 순조롭게 된다.

2. 연혁(沿革)

삼국사절요(三國史節要)에는 신라 때 이미 중국의 제도를 본받아 관복을 입고 의식을 했다는 기록이 있으나, 문헌에 나타난 것은 고려 광종 16년(965년)에 가관제도(加冠制度)가 있어 어린이와 성인의 복식을 구분하는 의식을 거행하였으며, 고려 이후 조선 시대에 이르러서는 중류 이상에서 보편화된 제도로 정착되었다가 조선 말기 한일합방과 단발령(斷髮令-1895년)에 의해 점차 사라져 갔으며, 현대에 이르러서는 우리나라도 외국에서와 같이 성년 예식으로 대체되어 행하고 있다.

3. 요건(要件)

1) 남자는 15~20세, 여자는 허가계(許嫁笄)로 정혼을 하면 3일 전에 할

수 있다.

2) 효경·논어가 통달되어야 한다.

3) 당사자 부모의 상기(喪期)가 기년(朞年 : 1년) 이상이면 행할 수 없다.

4) 대공복(大功服 : 9개월)을 입는 상을 당하여 아직 장례를 치르지 않았을 때도 행할 수 없다.

4. 준비물

1) 관례(冠禮)시 〈장관자용〉

- 시가(始加) : 사규삼(四揆衫), 복건, 심의(深衣), 대대, 치포관(緇布冠)
- 재가(再加) : 조삼(皂衫), 혜(鞋), 모자(帽子), 혁대 등
- 삼가(三加) : 난삼(襴衫), 복두(幞頭), 유건, 도포, 행전 등

2) 계례(笄禮)시 : 배자, 당의, 화관, 삼자(衫子), 용잠(龍簪) 등

〈그림 9〉 남녀 성복도 및 사규삼도

5. 관례(冠禮)의 방법

① 시기(時期) :

15세부터 20세까지 정월 중에 날을 택하여 행한다. 효경(孝經)이나 논어(論語)를 통달하여 조금이라도 예의를 알게 되기를 기다린 후, 관례를 하는 것이 좋다(粗智禮義 然後冠之 〈四禮便覽 卷之1. 冠〉).

반드시 부모의 상(喪)이나 기년(朞年) 이상의 상복이 없어야만 비로소 행할 수 있고, 대공(大功) 상에 아직 장례를 지내지 않았으면 행할 수 없다.

② 주인고우사당(主人告于祠堂) :

정한 날 3일 전에 주인이 사당에 아뢴다. 관례 후에도 주인이 관자(冠者)를 데리고 들어가 알현(謁見)한다.

③ 계빈(戒賓) :

본받을 만한 어른을 큰손님으로 모신다. 옛날에는 빈(賓)을 점을 쳐서 선택했지만, 지금은 친구 중에서 어질고 예의가 있는 자를 선택한다(古禮 筮賓 但擇朋友賢而有禮者可也 〈四禮便覽 卷之1. 冠〉). 주인은 정장 옷차림으로 손님의 집에 찾아가 거듭 요청하고, 거리가 멀면 서신으로 청한다.

④ 전일일숙빈(前一日宿賓) : 하루 전날 큰손님에게 찾아가서 다시 청한다.

⑤ 진설(陳設) : 관례를 행할 장소를 진설하고 기구를 배설한다.

⑥ 진관복(陳冠服) :

통옷의 예복, 신, 띠, 검은 장삼, 정장 옷 등을 방안의 탁자에 진열한다. 술주전자와 잔과 소반을 의복 위쪽에 진열한다. 복두(幞頭), 건(巾), 관(冠) 등은 소반에 담아 깨끗한 수건으로 덮고, 서쪽 계단 아래 탁자에 진열하고, 집사자가 지킨다.

⑦ 주인은 심의를 입고 빈의 집으로 가시오.

주인은 대문 서쪽 기둥에서 동향해 서서 "선생님 계십니까?" 하고 빈을 부르시오. 빈은 대문에 나와서 동쪽 기둥에서 서향해 서서 '누구십니까?' 하고 주인을 맞으시오.

⑧ 주인은 말하시오. "저는 아들 ○○가 있는데, 장차 그 머리에 관을 씌우고자 합니다. 원컨대 선생님께서 가르침을 주십시오."

⑨ 빈은 대답하시오. "제가 불민하여 일을 제대로 받들지 못할까 염려되어 (병으로) 감히 사양합니다."

⑩ 주인은 다시 말하시오. "선생님의 덕망은 익히 들어 아는 바이니 사양하지 마시고 가르침을 주십시오."

⑪ 빈은 대답하시오. "그대가 거듭 명하시니 제가 감히 따르지 않을 수 없겠습니다."

⑫ 주인은 재배하고, 빈도 재배하시오. 주인은 물러가고, 빈은 배웅하시오.

1) 주인 이하 서립(主人以下序立)

① 주인 이하 모두 옷을 갖추어 입고, 주인은 동쪽에서 서향하시고, 자제 친척들은 그 뒤에 두 줄로 서향하여 서시오.

② 자제 친척 중 한 사람은 대문 밖 동쪽 기둥에서 서향하여 서시오.

③ 장관자는 쌍상투를 하고, 사규삼을 입고, 행전을 치고, 신을 신고, 방안에서 남향하여 서시오.

④ 빈지, 주인영입승당(賓至, 主人迎入升堂)

- 빈은 예를 아는 자를 찬자로 하여 예복을 갖추어 입고, 대문 서쪽에서 동향하여 서시오.
- 찬자는 빈이 도착하였음을 주인에게 고하시오. "큰손님이 오셨습니다. 맞으시지오."
- 주인은 대문 좌측으로 나와 서향하여 빈에게 (재배) 읍례하시오. 빈도 (답배) 읍례하시오(계빈과 주부는 굴신례).

⑤ 주인은 찬자에게도 읍을 하고, 찬자도 답읍 하시오.

- 주인이 읍하면서 인도하면 빈과 찬자도 들어가되 동서 두 줄로 나뉘어서 들어간다.
- 계단에 이르면 또 읍하면서 주인은 동쪽 계단으로 빈보다 한발 먼저 올라가서 동쪽에서 서향하여 서고, 빈은 서쪽 계단으로 올라가서 조금 서쪽에서 동향하여 선다.

⑥ 찬자는 손을 씻고 서계로 올라가서 방으로 들어가 장관자의 동쪽에서 서

향하여 서시오.

- (빈의) 찬자는 동쪽 계단 위의 약간 서쪽에서 남향하여 자리를 펴시오.

⑦ 장관자는 사규삼을 입고 방에서 나와 남향하여 서시오.

2) 시가례(始加禮) (笄禮는 單加임)

① 빈은 장관자의 우측에서 읍을 하시오.

- 찬자는 빗을 가지고 나와 왼쪽에 놓고, 장관자의 왼쪽에 서시오.
- 빈은 장관자에게 읍을 하시오. 장관자는 빈에게 상읍례를 하시고(계빈과 계자는 굴신례), 서향하여 무릎을 꿇고 앉으시오.
- 찬자도 장관자를 향하여 꿇어앉아 빗질을 하고, 쌍상투를 합치고, 망건을 씌우고(계자는 쪽을 짓고) 내려가시오.

② 빈도 내려가서 손을 씻으시오.

- 주인도 따라가 옆에 서시오. 빈이 손을 다 씻었으면 주인은 읍하고 같이 오르시오.

③ 집사자는 치포관(緇布冠)과 복건(笄禮-花冠과 비녀)을 소반에 받쳐들고 동향하여 빈에게 주시오.

④ 빈은 한 계단 내려가서 관을 받아서 오른손으로 관의 뒤를 잡고, 왼손으로 관의 앞을 잡고 시가 축사를 하시오.

⑤ 吉月令日에 始加元服하노니 棄爾幼志하고 順爾成德하면 壽考維祺하야 以介景福하리라(길월영일에 시가원복하노니 기이유지하고 순이성덕하면 수고유기하야 이개경복하리라).

"길한 달 좋은 날에 비로소 관을 씌우니, 너의 어린 뜻을 버리고 성인의 덕성을 이루어라. 그리하면 장수하면서 큰 복을 받으리라."

⑥ 빈은 무릎을 꿇고 관을 씌우고, 찬자는 비녀를 꽂으시오(계례-화관과 비녀) 또 집사가 복건을 빈에게 주면 관 위에 씌우고 일어나시오.

⑦ 관자는 일어나 빈께 읍을 하고, 방으로 들어가 사규삼을 벗고, 심의를 입고, 혁대를 띠고, 치포관을 쓰고, 방을 나와서 남향해 서시오(계자는 배자를 입고 나옴).

3) 재가례(再加禮) (笄禮는 單加)

① 빈이 관자에게 읍을 하면 관자도 상읍례를 하고, 즉시 무릎을 꿇고 앉으시오.

② 빈은 내려가고 주인도 따라 내려가 손을 씻으시오. 관세가 끝났으면 읍을 하고 올라오시오.

③ 집사가 모자를 소반에 담아 가져오면, 빈은 두 계단을 내려가서 받고, 관자 앞으로 가서 재가 축사를 하시오.

吉月令辰에 乃申爾服하노니 謹爾威儀하고 淑愼爾德하면 眉壽永年하야 享受遐福하리라(길월영신에 내신이복하니 근이위의하고 숙신이덕하여 미수영년하야 향수하복하라).

“좋은 달 좋은 날에 거듭 네 관과 옷을 입히니, 너의 몸가짐을 삼가고 너의 덕을 맑게 하여 오랜 수명을 누리고, 큰 복을 누리게 하라.”

④ 찬자는 치포관을 벗겨 방으로 가져가고, 빈은 모자를 씌우고, 찬자는 끈을 묶으시오.

⑤ 빈은 일어나 제자리에 돌아가시고, 관자도 일어나 빈에게 읍을 하시오.

⑥ 관자는 방에 들어가 심의를 벗고, 조삼을 입고, 혁대를 띠고, 모자를 쓰고, 가죽신을 신고, 방에서 나오시오.

4) 삼가례(三加禮)

① 빈은 손을 씻고, 올라와서 관자에게 읍을 하시고, 관자도 빈에게 상읍례를 하고, 즉시 무릎을 꿇어 앉으시오. 집사자는 복두를 소반에 담아 빈에게 주시오.

② 빈은 삼가 축사를 하시오.

以歲之正과 以月之令에 咸加爾服하노니 兄弟具在하야 以成厥德하면, 黃耉無疆하야 受天之慶하리라(이세지정의 이월지령에 함가이복하니 형제구재하여 이성궐덕하고, 황구무강하며 수천지경하라).

“좋은 해 좋은 달에 너의 형제가 같이 있는데서 옷을 모두 입혔으니, 그

덕을 이루고, 검버섯이 필 때까지 오래오래 살아서 하늘의 경사를 받으라."

③ 찬자는 모자를 거두고 집사자에게 주어 방으로 보내시오.

- 빈은 무릎을 꿇고, 복두를 씌우고, 찬자는 끈을 묶으시오.
- 빈은 일어나시고, 관자도 일어나 빈에게 읍을 하고, 방으로 들어가 조삼을 벗고, 난삼을 입고, 혁대를 하고, 신을 신고 방에서 나오시오.

5) 내초례(乃醮禮)

① 집사는 당 안에서 자리를 조금 서쪽으로 옮겨 남향하여 자리를 펴고 돌아가시오. 주빈은 자리를 서쪽으로 옮겨 남향하시오.

② 찬자는 방에서 술잔을 닦고 술을 따른 다음 방에서 나와 관자의 왼쪽에 서시오.

③ 빈은 관자에게 읍을 하고, 관자는 상읍례를 하시오.

- 관자는 우측 자리로 나아가 남향하여 서시오. 찬자는 동쪽에서 서향하여 빈에게 술잔을 주시오.

④ 빈은 찬자로부터 술잔을 받고, 관자 앞으로 나아가 북향하여 초례 축사를 하시오.

旨酒旣淸하며, 嘉薦令芳하니 拜受祭之하야, 以定爾祥하노니 承天之休하야 壽考不忘하라(지주기청이고, 가천영방을 배수제지하고, 이정이상하여 승천지휴에 수고불망하라).

"좋은 술이 맑고 좋은 안주가 향기로우니 절하고 받아서 고수례하여 너의 복을 받고 하늘의 기쁨을 받으며 오래오래 살면서 잊지 말아라".

⑤ 관자는 빈에게 재배하고, 남향하여 잔을 받아 드시오(笄者 四拜).

- 빈은 동향하여 답배하시오.
- 찬자는 술상을 들고 방안에서 나오시오.
- 관자는 술상 앞으로 나아가 무릎을 꿇고, 왼손으로 잔을 잡고, 오른손으로 포접시를 잡아당겨 놓고 모사기에 좨주하시오.

⑥ 관자는 일어나 끝자리로 가서 무릎꿇고 돌아앉아 술을 마시고, 찬자에게 잔을 주시오.

- 남향하여 다시 또 두 번 절하시오(笄者 四拜).
- 빈은 동향하여 답배하시오.
- 관자는 찬자에게도 절하시오. 찬자는 동향하여 답배하시오.

6) 명자례(命字禮) (賓字冠者)

① 빈은 계단으로 내려가 동향하고, 주인도 내려가서 서향하여 서시오.
- 관자는 서계로 내려가서 조금 동쪽에서 남향하시오.

② 빈은 동향하여 자를 내리는 명자 축사를 하시오.

禮儀旣備하야 令月吉日에 昭告爾字하노니 爰字孔嘉라 髦士攸宜니 宜之于蝦하야 永受保之하라(예의기비하야 영월길일에 소고이자하노니 원자공가라 모사유의니 의지우하하야 영수보지하라).

"예의가 이미 다 갖추어졌으니 성인이 되었도다. 좋은 달 길한 날에 너에게 자를 밝혀 준다. 너의 자는 ○○이니라. ○○○란 뜻이 있느니라. 字는 매우 아름답고 소중하게 지닐 것이며, 마땅히 복을 받아 길이 보전하여라."

- 관자는 대답하시오. "제가 비록 불민하오나 감히 밤낮으로 공경하여 받들겠나이다." (笄者 동시 대답)
- 관자는 두 번 절하시오. 빈은 답배하지 마시오.

7) 출취차 주인 관자현우사당(出就次 主人 冠者見于祠堂)

8) 관자현우존장(冠者見于尊長)

① 부모는 당중에서 남향좌하고, 제숙부는 동쪽에서 남향하고, 제형들은 서향좌하시오. 숙모, 고모는 서쪽에서 남향하고, 형수나 누님은 동향좌 하시오.

② 관자 계자는 부모에게 북향하여 재배하고, 부모는 자식을 위하여 두 번째 절할 때에 자리에서 일어나 주시오.

- 동거하는 존장이 계시면 부모는 관자를 인도하여 어른이 계신 방으로 찾아가서 절하고, 존장 어른은 관자를 위하여 절할 때 일어서 준다. 다시

돌아와서 동쪽과 서쪽의 서열대로 절하고, 답배할 자는 서로 맞절을 한다.

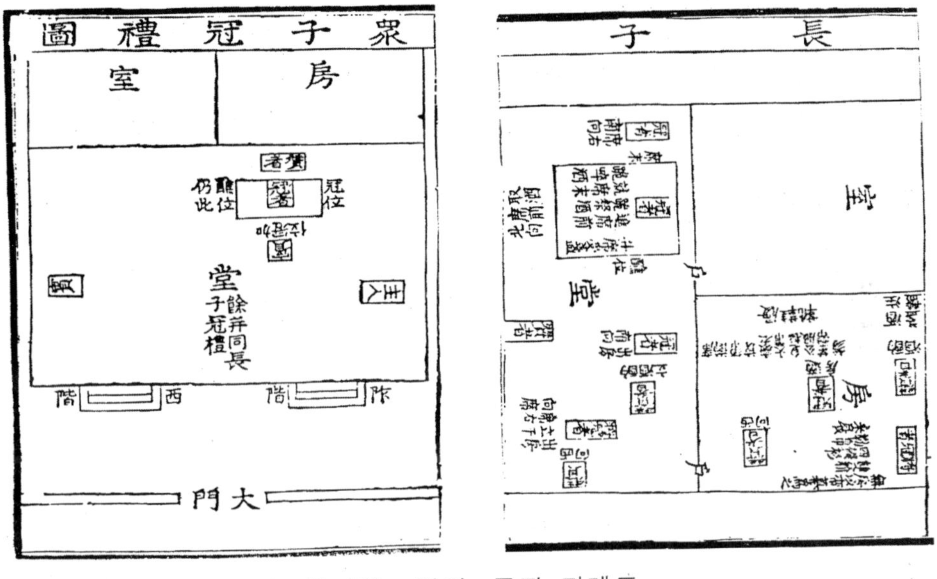

〈그림 10〉 장자, 중자 관례도

6. 계례(笄禮)의 방법

① 시기(時期) : 출가를 허락하고 계례를 한다(許嫁笄). 나이 15세가 되면 출가가 정해지지 않았더라도 계례를 한다(아직 출가가 정해지지 않았으면 평상시에는 다시 비녀를 뽑고, 머리를 갈라 따 내린다).

② 모 위주(母 爲主) : 어머니가 주관한다. 종가의 주부면 중당(中堂)에서 거행한다. 종가는 아니지만 종가에서 함께 살면 사실(私室)에서 한다.

③ 계빈(戒賓) : 집안 안 어른 중에서 예절을 잘 아는 어른을 기약된 날 3일 전에 큰손님으로 모시고, 하루 전에 와서 묵게 한다. 청하는 편지를 써서 사람을 보낸다.

④ 진설(陳設) : 관례(冠禮)와 같다.

⑤ 진복(陳服) : 배자(背子)를 사용한다. 빗, 주전자 등을 방안에 차리되 관례 때처럼 한다. 관(冠)과 비녀를 소반에 담아 서쪽 층계 아래에 둔다.

⑥ 서립(序立) : 주부는 주인의 자리로 가고, 계례를 할 사람은 쌍갈래 머리로 당의(唐衣)를 입고, 방 중앙에서 남쪽을 향해 선다.

⑦ 빈지 주부영입 승당(賓至 主婦迎入升堂) : 찬자를 두지 않거든, 시중드는 이로 대신하게 한다. 주부가 계단으로 오를 때 손님은 서쪽 계단으로 오른다.

⑧ 가계(加笄) : 어른스러워지기를 당부하는 축사를 하고, 관을 씌우고, 비녀를 꽂는다. 계례자(笄禮者)는 방으로 들어가 배자를 입고 나온다. 축사는 관례(冠禮) 때의 초가례(初加禮)의 서식을 이용한다.

⑨ 초례(醮禮) : 관례와 같다.

⑩ 계자(笄字) : 이름을 존중하는 의미에서 항상 부를 수 있는 별명인 당호(堂號)를 지어준다. 관례와 같은데 다만 축사를 고쳐 '모사(髦士)'를 여사라 한다.

⑪ 내예빈(乃禮賓) : 관례와 같다.

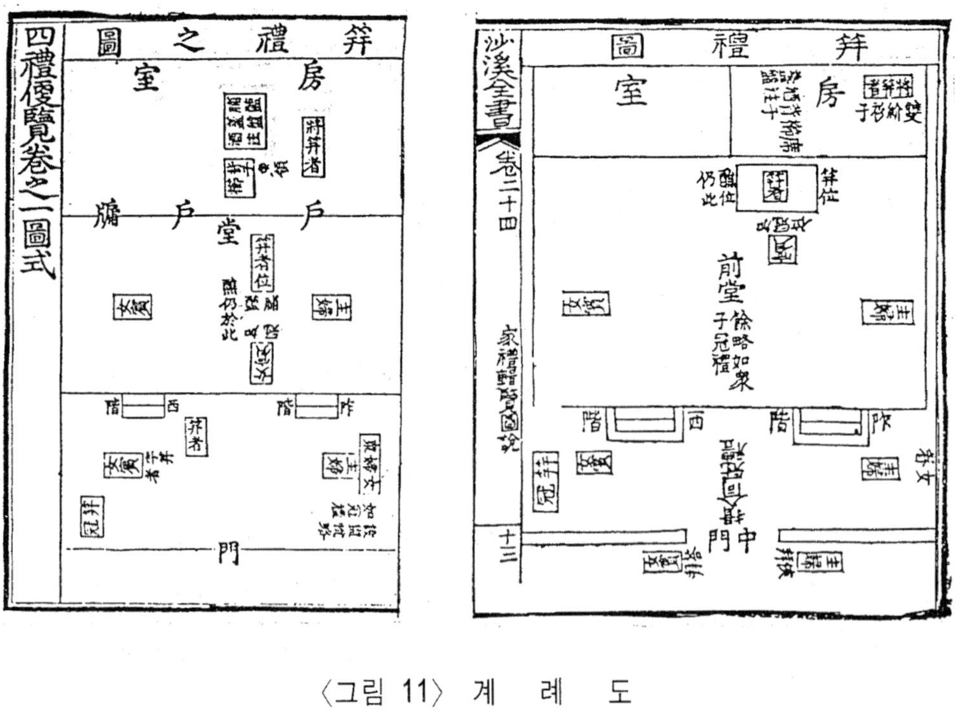

〈그림 11〉 계　　례　　도

7. 관계례(冠笄禮)의 효과

소년 소녀가 관계례(冠笄禮)를 지내면 성인으로서 예우를 받게 된다. 즉

① 말씨 : 전에 쓰던 아주 낮춤 말씨 '해라.'를 예사 낮춤 말씨 '하게'로 높여서 말한다.

② 이름 : 이름이 없거나 함부로 부르던 것을 자(字)나 당호(堂號)로 부른다.

③ 절 : 인사를 드림에 전에는 어른이 앉아서 받았지만 성인으로 대접하여 어른도 답배를 하게 된다.

④ 품삯 : 반 품삯에서 어른 품삯을 받게 된다.

⑤ 평상시에는 성인의 옷인 심의를 입고, 출입시에는 언어와 행동을 조심하게 하는 조삼을 입으며, 예복인 난삼을 입는 것은 이제 어른으로서 책임감을 갖게 하기 위한 것이다.

8. 현대의 성년례(成年禮)

1) 성년례(成年禮)의 의미

현대는 땋아 내린 머리가 없고, 상투나 쪽을 찌는 일도 없기 때문에 관례(冠禮)나 계례(笄禮)라는 명칭이 부자연스럽다. 그렇다고 해서 어른이 되는 의식을 하지 않을 수 없고, 따라서 어른이 되는 의식이라는 뜻으로 성년례라 하여 행하고 있다. 특히 오늘날 도덕과 예절이 땅에 떨어져 가는 상황에서 성년례의 의미는 새롭게 조명을 받게 되고 있다.

2) 성년례의 시기

만 19세가 되는 해의 생일이나 성년의 날(5월의 셋째 월요일)에 행한다.
(건전가정의례준칙 5조)

3) 성년례의 식순, 성년 선서 및 성년 선언(동 준칙 제 6조 2항)

(1) 성년례의 식순

① 개식

(관빈, 계빈, 관자, 계자는 단상에서 전통관례, 단하에서는 남자 ○명, 여자 ○명이 집체 성년례)

② 성년자 배례

③ 빈, 성년자 일동 경례

④ 관계례 의식 진행, 성년 선서 및 서명

⑤ 내빈 축사

⑥ 성년자 내빈에 대한 경례

⑦ 특강

⑧ 폐식

제 3 절 현대 혼인례(現代婚姻禮)

1. 主禮의 資質 및 要件

1) 主禮

主禮는 그 婚姻禮式의 주관자 일뿐만 아니라 원만한 진행을 위한 모든 집례상의 문제를 잘 처리해야 하며 新郞 新婦가 새로운 인생길을 슬기롭게 헤쳐갈 수 있도록 도와주는 助力者로서의 깊은 意味도 함께 가진다.

2) 主禮의 資質

通常的으로 願하는 주례는 첫째 인격이 훌륭하고 德望있는 분, 둘째 좋은 인과관계가 있는 분, 셋째 家庭이 多福하며, 사회적인 信望이 있는 인사, 또는 인자하고 풍채가 좋으며 건장한 분을 主禮로 모시는 것이 보편적인 일이다.

主禮는 家庭的으로나 사회적으로 倫理 道德的 결함이 없어야 하고, 刑을 받았거나, 현재 선거법 등에 저촉되어 聖스러운 婚姻禮式을 主宰하기에 부적합한 사람은 主禮부탁을 받았다 하더라도 정중히 사양해야 마땅할 것이다. 훌륭한 主禮者는 容貌와 服裝, 言行 등에 특별한 관심을 가지고 엄숙한 예식을 진행하여야 한다.

主禮는 人生의 새 출발을 하는 新婚夫婦에게 모범적인 先輩로서 인생설계에 도움이 되도록 훌륭한 德談이나 敎訓을 주도록 努力을 해야 한다.

3) 主禮의 準備事項

主禮는 自信感과 使命感을 가지고 眞正으로 新郞 新婦의 앞날을 祝福하며 愛情을 가지고 婚姻禮式을 主宰하는 마음의 準備를 가지고 臨해야한다. 主禮辭는 미리 準備해서 휴대하고 집례에 臨하는 것이 진행하기가 쉽다.

主禮는 婚姻禮式 30分前에 禮式場에 到着하여 兩家 婚主나 司會者를 만나서 必要한 사항을 協議하는 것도 중요하며, 主禮壇의 婚姻誓約書와 成婚宣言文의 姓名과 日字, 마이크의 狀態, 身長받침臺의 有無, 式場 雰圍氣 等을 조용히 點

檢하는 것이 바람직하다. 흔히 禮式場 周邊의 교통상황을 예상치 못하고, 時間을 지키지 못하여 당황하는 境遇가 있는데 미리 時間計劃을 고려해야 한다.

4) 主禮의 執禮

主禮는 5分前에 主禮席에 着席하되 兩家 母親이 點燭後에 내외 귀빈에게 인사 할 때 예의 상 일어나서 박수를 쳐주고 主禮壇에 登壇하는 것이 時間的으로 適切하다.

主禮의 紹介는 司會者와 事前 協議를 하여 지나치게 과장된 경력 등을 長時間 紹介하여 빈축을 사지 않게 留意를 해야 한다.

主禮 執禮 中 가장 어려운 問題는 突發事態의 發生이다. 흔히 新婦가 緊張한 나머지 擧動에 不便을 느끼거나 넘어지는 境遇를 대비해야 한다. 또한 新郎 新婦 當事者 以外의 者가 갑자기 나타나서 婚姻式의 進行을 妨害하거나 中止시키려는 기습적인 騷亂이 發生했을 때에 主禮는 슬기롭게 對處하는 마음의 準備도 하고 있어야 된다. 意外의 事態로 進行上 問題가 있다고 判斷될때, 物理的인 問題는 司會者로 하여금 措置케 하고, 禮式의 進行여부에 關係가 있는 問題라면 兩家 婚主와 숙의해서 決定함이 바람직하다.

執禮中 禮式場의 停電, 火災, 賀客의 言爭 등이 발생했을 때 어떻게 긴급조치를 할 것인지? 禮式場의 非常出入口나 階段, 엘리베이터의 位置정도는 사전에 알고 있는 것도 必要하고 돌발적인 不祥事가 발생할 때는 식장내의 總指揮者 역할도 할 수 있도록 준비를 하는 것도 無意味한 것은 아니다.

禮式을 집례 할 때는 沈着하고 근엄한 자세로 行하되 혹시 新郎 新婦중 健康에 이상이 있어 이마에 땀이 날 境遇, 또는 몹시 괴로워 할 때는 주례의 機智로서 가급적 빨리 禮式을 마치도록 한다.

그리고 婚姻式은 嚴肅하게 進行되어야 함에, 賀客이나 사회자의 농담에 지나치게 介意치 말고, 兩家 父母에 對한 人事나 來賓에 對한 人事時에도 아름답고 人情어린 말을 準備 하는 것도 必要하며, 式이 끝나고 主禮는 婚主에게 祝賀 人事를 하는 것도 잊지 않아야 한다.

2. 主禮辭의 作成 要領

1) 主禮辭 作成者의 姿勢

主禮辭는 家庭과 社會의 倫理道德을 바로 세우겠다는 使命感과 보람된 삶을 살 수 있도록 새 出發하는 子息이나 後輩에게 德談을 하는 姿勢로 해야 한다

主禮自身의 과시나 人氣發言을 가미해서는 안 된다. 特히 某種 目的을 達成하기 爲한 선전장으로 活用하려는 모습도 안되고 餘他의 利害와 관련시키려는 것도 삼가해야 한다.

適切하고 좋은 主禮辭를 作成하려면 事前準備를 着實히 해야 한다. 主題와 할 이야기의 要目부터 整理를 하고, 主題에 맞는 名句나 事例 等을 資料로 活用할 수 있게 準備하며 新郎 新婦와 家族의 大略的인 身上과 環境을 把握하고 主禮辭를 5~7分 內에 끝낼 수 있게 主題의 配分과 時間 計劃을 세우며 强調할 核心과 중점을 定해야 도움이 된다.

2) 主禮辭의 構成

主禮辭는 一般 演說文과 같이 序論, 本論, 結論으로 區分해서 構想을 해야 조리있게 작성 할 수 있다.

序論에는 新郎 新婦와 兩家에 對한 祝賀人事를 하고 季節과 날씨를 묘사하면서 新郎 新婦에 對한 찬사와 資質 및 略歷, 家庭環境 等을 適切히 紹介한다.

本論에는 먼저 新郎 新婦의 합법적이고 天生緣分인 점과, 감명 깊고 삶의 智慧가 될만한 德談을 强調한다.

꼭 强調할 德談이 정해져 있는 것은 아니지만 대체적으로 包含되는 내용은

가. 夫婦 愛情의 돈독화와 百年偕老를 祝願한다는 것과

나. 兩家 父母에 對한 孝誠과 家族間의 友愛를 强調하고

다. 지혜롭게 사는 方法에 도움이 되는 敎示를 하며

라. 名言句節을 引用하여 感化하게 하고

마. 社會에 奉仕하고 國家에 忠誠하는 家庭이 되기를 期待하며

바. 끝으로 健康管理를 잘 하도록 强調하는 等의 내용이 포함되는 것이 좋다.

結論에서는 要約整理와 賀客에 對한 人事로 끝맺음을 하는데, 大部分의 新郞 新婦가 긴장하고 있다는 것을 감안하여 어려운 古事成語나 철학적 풀이도 지양하고, 7~8분 이상의 긴 主禮辭로 지루함을 느끼지 않도록 해야 한다.

3. 現代 婚姻禮式의 順序

主禮는 禮式시작 5분전(신랑댁 혼주가 착석한 후 휴대폰을 끄며 꽃과 장갑을 착용하고)에 主禮席에 올라가 허리를 펴고 근엄한 자세로 앉아 있는다.

1) 開式 (兩家 母親의 화촉점화를 위하여 通路에 서 있음을 확인한 후)

司會者 : 지금부터 新郞 ○○○군과 新婦 ○○○양의 백년가약을 맺는 婚禮式을 거행하겠습니다.
먼저 新郞 新婦 양가 母親의 화촉점화가 있겠습니다.

① 兩家母親은 손을 잡고 나란히 걸어나와 등단하여 新郞 母親은 먼저 東쪽(청초)에, 新婦母親은 後에 西쪽(홍초)에 점화한다

② 두 분은 같이 내려와 新郞母親은 東에서 西向하고 新婦母親은 西에서 東向하여 마주보고 인사를 한 다음 壇 아래로 내려와서 來賓에게 인사하고 각자 자리에 돌아가 앉는다.

③ 主禮는 등단하여 賀客에게 목례를 하고 마이크와 婚姻誓約, 成婚宣言文을 신속하게 확인한 후 司會者에게 진행할 것을 눈으로 암시한다.

2) 新郞 入場 (신랑 입장준비 확인 후)

司會者 : 다음은 新郞 入場이 있겠습니다.

新郞 : 늠름한 모습으로 主禮 앞에 걸어나와 인사한다

主禮 : 뒤로 돌아서서 來賓께 인사하고 新婦를 맞도록 조용히 신랑에게 지시한다.

3) 新婦入場 (신부 입장준비 확인 후)

司會者 : 다음에는 新婦가 입장하겠습니다.

新郞은 新婦가 가까이 왔을 때 내려가서 新婦의 父親께 인사하고, 新婦를 왼손으로 인도하여 등단하되, 新郞은 東쪽, 新婦는 西쪽에서서 主禮에게 간단히 인사한다.

4) 新郞 新婦 맞절

司會者 : 新郞 新婦의 맞절이 있겠습니다.

主禮 : 新郞 新婦가 마주 보게 하고 한 걸음씩 물러서서 경건한 마음으로 정중하게 90도로 굽히는 儀式敬禮를 하도록 지시하고 "경례- - 바로"를 명한 후 主禮를 향하여 원래대로 서도록 유도한다.

5) 婚姻誓約 및 署名

司會者 : 新郞 新婦가 主禮와 하객 앞에서 婚姻誓約을 하겠습니다.

主禮 : 신랑 신부의 오른손을 들게 한 후 婚姻誓約文을 정확한 발음으로 낭독하고 新郞과 新婦에게 각각 질문하여 서약의 대답을 확실하게 받아 來賓에게 서약하였음을 공포한다(신랑신부가 혼인서약서에 서명토록 한다).

6) 成婚宣言

司會者 : 主禮先生님께서 成婚宣言을 하시겠습니다.

主禮 : "新郞과 新婦가 이 主禮와 하객 앞에서 婚姻誓約을 굳게 하였습니다. 이에 主禮는 成婚宣言을 하겠습니다□□하고 정확한 발음으로 똑똑하게 成婚宣言文을 낭독한 후에 서명한다.

7) 主禮辭

司會者 : (약력소개를 간단히 하면서) 主禮先生님의 主禮辭가 있겠습니다.

主禮 : 司會者가 主禮를 소개하면서 이름을 거명할 때 주례는 賀客에게 목

례 인사를 한 후에 新郞 新婦가 평생토록 기억하면서 삶의 지표가 될 수 있는 主禮辭를 한다.

司會者: 主禮先生님의 주옥같은 主禮辭가 있었습니다.

8) 兩家 父母에 對한 人事

司會者: 兩家 父母에 대한 인사가 있겠습니다.

主禮: 新郞 新婦가 먼저 新婦宅 婚主님 앞으로 다가서게 한 후 인사를 시킨다.

멘트: 그동안 길러주시고 가르쳐 주신 恩惠에 깊은 감사를 드립니다.

또한 훌륭한 배필을 맞아 슬하를 떠나게 되었습니다. 따님을 이처럼 훌륭한 배필로 맞게 되어 眞心으로 감사합니다.

지켜봐 주십시오, 훌륭하게 잘 살겠습니다.

감사합니다.

新郞 新婦 "경례- -바로"

다음 新郞 新婦는 新郞宅 婚主님 앞으로 가시오.

멘트: 父母님 恩惠를 한시도 잊지 않고 훌륭하게 잘 살겠습니다. 아버님, 어머님 이댁의 며느리로써 責任과 道理를 다 하겠습니다. 혹시 잘못하는 점이 있을 때에는 친 딸 같이 여겨 가르침을 주십시오.

新郞 新婦 "경례- -바로".

9) 新郞 新婦 來賓에 對한 人事

司會者: 다음은 來賓에 대한 인사가 있겠습니다.

主禮: 新郞 新婦는 來賓을 향하여 서 주시기 바랍니다.

兩家의 婚主님께서도 같이나와 주시어 來賓 여러분께 이 자리를 빌어 감사의 인사를 올리는 것이 더 좋을 것 같습니다. 함께 서 주시기 바랍니다.

멘트: 오늘 公休日임에도 이렇게 參席하여 주셔서 祝賀해 주심에 진심으로 감사를 드립니다. 일일이 찾아뵙고 人事를 드리는 것이 道理이오나

우선 이 자리에서 人事를 올리겠습니다. 열렬한 박수로 이 夫婦에게 祝賀와 격려를 해주시기 바랍니다

"경례- -바로□□양가 혼주님께서는 자리에 앉아 주시기 바랍니다.

10) 新郎 新婦 行進

司會者: 新郎 新婦 行進이 있겠습니다.

새 出發하는 新郎 新婦의 굳센 전진을 위하여 힘찬 박수로 격려하여 주시기 바랍니다.

"新郎 新婦 行進" ...박수...

主禮는 行進이 끝날 때까지 박수를 치고 來賓께 인사 한 후 내려와서 新郎 新婦의 양가 혼주에게 축하 인사를 하고 주례석에 착석하여 사진 촬영을 대기한다.

11) 閉會

司會者: 이상으로 新郎 ○○○군과 新婦 ○○○양의 婚姻禮式을 모두 마치겠습니다.

新郎宅 披露宴장소는 ○○○, 新婦宅 披露宴장소는 ○○○입니다.

잠시 후 主禮님을 모시고 記念撮影이 있겠사오니 準備하여 주시기 바랍니다.

主禮: 사진 촬영후 임무가 끝난다.

4. 現代 婚姻禮式의 方位

* 禮節의 方位는 自然의 方位와 달리 上席을 北쪽으로 한다.

婚姻禮式場에서는 主禮席이 上席이고 北쪽이다.

그러므로 主禮의 左側은 東쪽이며 陽의 方位이니 新郎의 位置이고 主禮의 右側은 西쪽이며 陰의 方位이니 新婦席이다.

現代禮式의 方位圖

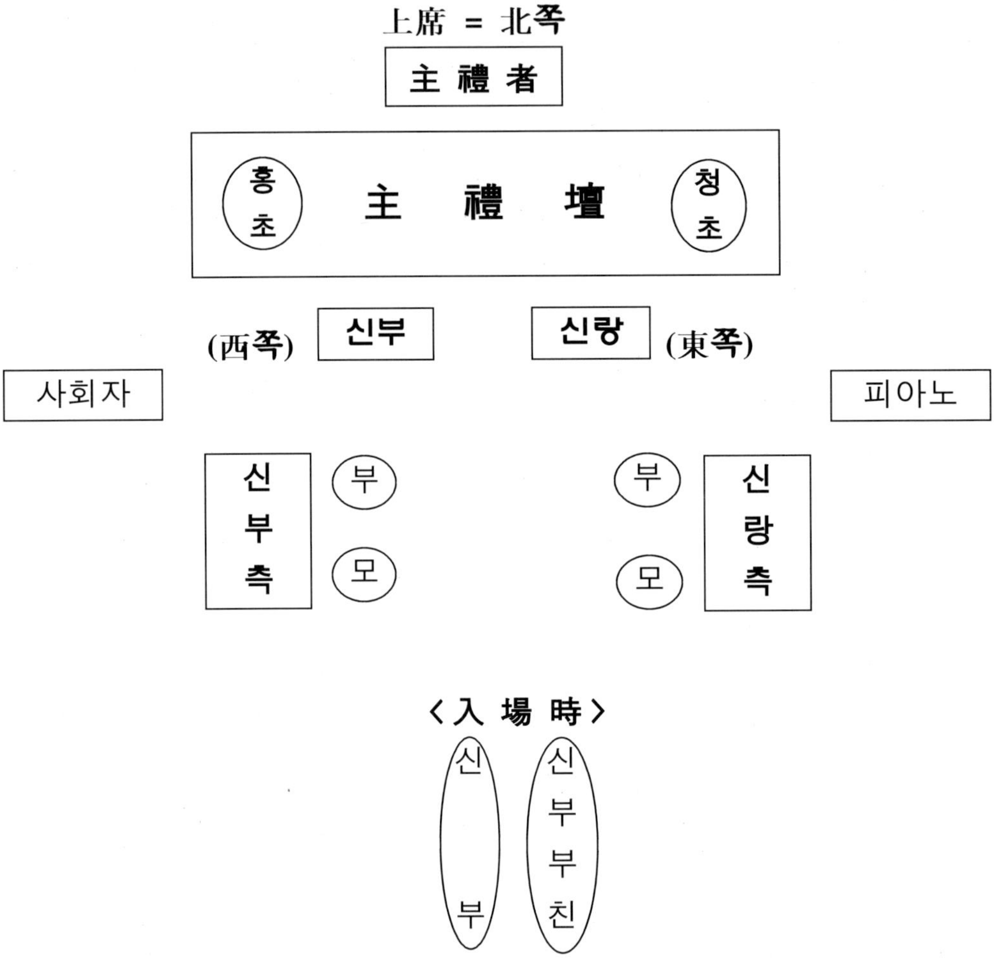

5. 現代婚姻禮關聯法令

1) 法令

現代婚姻關係法令은 家政儀禮에 있어서 그 儀式 節次를 合理化하고 健全한 家庭 儀禮 普及, 定着을 爲한 事業 및 活動을 支援, 助長함으로써 虛禮虛飾을 一掃하고 健全한 社會氣風을 振作함을 目的으로 制定되였다.

가. 健全家庭儀禮의 定着 및 支援에 關한 法律

(法律 第5837號 1999.2.8)

* 法律第5條(健全家庭儀禮準則 等)

"保健福祉部長官은 모든 國民의 家庭儀禮의 참뜻을 具現할 수 있도록 家庭儀禮의 儀式 節次를 嚴肅하고 簡素하게 行하는 것을 內容으로 準則을 家庭儀禮審議委員會의 審議를 거쳐 定하여야 한다"

나. 同法 施行令

(大統領令 第16533號 1999.8.9)

다. 健全家庭儀禮準則

(大統領令 第16543호 1999.8.31)

2) 家庭儀禮準則 (第3章 婚禮)

家庭儀禮準則에서 婚禮라함은 約婚에서 新行까지를 말하는 데 各 段階마다 儉素와 簡素化를 勸獎하고 있다.

가. 第7條(約婚)

(1) 約婚을 하는 境遇에는 約婚 當事者와 父母 等 直系家族만 參席하여 兩家의 相見禮를 하고 婚姻의 諸般事項을 合議하되, 約婚式은 따로 擧行하지 아니한다.

(2) 第1項의 境遇에는 約婚 當事者는 當事者의 戶籍謄本과 健康診斷書를 添附하여 別表2의 規定에 依한 約婚書를 交換한다.

나. 第8條(婚姻)

(1) 婚姻禮式을 擧行하는 境遇에는 다음 各號의 事項을 遵守하여야 한다.

(가) 婚姻式의 場所는 婚姻當事者 一方의家庭, 婚姻禮式 場所 기타 健全 婚姻禮式에 適合한 場所로 한다.

(나) 婚姻當事者는 婚姻申告書에 署名 捺印한다.

(다) 婚禮禮式의 服裝은 端正하고 簡素하며 淸潔한 옷차림으로 한다.

(라) 賀客招請은 親姻戚을 中心으로 簡素하게 한다.

(2) 婚姻에 있어서 婚需는 儉素하고 實用的인 것으로 하되, 禮緞을 贈與할

境遇에는 婚姻 當事者의 父母에 限定한다.

(3) 婚姻禮式이 終了한 뒤 行하는 잔치는 親, 姻戚을 中心으로 簡素하게 한다

(4) 婚姻禮式의 式順, 婚姻誓約 및 成婚宣言의 內容은 아래와 같다.

다. 婚姻禮式의 式順 (準則第8條 第4項 別表)

(1) 開式 (兩家 母親의 華燭 點火: 準則에는 없음)

(2) 新郞 入場

(3) 新婦 入場

(4) 新郞新婦 맞절

(5) 婚姻誓約 및 署名

(6) 成婚宣言

(7) 主禮辭

(8) 兩家 父母에 對한 人事

(9) 新郞新婦 來賓에 對한 人事

(10) 新郞新婦 行進

(11) 閉式

라. 婚姻 誓約 (準則第8條 第4項別表3)

저는 ○○○孃(또는 ○○○君)을 아내(또는 男便)으로 맞아, 어떠한 境遇라도 恒時 사랑하고 尊重하며, 어른을 恭敬하고, 眞實한 男便(또는 아내)으로서의 道理를 다하여 幸福한 家庭을 이룰 것을 盟誓합니다. 年　月　日 ○ ○ ○(署名 또는 印)

마. 成婚宣言(準則第8條 第4項 別表3)

이제 新郞 ○○○君과 新婦 ○○○孃은 그 一家 親戚과 親知를 모신 자리에서 夫婦가 되기를 굳게 盟誓하였습니다. 이에 主禮는 이 婚姻이 圓滿하게 이루어진 것을 嚴肅하게 宣言합니다. 年　月　日 主禮 ○○○ (署名 또는 印)

제 4 절 전통 혼인례(傳統婚姻禮)

1. 전통 혼인례(婚姻禮)의 의미

혼인례(婚姻禮)는 관혼상제(冠婚喪祭) 사례(四禮) 중 두 번째 맞는 통과 의례(通過儀禮)이다. 남자와 여자가 짝을 지어 부부가 되는 것은 음(陰)과 양(陽)이 만나는 것이므로 그 의식의 시간도 양인 낮과 음인 밤이 만나는, 즉 해가 저무는 시간에 거행했기 때문에 옛날에는 혼(昏)이라 했다.

따라서 혼인(婚姻)은 남자가 장가들고, 여자가 시집간다는 뜻이다. 그러므로 헌법 제36조와 민법 제3장 '건전가정의례 정착 및 지원에 관한 법률' 어디에도 남자가 장가간다는 뜻만 있는 결혼(結婚)이란 용어는 없다. 따라서 '결혼(結婚)'이란 말은 쓰지 않는 것이 좋다.

* 婚嫁時 盛服: 純衣(衣는 玄, 裳은 纁이다)
혼례시에 신부의 옷은 청색저고리에 붉은색 치마이다. = **考證 士儀 婚嫁時 盛服**

2. 혼인의 절차

1) 주 육례(周六禮)

우리가 혼인하는 것을 '육례를 갖춘다' 라고 말하는데, 그것은 일정한 절차를 밟아야 한다는 뜻이다. 주나라 때의 혼인 절차는 다음과 같다.

(1) 납채(納采): 남자 측에서 여자 측에 아내를 삼기로 했다는 뜻을 전하는 것.
(2) 문명(問名) : 남자 측에서 신부 될 규수의 모친과 조모의 성씨를 묻는 것.
(3) 납길(納吉) : 남자 측에서 점을 처보고, 여자 측에 혼인하면 좋겠다는 뜻을 전하는 것.
(4) 납징(納徵) : 남자 측에서 여자 측에 혼인하기로 결정한 징표로 물건을 보내는 것.
(5) 청기(請期) : 남자 측에서 여자 측에 혼인 날짜를 정해 달라고 청하 는것.
(6) 친영(親迎) : 남자가 신부 될 규수를 데려다가 예식을 올리는 절차.

2) 주자 사례(朱子 四禮)

주 육례(周六禮)가 번잡하다 하여 4가지로 축소한 절차이다. 주 육례보다 절차를 소상히 기록하였다.

(1) 의혼(議婚) : 남자 측과 여자 측이 혼인할 것을 의논하는 절차.

(2) 납채(納采) : 남자 측에서 여자 측에 며느리로 채택했음을 알리는 절차.

(3) 납폐(納幣) : 남자 측에서 여자 측에 예물(禮物)을 보내는 절차.

(4) 친영(親迎) : 남자가 여자 집에 가서 신부가 될 규수를 데려다가 예식을 올리는 절차.

3) 한국의 전통 육례(傳統六禮)

(1) 혼담(婚談) : 남자 측에서 여자 측에 청혼(請婚)하고, 여자 측이 허혼(許婚)하는 절차.

(2) 납채(納采) : 남자 측에서 여자 측에 며느리로 채택하였음을 알리는 절차로 생년월일시를 적은 사주(四柱)를 보내는 것.

(3) 납기(納期) : 여자 측에서 남자 측에 혼인 날짜를 정하여 알리는 절차(涓吉)로 택일을 하여 보낸다.

(4) 납폐(納幣) : 남자 측에서 여자 측에 예물을 보내고 받는 절차.

(5) 대례(大禮) : 남자가 여자 집에 가서 부부가 되는 의식을 행하는 절차.

(6) 우귀(于歸) : 신부가 신랑을 따라 시댁으로 들어가는 절차.

3. 혼인의 조건

1) 나이 : 남자 16 ~ 30세, 여자 14 ~ 20세이어야 한다.

옛날에는 남자 30세에 장가들고, 여자는 20세에 시집간다고 했으나(男娶必止於三十 陽以壯爲强, 女嫁必至於二十 陰以小爲美 〈禮記 內則〉), 남자는 16세, 여자는 14세 이상은 되어야 한다. 그러나 양가 부모 중 병환이 있거나, 50세 이상 연만한 자가 있으면 나이 12세 이상만 되면 관(官)에 고하고 혼인하였다. 〈大典會通 卷三〉

2) 동성동본(同姓同本)이 아니어야 한다.

동성동본이 혼인하는 것은 씨족 윤리의 문란과 붕괴를 가져올 뿐 아니라, 우생학적 견지에서도 지능이 떨어지고, 유전병 발생률이 높기 때문이다. 그러므로 우리나라는 옛날부터 동성동본의 혼인은 금지했다.

3) 근친상(近親喪)에는 혼인할 수 없다.

자신 및 주혼(主婚)이 기년(朞年, 1년) 이상의 상(喪)이 없어야 하고, 대공(大功, 9개월)의 복에 아직 장례를 마치지 않았어도 혼인할 수 없다.

경국대전(經國大典)에서는 사대부로서 상처한 자는 3년 뒤에 재취(再娶)할 수 있으나, 부모의 명령, 또는 나이 40인데 아들이 없는 이는 1년 뒤 재취를 허락했다. 〈大典會通禮典 婚嫁 37쪽〉

4. 전통 혼인례(傳統婚姻禮)의 절차

1) 혼담(婚談)

반드시 먼저 중매인(媒婆)이 왕래하면서 말을 통하게 하고 혼인할 것을 의론한다.

- 혼인을 의론함에는 먼저 신랑 신부의 성행과 가정 법도가 어떠한지 살펴야 하지, 구차하게 부귀를 흠모해서는 안 된다(司馬溫公).
- 혼인에 재물을 따지는 것은 오랑캐의 도리요, 장사치가 중개하는 방법이니 사대부 선비라 말 할 수 없다(文中子).
- 딸을 출가시킬 때 반드시 내 집보다 나은 자를 취하라고 했다(胡安定).
- 사위를 고를 때는 많이 삼가면서도, 며느리를 택함에는 소홀히 하는데 남자는 접해보기 쉽지만 여자는 알기 어려워 더욱 소홀히 해서는 안 된다(程子).
- 야합(野合) - 육례를 거치지 않고 사는 것을 야합이라 한다.

2) 납채(納采)

(1) 의미

남자 측에서 며느리로 채택한다는 뜻을 여자 측에 알리는 절차로 정혼(定婚), 즉 약혼(約婚)을 뜻한다. 주인인 혼주(婚主)가 사주(四柱)와 납채서(納采書)를 서식을 갖추어 쓴다.

(2) 사주(四柱)

① 남자의 생년, 생월, 생일, 생시를 네 기둥이라는 뜻으로 사주(四柱)라 한다. 옛날에는 네 기둥을 간지(干支)로 두 자씩 썼기 때문에 여덟 자가 되어 사주팔자(四柱八字)라고 했다.

② 사주(四柱)는 한지(35cm x 30cm)에 붓으로 쓰는 것이 좋다. 사주는 종이를 아래와 같이 **5칸으로 접어 중앙 세 칸**에 쓰고, 봉투에 넣되 봉하지 않는다.

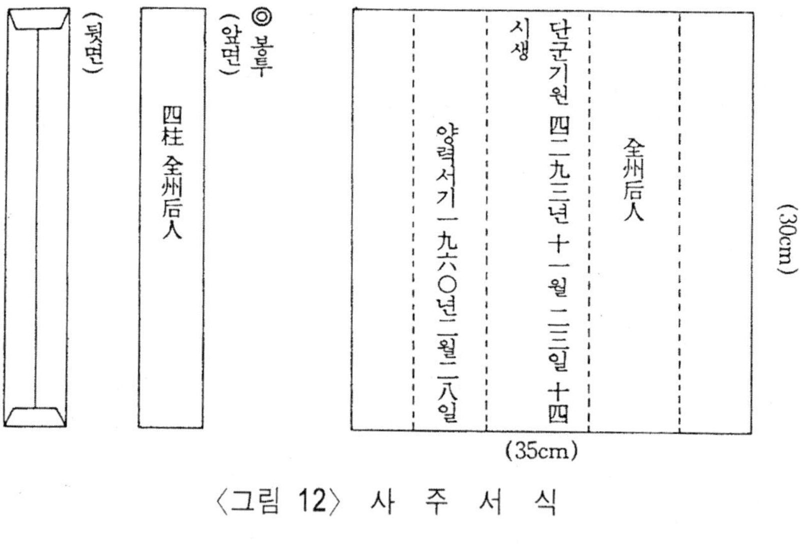

〈그림 12〉 사 주 서 식

③ 사주 봉투는 청홍(青紅) 겹보를 홍색이 밖으로 나오게 싸고, 중간 부분을 청홍 실로 동심결하여 싸리나무를 반쪽 갈라 그 사이에 끼운다.

(3) 납채서(納采書) : 사주를 보낼 때는 납채서를 함께 보낸다.

청 혼 서 서 식

엎드려 여쭙건대 화창한 봄날에 선생님 기력 강녕하시온지 우러러 궁금하옵니다. 높으신 사랑을 입사와 한미한 집을 누추하다 여기시지 않으시고, 중매의 논의를 곡진히 따르시와 훌륭한 영애를 저의 아들 ○○의 아내로 내리셨습니다. 이에 저와 더불어 사돈의 의를 맺기를 청하오니 만일 허락하여 주신다면 저의 집의 크나큰 경사이겠습니다. 엎드려 바라건대 높으신 사랑으로 굽어 살펴주시옵소서. 이만 더 사뢰지 못합니다. 단군기원 4336년 3월 5일 경주 ○○○ 올림

(4) **고우사당(告于祠堂)** : (**납채서만 고유**)아침 일찍 일어나 주과포(酒果脯)만 간략히 차리고, 소반 위에 서식을 담아 향안(香案) 위에 놓고 고한다.

(5) 여자 측 고우사당(告于祠堂)

남자 측 집에서 행한 의식대로 고하는데, 소반에 남자 측 집에서 온 서신을 향안 위에 올려놓고, '오늘 납채하였습니다.' 라고 고한다.

3) 납기(納期, 擇日)

(1) 납기의 의미

여자 측에서 혼인 날짜를 정하여 남자 측에 보내는 절차이다. 택일은 혼인 준비의 복잡함과 생리 현상을 고려하여 여자 측에서 하는 것이 합리적이다.

(2) 택일(擇日)

전안(奠鴈) 일시를 간지로 써서 남자 측에 보낸다. 이를 연길(涓吉)이라 한다.

4) 납폐(納幣)

(1) 납폐의 의미

납폐(納幣)란 남자 측에서 여자 측에 예물(禮物)을 보내는 절차이다. 오늘날 함을 판다는 폐풍(弊風)은 납폐(納幣)의 참뜻을 모르는 데서 비롯된 것이다.

(2) 납폐 준비(采緞)

① 함에 넣는 예물은 신부의 옷감으로 하는데 이를 채단(采緞)이라 한다.

② 채단(采緞)은 색깔 있는 비단을 쓰되, 집안의 형편에 따라야 한다. 채단은 청단(靑緞) 홍단(紅緞)으로 하는데, 합해서 많아도 10끝을 넘지 않고, 적어도 2끝은 되어야 한다. 청단은 현(玄), 홍단은 훈(纁)이라 하는데, 양(陽)과 음(陰)을 갖추는 상징이다.

③ 청단은 홍색 종이로, 홍단은 청색 종이로 싸서 각각 중간을 청홍실로 동심결 한다.

④ 함 안에 흰 종이를 깔고, 홍단 청단을 넣은 다음 흰 종이로 덮고, 그 위에 납폐 종류와 수량을 적은 물목기(物目記)를 놓는다.

⑤ 오낭(五囊 / 5개의 주머니)를 준비한다.

- 東 : 파란색 주머니(팥) / 잡귀를 물리치라.
- 西 : 흰색 주머니(콩) / 재산을 증식하라.
- 南 : 붉은 색 주머니(고추) / 자식을 많이 낳으라.
- 北 : 검정 색 주머니(향) / 벌레를 쫓고 병들지 마라.
- 中 : 황색 주머니(목화씨) / 옮겨 심으면 살지 못한다.

⑥ 무명 한 필 / 함을 묶어 멜 끈을 만든다.

⑦ 함에 넣는 순서 : 한지- 오낭- 홍단- 청단- 물목기.

⑧ 함을 청홍 겹보로 싸되, 홍색이 밖으로 나오게 네 귀를 맞잡아 '근봉(謹封)' 봉함지를 끼운다. 그리고 무명 한 필로 멜 끈을 만들어 묶는다.

(3) 납폐서(納幣書-婚書)= **不告廟: 납폐는 사당에 고하지 않음 =사례편람 권2 昏 9 쪽**

① 남자 측 어른(婚主)이 여자 측 혼주에게 예물을 보내면서 쓰는 혼서를 납폐서라고 한다.

② 납폐서는 한지(36cm x 60cm)를 접어 7칸에 다음과 같이 붓으로 쓴다.

5) 대례(大禮)

(1) 의미

① 남녀가 만나 부부가 되는 의식은 인간에 있어 가장 큰 의례라는 뜻에서 대례(大禮)라 한다. 부모가 나를 나아 주셨고, 나를 지금까지

길러 주셨으며, 성인으로 부부의 의를 맺어주는 의식이기 때문이다.

② 친영(親迎) : 혼례 날 새벽 신부집에서는 사위 맞을 준비를 한다. 신부집에서는 밖에다가 자리를 편다(장막을 대문 밖 서쪽에 편다).

③ 주인은 사당에 친영례를 한다는 것을 고한다. 납채 의식대로 한다.

(2) 초자례(醮子禮) = **往迎爾相 承我宗(家)事 勉帥以敬 若則有常**

① 자식에게 초례(醮禮)를 하고, 아내를 맞아오기를 명하는 의식이다. '초(醮)'는 술을 딸아 주기만 하고 받지는 않는 것이다.

② 당(堂) 위에다 주전자와 소반을 설하고, 주인은 성복하고 당의 동쪽에 앉아 서향한다. 신랑의 자리는 서북쪽에서 남향하여 선다. 집사는 잔에 술을 따라서 신랑의 자리 앞에 선다.

- 신랑은 재배하고 잔을 받아서 꿇어앉아 좨주하고, 자리 끝에 꿇어앉아 술을 마시고 일어나 집사에게 술잔을 주고 또 재배한다.
- 아버지 앞에 나아가 동향하여 꿇어앉으면, 아버지가 명령하되, "가서 너의 아내를 맞이하여 우리 집 종사(宗事)를 잇되, 공경으로 힘써 통솔하며, 너에게도 상도(常道)가 있어야 한다."
- 신랑은 대답하고 재배하고 나온다. = **惟恐不堪 不敢忘命**

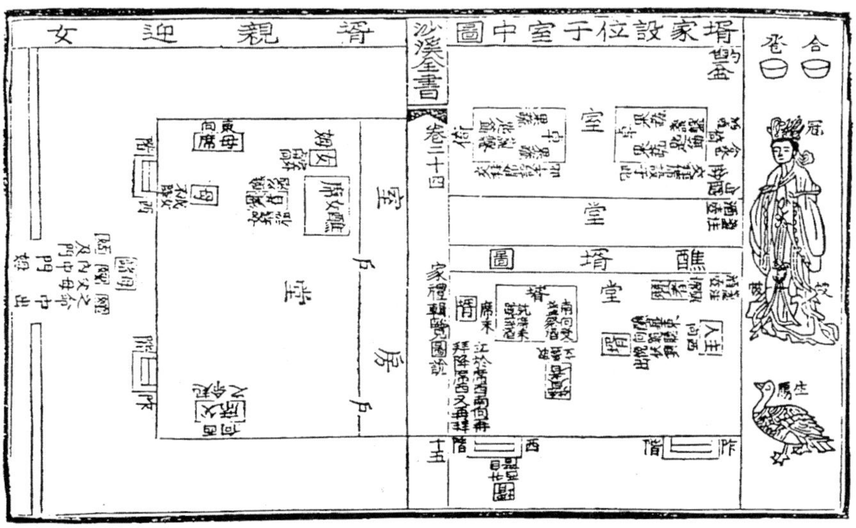

〈그림 13〉 초 서 도 (醮壻圖)

(3) 초녀례(醮女禮) = **敬之戒之 夙夜無違 舅姑之命**

① 딸을 초례하며 명령하는 의식이다.

② 신부는 성장하고 보모가 도와 방 밖에서 남향하여 선다. 아버지는 동쪽에서 서향하고, 어머니는 서쪽에서 동향한다.

- 신부는 찬자가 주는 초례 술을 마시고, 보모가 신부를 인도하여 어머니 좌측으로 나오면 아버지가 일어나 명하되,
"경계하고 공경하며 밤낮으로 시부모의 명령을 어기지 말라."
- 어머니 또한 서쪽 계단으로 내려와 관과 배자를 정돈하고 만지며,
"힘쓰고 공경하며 밤낮으로 너의 규문의 예절을 어기지 말라."고 당부하고, 제모와 고모, 자매들도 중문 안에서 전송하면서, 옷과 한삼을 매만지며 "부모님 말씀을 삼가 들어 밤낮으로 허물됨이 없게 하라." 거듭 당부한다.

(4) 전안례(奠鴈禮)

① 신랑이 신부집에 기러기를 드리는 의식을 말한다.

② 주인이 신랑을 문밖에서 맞이하되, 신랑은 동쪽으로 주인은 서쪽으로 향하여 서로 읍하고 사양하면서 들어간다.

- 집사가 기러기를 드리면 신랑은 기러기를 받되 머리가 왼쪽이 되게 하고 따라 들어간다. 좌수(左手)로 새의 왼쪽 머리를 잡는 것은 왼쪽은 양(陽)이고 머리도 양이기 때문이다. 〈禮記 曲禮〉
- 대청에 이르면 주인이 층계를 올라 서향하고, 신랑은 서쪽 계단에서 올라와 북향하여 꿇어앉아 기러기를 땅 위에 놓으면 주인의 집사가 받는다.
- 신랑은 일어나 재배하고, 주인은 답배하지 않는다.
- 보모가 신부에게 머리수건을 씌워 중문을 나오면, 신랑이 읍하고 서쪽 층계로 내려온다. 주인은 내려오지 않고 신랑이 나오면 신부가 따른다.

보모는 "아직 가르치지 못하여 예를 올리기에 부족합니다." 라고 말한다.

③ 신랑은 말에 올라 신부의 가마에 앞선다. 신부의 가마도 촛불로 앞에서 인도한다.

(5) 교배례(交拜禮)

① 신랑과 신부가 처음으로 만나서 서로 맞절하는 절차이다.

② 신부의 집사는 동쪽에서 신랑의 자리를 펴고, 신랑의 집사는 서쪽에

서 신부의 자리를 편다.

- 신랑은 남쪽에서 손을 씻는데 신부의 집사가 물로 축여 수건을 드린다. 신부는 북쪽에서 손을 씻는데 신랑의 집사가 물로 축여 수건을 드린다.
- 신랑이 신부의 머리 가리개를 걷어 주고 읍하면, 신부는 자리에 나가 절하고 신랑은 답배한다.
- 신부가 다시 두 번 절하면 신랑이 한 번 절하고, 신부가 다시 두 번 절하면 또 한 번 답배한다.
- 신랑은 신부에게 읍하면 신부는 답례하고, 신랑은 동쪽에, 신부는 서쪽에 앉는다.

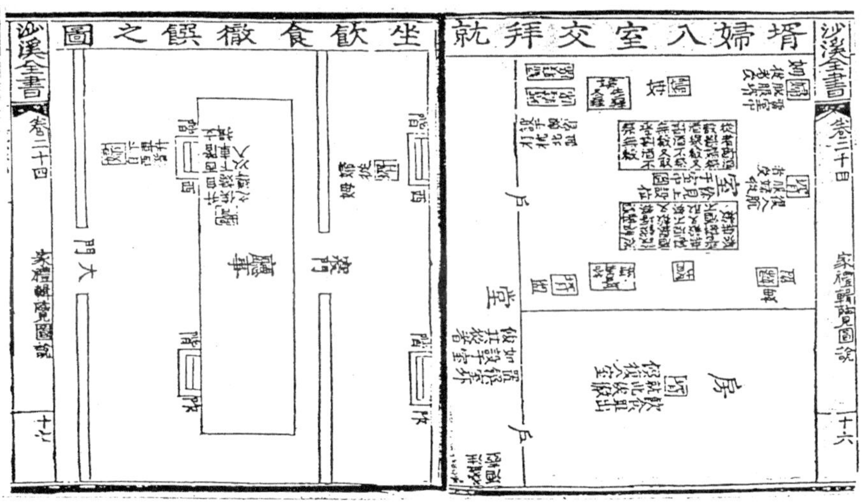

〈그림 14〉 교 배 례

(6) 근배례(巹杯禮)

① 신랑이 신부에게 읍하고, 자리에 나아가되 신랑은 동쪽, 신부는 서쪽에 위치한다. 종자가 잔에 술을 따르고 음식을 차린다. 신랑이 신부에게 읍하고, 술을 약간 기울였다가 들이마시고 안주는 약간 들고 빈 곳에 놓는다. 또 술을 따르면 신랑은 신부에게 읍을 하고 들어 마시며 신부도 마시게 한다. 이 때는 좨주하지 않고 안주도 먹지 않는다.

② 또 표주박 잔을 가져다가 신랑과 신부의 앞에 놓고 술을 따른다. 신랑은 신부에게 읍을 하고 술을 마시되 좨주를 하지 않고 안주도 들지 않는다.

③ 신랑은 다른 방으로 나가고, 신부와 보모는 방에 남아 있는다.

④ 종자는 철찬을 하고, 신랑의 종자는 신부가 남긴 음식을 먹고, 신부의 종자는 신랑이 남긴 음식을 먹는다.

(7) 합궁례(合宮禮)

① 합궁례(合宮禮)란 신랑과 신부가 한 방에서 몸을 합하는 절차로 신방 첫날밤이라고 한다. 합궁례를 치러야 비로소 부부가 되는 것이다.

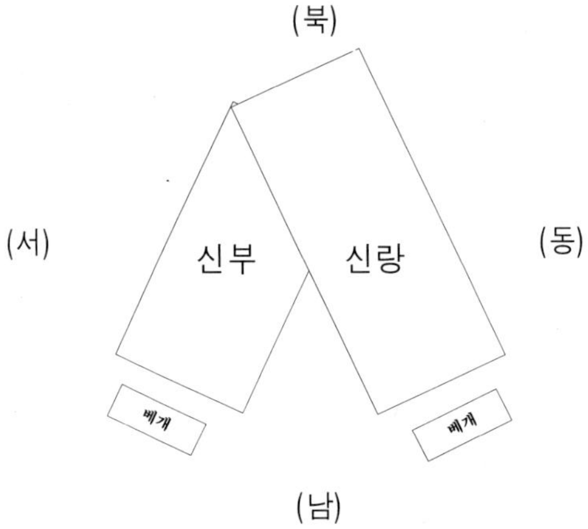

〈그림 15〉 신방의 잠자리

② 신랑의 집사는 신부의 자리를 서쪽에 펴고, 신부의 집사는 신랑의 자리를 동쪽에 편다. 신랑이 벗은 옷은 신부의 종자가 받고, 신부가 벗은 옷은 신랑의 종자가 받는다.

③ 촛불을 내 놓으면 신부의 종이 문밖에서 받들고 있다.

(8) 주인 예빈(主人 禮賓)

남자 손님은 바깥 대청(外廳)에서, 여자 손님은 내당(內堂)에서 접대한다. 옛날에는 다음날 시종들을 대접하였다. 불용락(不用樂)이라 하여 며느리를 맞이하는 집에서는 3일간 음악을 연주하지 않았으니, 부모의 대를 잇는 것을 생각한 것이다. 지금 세속에서 음악을 사용하는데 예가 아니다. 〈常變通攷 卷六 昏禮〉

6) 우귀례(于歸禮)

(1) 의미

신부가 남편인 신랑을 따라 시댁으로 들어가, 며느리로서 치르는 의식 절차이다. 중국 고례 혼인례(婚姻禮)는 신랑집에서 혼인 예식을 치르는 친영례(親迎禮)이기 때문에 우귀례(于歸禮)가 없었다. 그러나 옛날 우리 전통에서는 서옥(壻屋)이라 하여 3년 간 장인(丈人) 집에 들어가 살면서 무보수로 일해 주고 아기를 낳아 데리고 온다는 습속이 있었다. 오늘날은 약식으로 3일, 또는 1일 후 우귀한다.

(2) 부현우구고례(婦見于舅姑禮)

① 새 며느리가 처음으로 시부모를 뵙고, 폐백을 올리는 절차이다.

② 신부는 일찍 일어나 성복(宵衣)하고, 알현하려고 기다리면 시부모는 내당 위에서 동서로 향하여 각기 탁자를 앞에 놓고 앉는다.

③ 보모는 신부를 인도하고 시녀는 폐백이 담긴 소반을 들고 따른다. 시아버지에게는 대추와 밤을, 시어머니에게는 육포(腶脩)를 올린다. '아침 일찍 일어나 두려운 마음으로 한결같이 정성을 다해 모시겠다'는 뜻이 담겨 있다.

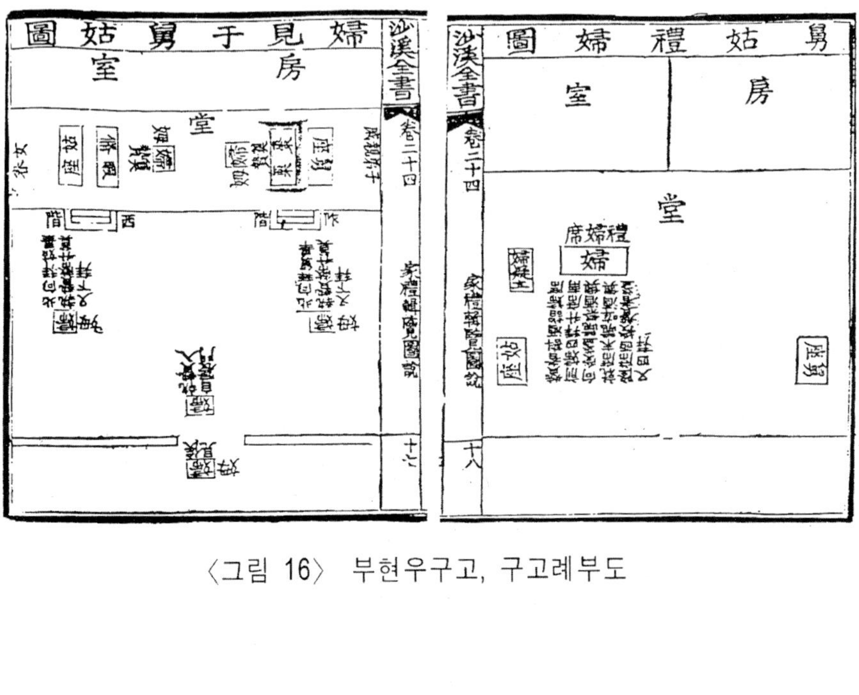

〈그림 16〉 부현우구고, 구고례부도

④ 신부는 나아가 동쪽 계단 아래에 서서 북쪽을 향해 시아버지께 절하고, 올라가 탁자 위에 폐백을 드리면 시아버지는 폐백을 어루만진다(撫之). 시종이 들어와서 신부를 아래로 인도하면 또 절한다. 그리고 서쪽 계단으로 가서 북향하여 시어머니께 절하고 올라가 폐백을 드리면, 시어머니가 받아 시종에게 준다. 신부는 내려와 또 절한다.

(3) 구고 예지(舅姑 禮之)

① 시부모가 새 며느리를 맞이하는 예를 베푸는 절차이다.

② 부모가 딸에게 초례하는 의식처럼 한다.

③ 당부의 말 : "훌륭한 규수를 며느리로 맞이하니 경사로다. 본댁 어른으로부터 많은 것을 배웠으니 이를 말이 없다. 스스로 알아서 도리를 다하라."

(4) 부현우제존장(婦見于諸尊長)

① 동거중인 시부모보다 나이 많은 어른이 계시면 시부모는 신부를 데리고 그 방으로 가 뵙는데, 시부모를 뵙던 예와 같이 한다.

② 종손과 존장이 함께 살지 않으면 사당에서 알현한 뒤에 간다.

(5) 궤우구고례(饋于舅姑禮)

① 새 며느리가 처음으로 시부모에게 음식을 잡수시게 하는 의식 절차이다. * 종손의 부인만 한다(若 冢婦)

② 며느리 집에서 성찬과 술을 갖추어 가지고 오면 신부의 시종이 당위에 채소와 과일을 차린다. 시부모가 자리에 나오면 신부가 손을 씻고, 시부모에게 드리고 다 마시면 또 내려와 절한다.

(6) 구고향지(舅姑饗之)

① 시부모가 새 며느리에게 음식을 내리는 절차이다. 모든 절차는 구고예지 때와 같다(如禮婦之儀).

② 예가 끝나면 시부모가 먼저 서쪽 층계(손님의 길)로 내려오고, 신부는 조계(阼階 동계, 주인의 길)로 내려온다. 이는 신부가 장차 시어머니에 이어 안 주인이 될 것을 나타내는 것이다(以著代也). 〈禮記〉

(7) 부현우사당(婦見于祠堂)

아들의 관례때 의식대로 한다. 시부모가 돌아가셨으면 채식을 올린다.

5. 附錄 = 納采·四柱·涓吉·納幣의 研究

1) 納采書(請婚書 : 祠堂告由후 男子→女子)

考證 增補 四禮便覽 卷之二 = 昏
납채(納采)
먼저 중매인을 시켜 말이 오고가고 기다렸다가 여자 집에서 허락이 있은 연후에 납채한다.
사마온공(司馬溫公)(光)은 말하기를 혼인을 의론함에 먼저 신랑, 신부의 성품을 살피고 家法이 어떠한가를 살핀다.

◉ 主人具書 : 신랑댁 혼주가 신부댁 혼주에게 보내는 納采書式 (請婚書)

【書式】(儀節) 考證: 增補四禮便覽 卷之二 昏 引用

羅州 丁永燮 尊座下 伏承 尊慈, 不鄙寒微, 曲從媒議, 許以 令愛, 長女一領 貺室僕之, 長男 龍淳 玆有先人之禮, 謹專人納采, 伏惟 尊慈俯賜 鑑念不宣 단군기원 4338년 2月 12日 光山后人 金善錠 再拜

【皮封式】 (新補)
上 狀
羅州 丁碩士宅 下執事

○ 서식(書式)해설

羅州 丁碩士宅 집사에게 사뢰옵니다. 엎드려 높으신 사랑을 입어 한미한 집을 누추하다 여기지 않으시고, 중매의 논의를 곡진히 따르시와, 영애 장녀 일영을 허락하여 저의 아들 장남 용순의 아내로 내리셨습니다. 이에 선대로부터 내려오는 예절이 있어, 삼가 사람을 보내어 채택된 예를 올리오니, 엎드려 바라건대 높으신 사랑으로 굽어 살펴주소서. 이만 더 사뢰지 못합니다. 단군기원 4338년 2月 12日 光山后人 金善錠 再拜

〈봉투서식〉

상장(上狀)

나주 정석사댁 집사

◎ 告祠堂

夙興하야 奉以告祠堂 如告冠儀라 以盤盛書, 置香案上

○ 若宗子自昏則自告니라

일찍 일어나 사당에 받들어 아뢴다.

관례할 때의 의식과 같이 하되, 소반에 서식을 담아 향안(향안) 위에 놓는다.

만약 종손이 스스로 혼인하게 되면 자신이 아뢴다.

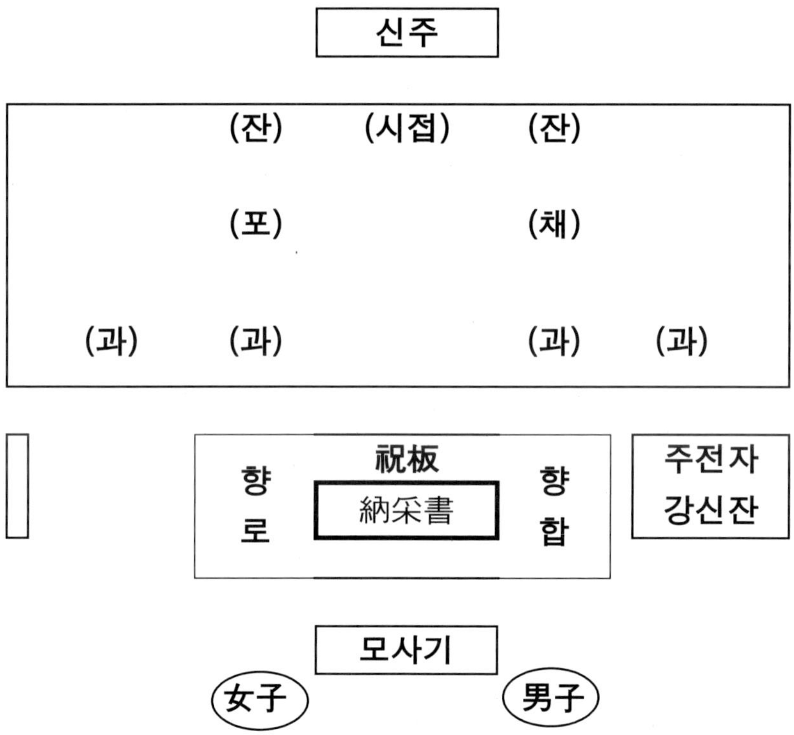

고사의식 절차 : 有事則告 의식(사례권팔제십쪽)

① 주인 주부 손을 씻고 신주(지방) 모심

② 주인 강신(분향재배, 뇌주재배)

③ 참여자 참신 배례

④ 주인이 주전자 들고 직접 잔에 따른 다음 향안상 앞에 무릎꿇어 앉음.

⑤ 축자는 주인의 왼쪽에서 동향하여 꿇어 앉아 독축.

⑥ 주인 재배

⑦ 일동사신 배례 후 축문 불사름(焚祝).

◉ 【告辭式】 : **남자댁에서 납채서를 작성하여 사당에 고하는 축문** 《考證: 增補四禮便覽 卷之二昏 引用》

維
단군기원 4338년 歲次 乙酉 2月 甲子朔 12日 丁卯 孝玄孫
善錠 敢昭告于
顯高祖考學生府君
顯高祖妣 完山李氏 善錠之 長子龍淳 年己長成, 未有伉儷,
己議 娶羅州丁永 燮之長女 今日納采, 不勝感愴, 謹以
酒果, 用伸 虔告 謹告

○ 축문해설

▲ 사당에 고사하는 서식

오늘(維)
단군기원 4338년 을유년 2월 갑자삭 12일 정묘일 현손 선정이
감히 고하나이다.
공경하옵는 고조부님
공경하옵는 완산이씨 고조모님 현손 선정의 장남 용순이가
나이 이미 장성해서 아직 배필이 없더니 나주 정영섭의
장녀와 장가들기로 이미 논의되어 오늘 납채하오니,
조상님께 느끼는 슬픈 마음 이기지 못하여, 주과(酒果)를
베풀어 정성스럽게 삼가 아뢰옵니다.

◉ 납채드리는 의식 : 남자댁 집사가 여자댁에 납채드림

《考證: 增補四禮便覽 卷之二昏 引用》

使者 – 盛服如往也 女氏하면 先設次于大門外之西하고 入竢于次니라

(儀節)(媒氏, 先入告)

女氏 – 亦宗子爲主하되 執事者, 設卓于中庭 主人이 盛服(士昏禮)如賓服 出 使者亦出次東向立 見使者어든(士昏禮) 迎于門外, 揖入 從者執書函隨置於卓上 至階三讓하고 主人升阼階西面, 賓升西階東面이라

使者致辭曰吾子 – 有惠, 貺室某也일세 龍淳의 父 善錠 有先人 之禮하야 使某孟善이를 시켜 請納采하더이다.

從者 – 以書進하거든 使者 – 以書授(士昏禮)授于楹間南面 主人하면 主人이 對曰永燮의 長女 惷愚하고 又弗能教어늘 若許嫁者 – 於主人에 吾子命之하시니 某不敢辭하노이다

(儀節)受亦南面受 以授執事者就阼階上授 北向再拜하면

使者 – 避(儀節)避席屏立 不答拜하고 使者請退竢命出就次니라.

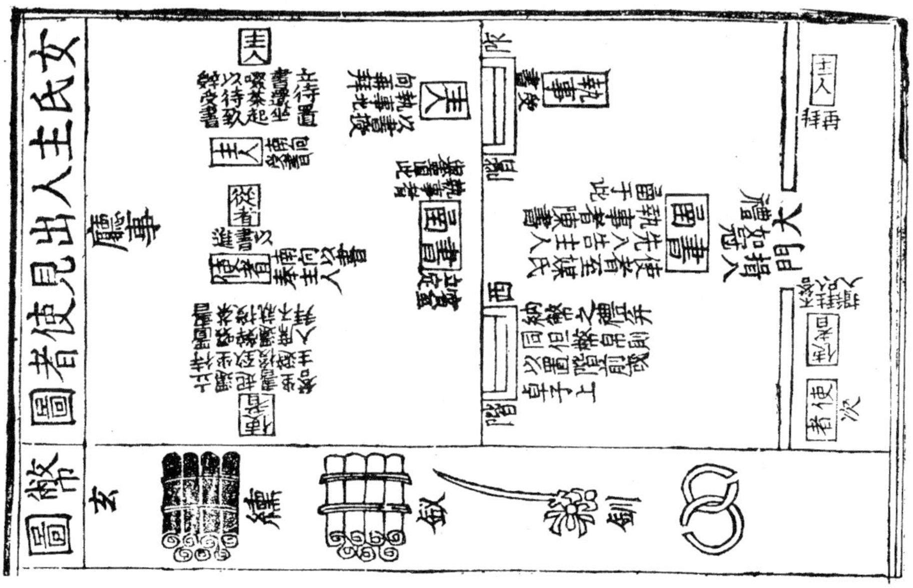

〈해설도〉 가례집람 도설 14쪽 인용

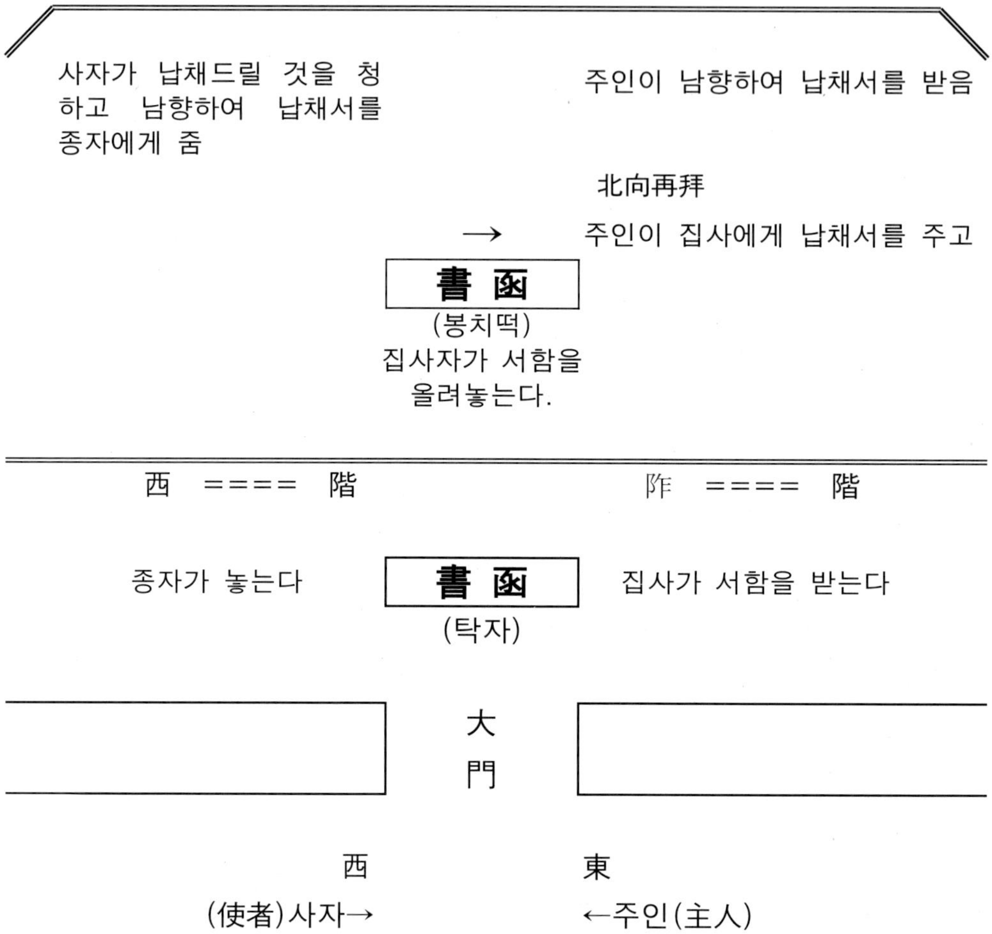

○ 납채의식 해설 : 남자집에서 여자집으로

심부름을 간 이는 정장으로 여자의 집에 가서 먼저 대문 밖 서쪽에 행차를 정하고, 다음 차례를 기다린다.

중매자가 먼저 들어가 사연을 알리면, 종손이 주인이 되어 집사자가 탁자를 안뜰에 설치한다.

주인도 손님처럼 정장을 하고 나와, 심부름을 온 이를 문밖에서 맞아 읍을 하고 맞아들인다. 시종은 서신함을 탁자위에 놓는다.

층계에 오르기까지 세 번 사양하는 예를 펴면, 주인은 층계에 올라 서쪽으로 향하고, 사자는 서쪽으로 올라 동향한다.

심부름온 이가 치사하며 말하되, 『당신께서 은혜로와 용순에게 아내로 주셔서 용순의 아버지 광산 김선정이 선조의 예법이 있어 맹선이를 시켜 납채를 청했습니다』라고 하면, 시종이 서신을 드리고, 심부름꾼이 서신을 주인에게 전한다.

주인은 대답하되, 『나의 자식이 우매하고 또 가르치지도 못하였는데, 당신께서 명령하시니, 정영섭은 감히 사양할 수 없습니다.』 하고 받아서 집사자에게 주고 북향재배하면, 심부름꾼은 자리를 피하여 물러서고, 답배하지는 않는다.

심부름꾼은 물러나기를 청하며 명령을 기다려 나온다.

◉ 여자집에서 사당에 고하는 의식 : 남자집에서 납채서를 받고

遂奉書하야, 以告于祠堂이니라

如壻 之儀니라

(儀節) 以盤盛壻家書하야 置香案上이니라.

드디어 서신을 받들어 사당에 고한다.

사위 집에서 행한 의식대로 한다.

소반에 사위 집 서신을 담아 향안 위에 놓는다.

【告辭式】 : 여자 집에서 사당에 고하는 축문.

維 檀君紀元四三三八年乙酉二月甲子朔 十二日 丁卯永燮, 敢昭告于 顯高祖考某官府君 顯高祖妣坡平尹氏, 永燮長女 年漸長成 己許嫁, 光山金善錠之 長男, 今日納采, 不勝感愴, 謹以酒果, 用伸虔告謹告

○ 고사 서식 축문 해설

오늘(維)
단군기원 4338년 을유년 2월 갑자삭 12일 정묘일에 현손 영섭이 감히 고하나이다.
고조할아버님 파평윤씨 고조할머님 영섭의 장녀가 나이 들어 점점 자라, 광산김씨 선정의 장남에게 출가를 허락하여 오늘 납채합니다.
감격과 슬픔을 이기지 못하여, 주과를 차려서 삼가 아뢰옵니다.

◉ 납채서 답신을 주는 의식 : 여자 집에서 남자 집으로

≪出以復書授使者**하고** 遂禮之≫

主人이 出延使者升堂하야

(儀節) (執事者以書進主人) 授以復書어든 使者 - 受之

(儀節) (以授從者) 請退하면 主人이 請禮賓이어든 使者 - (士昏禮)禮辭許至是하야 始與主人交拜揖, 如常日賓客之禮하고 就坐 乃以酒饌으로 禮使者하고 其從者도 亦禮之別室하고 皆수以幣니라.

(儀節) 賓이 使再拜에 主人答拜하고 送賓至大門外하야 揖拱竢賓上馬니라.

○ 의식 해설

≪나와서 답신을 심부름꾼에게 주고 예를 표함≫

주인이 나와 심부름꾼을 맞아 당에 오르면, 집사자는 서신을 주인에게 주고 주인이 받아 건넨다.

심부름꾼은 받아 시종에게 주고 물러가기를 청한다.

주인이 손님의 예로 청하면, 심부름꾼이 사양한다.

허락하면, 이에 처음으로 주인과 읍과 절을 교환하고, 평상시의 주객의 예로 자리에 나아간다.

이에 술과 음식으로 심부름꾼을 대접하고, 시종자에게도 별실에서 대접하고 모두에게 폐백을 준다.

손님은 재배로 사양하고 주인은 답배한다.

손님을 대문 밖까지 전송하여 읍을 하고, 손님이 말에 오를 때까지 기다린다.

【諸具】〔復書授使者〕
【箋紙】【席】用以爲主人 及使者席者【卓】用以陳 注盞者
【酒】【饌】多少 隧宜【幣】隧宜【盤】用以 捧幣者

2)【復書式】〔儀節〕
→ 남자집 납채서를 받고 여자 집에서 회답 서식(許婚書)

光山金碩士 執事, 伏承 尊慈, 不棄寒陋, 過聽媒氏之言, 擇僕之 長女, 作配令似 弱息 惷愚, 又不能教, 旣辱采擇, 敢不拜從, 伏惟 尊慈特賜 鑑念不宣 檀君紀元 4338년 2월12일 羅州 丁永燮 再拜

〈답신 서식〉

광산 김석사댁 집사께 사뢰옵니다. 높은 사랑을 엎드려 받자와 한미함을 꺼리지 않으시고, 매파의 말을 지나치게 들러, 저의 몇째 딸을 채택하시어 자제의 배필로 삼으셨습니다. 연약한 여식이 어리석고 또 가르치지 못하였사온데, 이리 욕되이 채택되었으니 감히 따르지 않으리까. 엎드려 생각컨대 높으신 사랑으로 특별한 살핌을 주십시오. 더펴지 못합니다. 단군기원 4338년 을유년 2월 12일 나주 정영섭 재배

◉ **여자집 납채서 : 답신이 오면 남자 집에서 축문을 쓰지 않고 사당에 고한다.**

使者復命하면 壻氏主人이 復以告于祠堂이니라.

不用祝하고

(儀節)以盤으로 盛所復書하야 置香案이니라.

겉봉의 서식(앞과 같음)
심부름꾼이 복명하면, 신랑집 주인은 다시 사당에 고한다.
축문은 쓰지 않고, 소반에 답신을 담아 향안에 놓는다.

【告辭式】: 답신을 받고 말로써 고하는 축문.

〔儀節〕 ○ 主人自告

善錠之長子 龍淳 羅州丁永燮之 長女一領 今日納采, 禮畢敢告,

고사의 서식(주인 자신이 고한다.)

현손선정의 장남 용순이가 나주 정영섭의 장녀를 맞아 오늘 납채의 예를 마쳤기에 감히 아뢰옵니다.

3) 四柱 書式

① 舊式 書式의 四柱

《考證: 儀禮讀本 四柱書式》

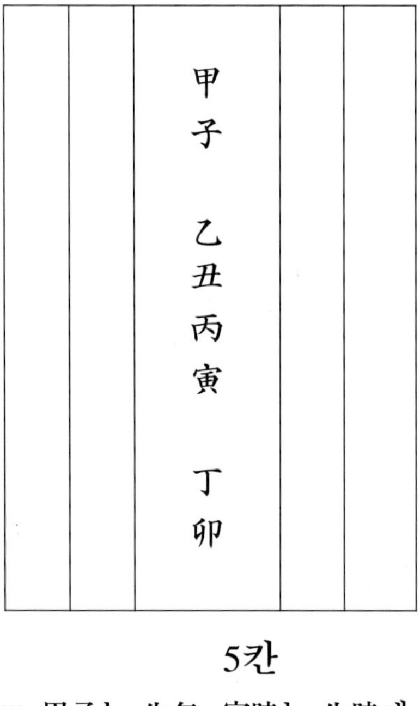

5칸

※ 甲子는 生年, 寅時는 生時에 □한 于支

② 舊式 書式의 四星

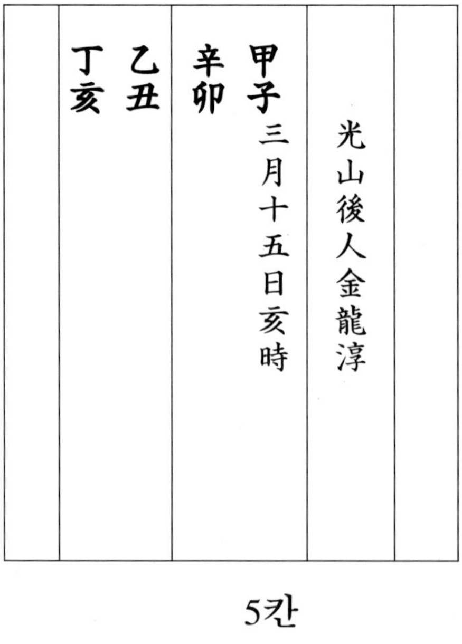

5칸

※ 甲子는 生年辛卯는 生月, 乙丑은 生日 丁亥는 生時의 于支. 四柱 卽 四星이라는 觀念에서 이렇게 쓰는 것이다.

③ 現用一般 書式

光山後人 金龍淳

檀紀四二九六年十二月七日下午一時生

檀紀四三三八年二月十二日

④ 封套 書式

後面

四

柱

前面

羅生員宅 下執事

※ 書式 備考

1. 四柱는 두꺼운 簡紙에다 쓰고 이것을 다섯칸으로 접는데 접는 것은 왼쪽으로부터 오른편으로 접는다.
2. 四柱는 筆墨으로 鄭重하게 쓴다.
3. 크기는 무슨 規格이 있는 것은 아니지만 普通 縱七寸 ~ 一尺, 橫 一尺 ~ 一尺三寸 程度로 하는 것이 適當하다.
4. 이상 書式들은 從來 行하여지고 있는 것이지만 或用紙를 高級 洋紙로 쓴다든가, 또는 規格을 약간 달리 한다든가 하는데도 그런 것 자체는 禮에 어그러지는 것이 아니다, 다만 慶事에 相應하게 鄭重한 規模로 꾸미면 된다.

《四柱送書式》 사성 보낼때 하는 편지서식.

伏惟新正에 尊體候以時萬重가 仰慰溸區區之至이오며 弟家兒 親事는 旣蒙契許하오니 寒門慶幸이오이다. 星單을 錄呈하오니 涓吉回示하심이 如何오리까? 餘不備伏惟

○ 사주 싸는 방법

① 사주단자는 길이 1자 3치(40cm), 너비 9치 2푼(28cm) 정도의 백지를 다섯 칸으로 접어 그 한가운데에 육십갑자에 따른 간지 즉, 생년월일과 출생시간을 쓴다.

② 이것을 흰 봉투에 넣은 다음 위를 풀로 봉하지 않은 채 뚜껑 을 접는다.

③ 사주봉투는 봉투 길이보다 아래 위로 각각 1cm정도 길게 잘라 그 중앙을 쪼갠 싸리가지 사이에 끼우고 청실, 홍실의 둥근 타래실로 위쪽으로부터 매듭지지 않게 옭아 묶는다.

④ 이것을 사주보에 싼 뒤 '근봉'이라 쓴 띠를 두른다.

4) 四柱後 涓吉書式과 便紙書式

(여자댁에서 남자댁으로) − ① 考證:儀禮讀本 涓吉

涓吉

신부집에서 대사날을 일관에게 택일하여 신랑집으로 통지한다.

涓 吉 書 式

奠鴈乙酉年二月十二日午時

檀紀四三三八年 二月 四日

羅州後人 丁永燮

모관후인 성은 신부의 관행과 성씨를 쓸것

涓吉送書式

대사 날받이 보낼때 하는 편지. 피봉은 사성편지 피봉과 같이 할것 걸 피봉도 또한 사성 걸피봉과 같이 하되 사성동봉을연길동봉이라 쓴다.

伏承華翰하오니感荷無量이오이다

謹審玆者에

尊體候萬重하시니仰慰溸區區之至로소이다第女兒親事는旣承柱單하오니寒門慶幸이

라涓吉을緣呈하오니章製를回示하심이如何오리까餘는不備伏惟

尊照 謹拜上狀

檀紀四三三八年二月四日

羅州後人 丁永燮 再拜

【연길서식】 ② 考證儀禮讀本

乾生命 甲子 乾
坤生命 乙丑 巽
親迎 乙丑 四月二十日
奠鴈·納幣 同日午時
抵入·座向 甲庚方
置函 甲庚方
周堂 無忌

【時俗 涓吉書式】-③
〔書式〕

奠鴈 何年 何月 何日 何時
納幣 同日 先行

〔뒷면〕
謹封

〔앞면〕
涓吉

※ 備考

1. 年月日時는 甲子, 乙丑등 干支로 쓸것이 아니라 반드시〔檀紀四二○○年○月○日 午前○○時〕와 같은 式으로 쓸것입니다.
2. 擇日上의 注意事項

此項「第四章의 三, 擇日」參照

【연길서식】 ④ 忠南地方의 特例

涓吉

乾 乙亥

坤 甲戌

大禮 丙申四月十二日午時

納幣 午時

奠鴈 午時

抵向 甲庚方

周堂 翁

玉女 巳方

衾籠 甲庚方

月條 辰方

太白 東南間

于禮 當日酉時

5) 納幣

納幣時期 : 納幣는 必行於昏時故로 炬火前導에 燈籠이 次之하고 函夫수행한다.

考證〈增補四禮便覽 附錄〉

日時 : 大禮當日 간다. 연길참조. 傭齊叢話 함을 국가에서 수량과 품질을 규정 위반자 처벌하였기 때문에 피하여 前日 보냈다.

周書고구려전 : 호화함을 국가에서 법제로 단속하니 전일 보냈다.

혼서지 死後棺 : 一夫從事

幣用色繒이오(士昏禮)玄纁 貧富는 隨宜니라
具書하야 遣使如女氏하면 受書하야 復書禮賓하고 使者復命을 並同納采之儀니라.
폐백은 색갈의 비단을 쓰되 집안 형편에 따라 한다.
서식을 갖추어 심부름꾼을 여자집에 보내고, 여자 집에서는 서식을 받아 답신을 보내며, 손님에게 예를 표하고 심부름꾼은 복명하되 납채때의 의식과 같이 한다.

◉ 납폐의식

禮如納采하되 但不告廟하고 使者致辭에 辭同納采 改采爲幣하고
從者 一 以書幣進이어든 (置書幣于卓上又擧待置兩楹問)
使者 一 以書授主人이면 主人對曰吾子 一 順先典하야 貺某重禮하니 某不敢사라 敢不承命이리오 乃授書執事者受幣하고 擧先幣入
主人이 再拜어든 使者避之하고 復進請命이면 主人이 授以復書하나니 餘並同하니라.

盛書

【諸具】〔納幣〕

【擔幣者】俗에 吏僕爲之하되 用(笠子)爲其盛服하고 纓珠, 團領帶靴하야

【幣】〔家禮本註〕少不過兩이오 多不踰十俗 色絲하야 每段에 各束兩端

【函】二 一盛幣 一盛書

【袱】隋函各具 ○餘並同上, 使者如女氏復書授使者條

〈해설도〉 가례집람 도설 14쪽 인용

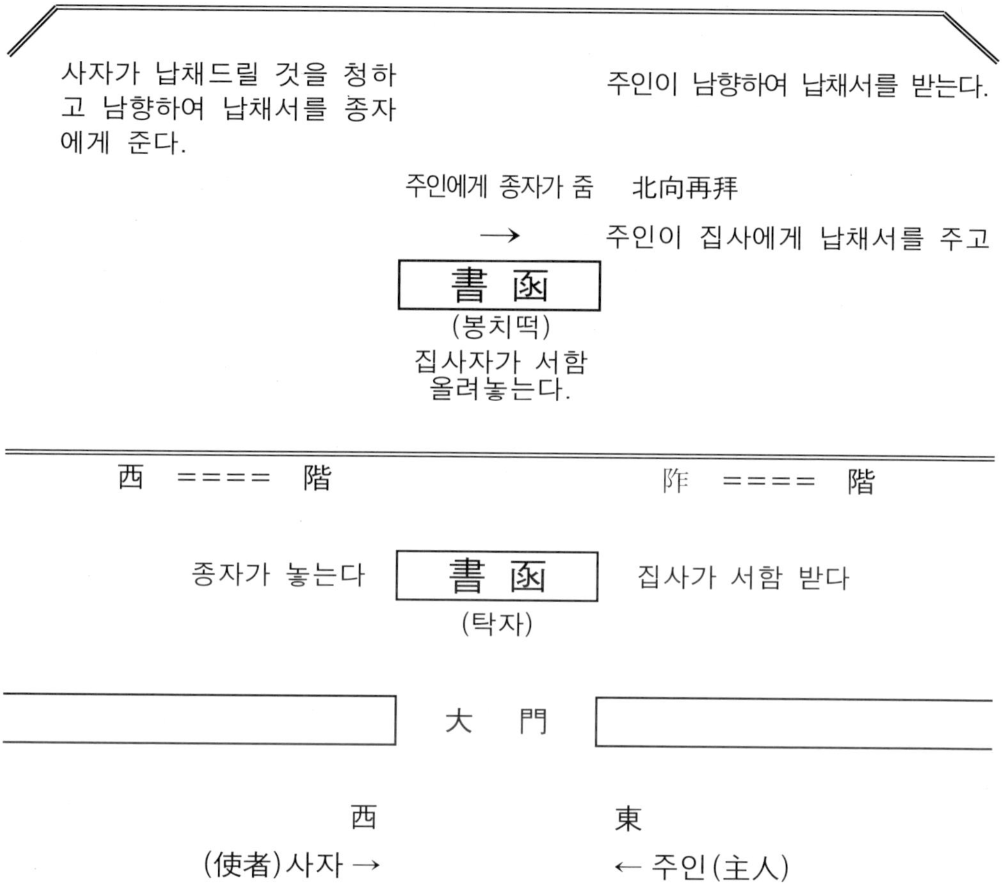

○ 의식해설

함을 지고 가는 자는 신분이 낮은 자가 달령에 갓을 쓰고 성복을 하고 간다. 폐함으로 큰 것 한 개 서함 적은 함으로 한 개씩을 편리한대로 갖추어서 심부름하는 자를 시켜 보내고 또 답서를 받아 온다

【函】二 一盛幣 一盛書

【祔】隋函各具 ○餘並同上, 使者如女氏復書授使者條

예절은 납채때와 같이 하나, 다만 사당에 고하지는 않는다.

심부름꾼이 치사하되 납채때와 같고, 채택의 채(采)자를 폐백의 폐(幣)자로 고친다.

시종하는 이가 서식과 폐백을 드리되, 폐백을 탁상위에 놓는다.
심부름꾼이 서식으로 주인에게 주면, 주인이 대답하되,『그대(당신)께서 선대의 법전을 따라 아무개(주인 이름)에 정중한 예를 주시니, 아무개(주인)가 감히 사양할 수 없으며, 감히 명을 받들지 않겠습니까.』하고, 이에 서식을 받아 집사자에게 주고, 폐백을 받아 탁자위에 홍보를 덮고 봉치떡 위에 놓으며, 주인이 재배한다.
심부름꾼은 자리를 피했다가 다시 나아가 명을 청한다.
주인은 답신을 준다.
나머지는 모두 납채 때의 의식과 같다.

* 봉치떡 만드는 방법

- 찹쌀두켜(음과양)에 팥고물을 넣고 대추와 밤을(수량미상) 박아서 떡을 만든다.
  봉치떡 또는 봉채떡(대추와 밤이 있는 부분의 떡을 신부에게 먹인다는 속설도 있음)

• 봉치떡 조선일보 화보 근거
신랑 신부집 양쪽에서 모두 준비한다. 찹쌀 두 켜에 팥고물을 넣고 가운데 대추와 밤을 박아 만든다. 대추와 밤은 따로 떼 놓았다가 혼인 전날 신부가 먹도록 한다.

【納幣書式】 ① (四禮便覽舊形書式=**권이십쪽**)

忝親某郡姓某白 某郡某官尊親執事伏承 嘉命許以 令女(할아버지가계시면 令孫女)貺室 僕之子某(祖나父가않게시면 侄)茲有先 人之禮 敬遣使者行納幣禮伏惟 尊慈特賜 鑑念不宜 某年某月某日忝親姓某再拜

*** 혼주가 할아버지면 장손.차손 .아버지면 장자,차자, 아무도 않계시면 侄**

○ 납폐의 서식

욕된 친구 아무개(성명)는 아무군 아무벼슬 존친 집사께 사뢰하옵니다. 엎드려 아름다운 명령을 받아 영애로 저의 자식 아무개의 아내로 허락하셨습니다. 이에 선인의 예절이 있어 공경스럽게 심부름꾼을 보내어 납폐의 예를 행하오니, 엎드려 바라건대, 높으신 자애로 특별히 살피심을 주소서. 더 펴지 못합니다. 년 월 일 욕된 친구 성명 재배

【皮封式】 〔新補〕

上狀

某郡某官尊親執事 忝親姓某 謹封

〈겉봉서식〉
상장(上狀)
아무군 아무 벼슬(존친) 집사
첨친(忝親) 성명 재배

• 혼서 싸는 법 :
금전지가 달린 검정색 비단 겹보자기에 혼서를 싼다. '謹封' 띠를 끼워 잘 매만진 뒤 혼수함의 맨 밑에 넣는다.

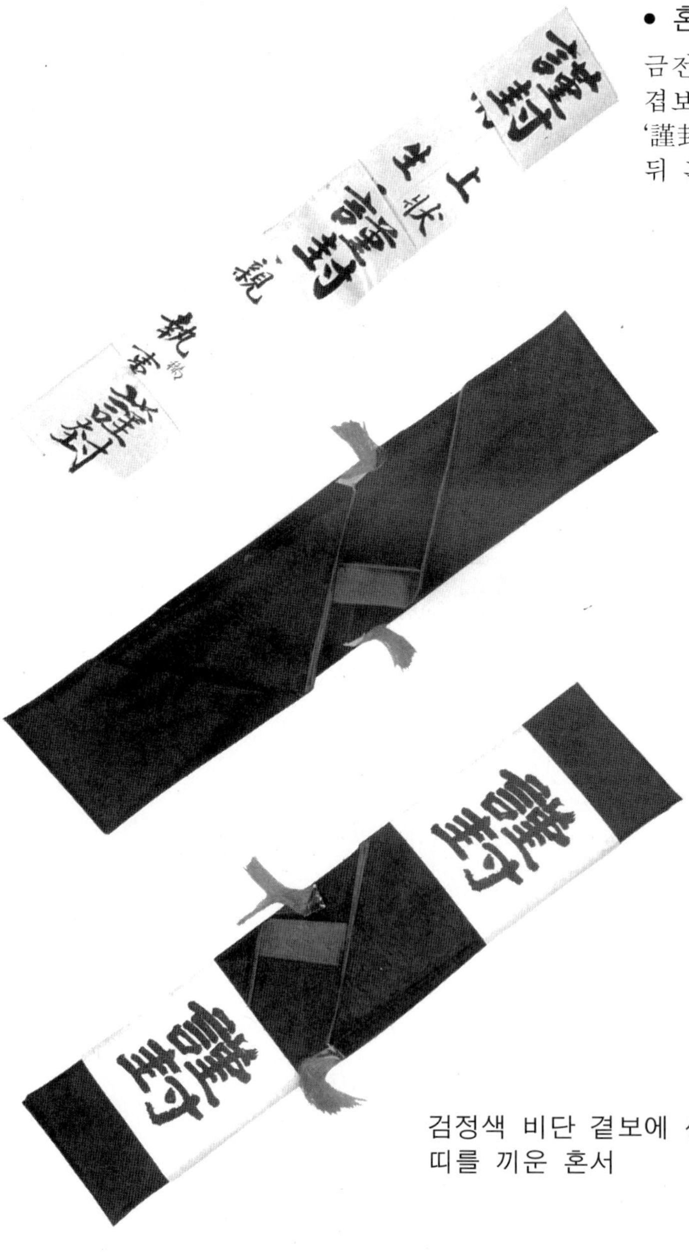

검정색 비단 겉보에 싼 뒤 근봉 띠를 끼운 혼서

◉ 납폐서(혼서)쓰는 서식②

신랑 측 혼주가 신부 측 혼주한테 편지를 보내는 것.

9칸 60cm

	⑤光山 后人 ⑥○金○善○錠 再拜	年 月 日	尊照謹拜上狀	謹行納幣之儀 不備伏惟	尊慈許以 ④令愛一領貺室慈有先人之禮	尊體百福僕之②長子③龍淳年旣長成未有伉儷伏蒙	時維 ①仲秋	

※ 初婚시 9칸 접어서 양쪽으로 빈칸을 남기고 7칸에 쓴다.
또 再婚시는 7칸 접어서 양쪽빈칸 남기고 5칸에 쓴다.

※ 해설때는 오곡이 무르익는 추석이 온데 존체 만복하십니까?
저의 장자 용순이가 이미 성장하여 배필이 없더니 크게 사랑하심을 입사와

귀중한 따님 일영으로 아내를 삼게 해 주시니 이에 조상의 예에 따라 갖추지 못하였으나 삼가 납폐하는 의식을 행하오니 살펴 주시옵소서.

〈 納幣書式 쓰는 종이의 규격 〉

• 종이는 보통백지를 사용하는데 가로의 길이 60cm, 세로의 길이는 36cm 정도로 하여 신혼시는 9칸을 접어 양편 1칸씩 비우고 7칸을 사용한다.
(단, 재혼은 7칸을 접어 5칸만 사용한다.)

4季節 / 초·중·말	春 봄	夏 여름	秋 가을	冬 겨울
初 (초)	孟春(맹춘)	孟夏	孟秋	孟冬
仲(중전)	仲春	仲夏	仲秋	仲冬
仲(중후)	陽春	盛夏	菊秋	嚴冬
末 (말)	季春	季夏	季秋	季冬

① 長者(장자), 次子(차자), 長孫(장손), 弟(제) 등을 씁니다.
- 장자 : 큰아들 • 차자 : 둘째아들
- 장손 : 큰손자 • 제 : 아우(동생)

② 신랑이름을 씁니다. (예) (○○)=수리
③ (令愛 영애), (令孫女 영손녀), (令妹, 영매) 등을 씁니다.
- 영애 : 남의 딸을 높이어 하는 말
- 영손녀 : 남의 손녀를 높이어 하는 말
- 영매 : 남의 누이 동생을 높이어 하는 말

④ (某貫) : 신랑 아버지 본관 (예) 전주이씨의 본관은 전주,
밀양박씨의 본관은 밀양, 연안차씨의 본관은 연안.
⑤ (○○○) : 신랑 아버지 성 이름(예) 리학명

《동심결 매는 법》

[경사(慶事)동심결]

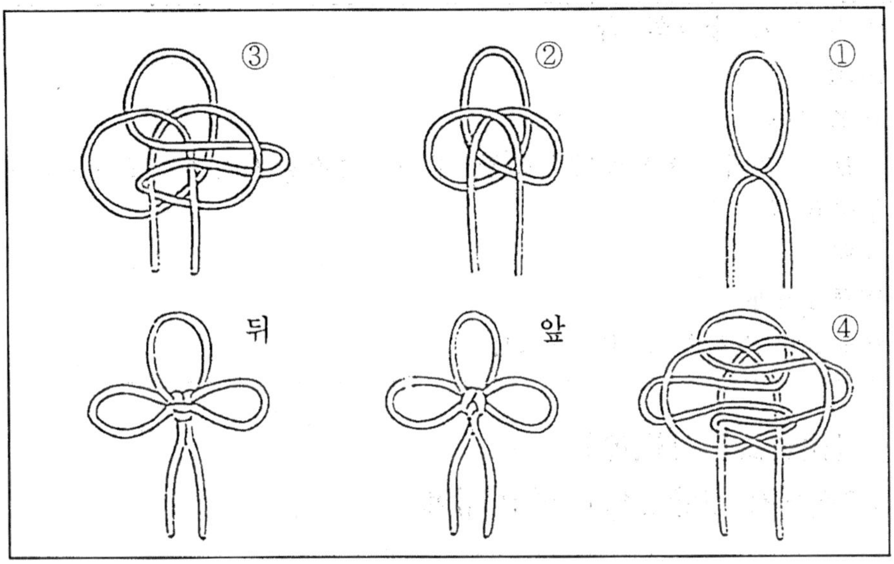

[흉사(凶事)동심결]

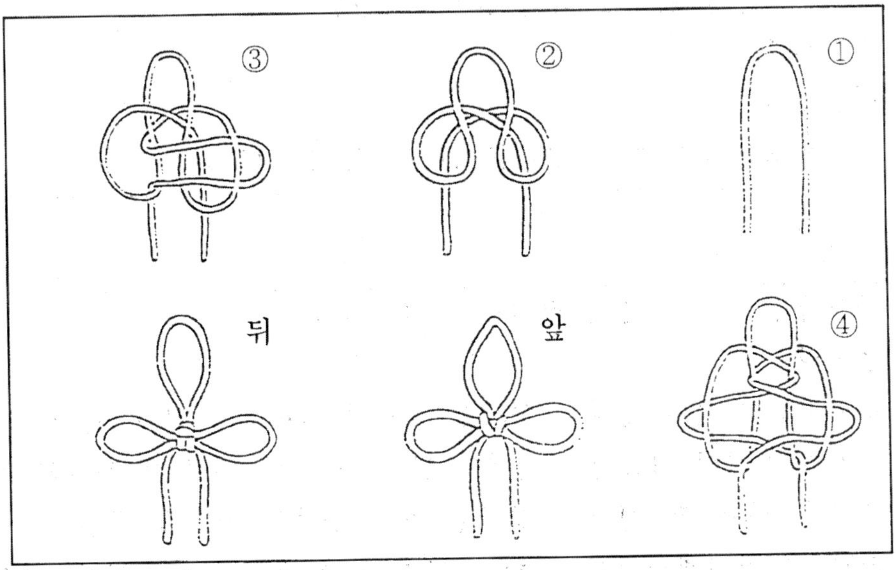

◉【新增俗禮 再三娶 書式】

③ 7칸을 접어서 5칸에 쓰는데 年旣長成 未有伉儷 8자를 뺀다.

光山 後人 金善錠 拜 伏承 嘉名 許以 令愛 貺室于 僕之善錠之長子 龍淳, 玆有先人之禮, 謹行納幣之儀, 不備伏惟 尊照 謹拜上狀 檀紀四三三八年 二月 十二日

◉【複書式】［儀節］

신부집에서 신랑집으로 답신 납폐서

光山後人 金善錠 尊親執事, 伏承 嘉名, 委禽寒宗, 顧惟弱息, 敎訓無素, 切恐弗堪, 玆又蒙順先與, 貺以重禮, 辭旣不獲, 敢不重拜, 伏惟 尊慈特賜 鑑念不宣 檀紀四三三八年 二月 十二日 羅州後人 丁永燮 再拜

○ 답신의 서식

광산후인 김선정 존친 집사께 사뢰옵니다. 엎드려, 훌륭하신 명령을 받들어 한미한 집안에 배필을 주시니, 돌아보건데 연약한 자식이 가르침이 본래가 없어 감당하지 못할까 간절히 두렵습니다. 이에 또 선대의 전법을 따라 중후한 예도를 주시니, 말씀드릴 바 모르겠습니다. 감히 무거운 절을 올리지 않으리까. 엎드려 높으신 자애로 살핌을 주시기 바라며, 이에 더 펴지 못합니다.

檀紀四三三八年 二月 十二日 羅州後人 丁永燮 再拜

物目書式 : 物目은 혼수 품목(品目)을 적은 것.

피봉은 없이 접어 예장속에 넣을 것.

物目

玄 壹段〈六段〉〈青緞〉

纁 壹段〈四段〉〈紅緞〉

釵 壹個〈비녀〉

釧 壹雙〈팔찌〉

際

年 月 日

光山後人 金善錠 謹呈

〈納幣物目〉

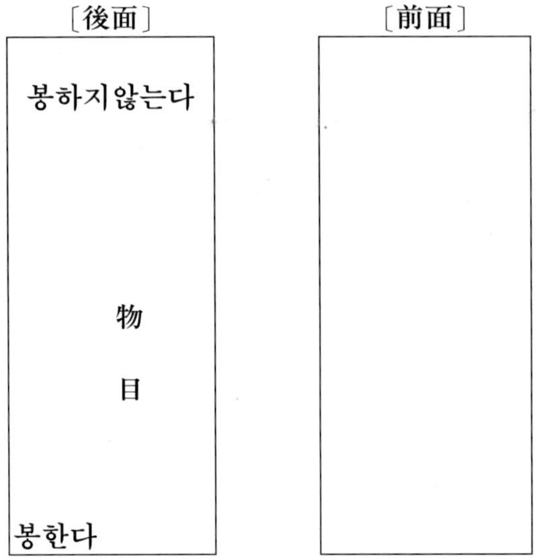

物目封套

◉ 함싸기

① 혼수함 바닥에 깨끗한 종이를 깔고,

② 오낭을 넣는데 준비 방법은 각 지역에 따라 다르다.
단 오방색 주머니에 노랑콩, 붉은팥, 붉은 고추를 7~9개씩 넣고 향, 목화씨(목화송이) 또는 차씨를 넣기도 하는데 지역에 따라 다르다.

③ 패물 □□(비녀) 또는 팔찌를 넣는다

④ 홍단을 청색 종이에 싸서 홍색 비단실로 동심결을 매어 넣고 그 위에 청단을 홍색 종이에 싸서 청색 비단실로 동심결을 매어 넣고 깨끗한 한지로 덮는다.

(五禮儀 幣用紬 或布 二品以上 玄三 纁二 三品 至庶人 玄纁 各一)

※ 폐백은 가례본주에 적어도 두 끝 이상이어야 하고 많아도 열 끝을 넘지 않아야 한다고 했다.
국조오례의에 2품 이상은 玄(靑緞=陽) 三이고 纁(紅緞=陰) 二이며삼품에서 서인에 이르기까지는 현 훈 각각 일 단씩 넣는 걸로 되어 있다.

⑤ 이때 혼수감이 놀지 않게 하기 위해서 싸리나무가지나 신우대로 두 세 군데 활같이 끼어 넣어 고정을 시킨 후 뚜껑을 닿는다.

⑥ 청홍 겹보로 싸는데 네 귀를 잡아서 묶지 않고 근봉띠를 끼운다.

⑦ 소창 한 필을 다하여 네 겹으로 접어 멜끈을 만든다.

제 5 절 상장례(喪葬禮) (喪禮와 葬禮)

인간은 이 세상에 태어나면 반드시 죽음을 맞게 된다. 죽으면(喪) 장례(葬禮)를 치르고 제사(祭祀)를 모시게 된다. 상장례(喪葬禮)란 죽음을 맞는 순간부터 운명(殞命)하고, 시신을 수시(收屍)하여 입관하며, 매장(또는 화장)을 할 때까지 지켜야 할 예(禮)로 상례(喪禮)와 장례(葬禮)로 나누어져 있다.

소인(小人)이 죽으면 사(死)라 하고, 선비는 망(亡), 군자(君子)는 종(終), 왕(王)은 훙(薨), 그리고 황제(天子)가 돌아가시면 붕(崩)이라고 한다. 〈春秋筆法〉

1. 상례(喪禮)

상례를 치르는데 거쳐야 하는 주요한 행사는 다음과 같다.

초종(初終), 습(襲), 소렴(小斂), 대렴(大斂), 성복(成服), 조상(弔喪)과 문상(問喪), 치장(治葬). 천구(遷柩), 발인(發引).

1) 질병 천거 정침(疾病遷居正寢)

죽음이 임박하면 방안에 있는 것을 모두 치우고, 깨끗한 옷으로 갈아 입히고, 네 사람이 수족을 바로 잡고 운명(殞命) 순간을 확인한다.

환자는 해가 뜨는 동쪽에 머리를 두어, 동쪽에서 기(氣)를 받아 소생하기를 기원한다.

근친(近親)들을 모두 불러 임종(臨終)을 하도록 하고, 유언(遺言)이 있으면 잘 기록하게 한다.

2) 운명 순간 확인(殞命瞬間確認)

다음과 같은 방법으로 운명 순간을 정확히 확인하여 주검을 바로 거둔다.

(1) 코에 솜을 올려놓는다.

(2) 허리에 손을 넣어 본다.

(3) 맥박을 짚어 본다.

(4) 숨소리가 가래 끓는 소리가 나는지를 확인한다.

(5) 눈동자가 풀어졌는지를 확인한다.

(6) 흐느끼는지를 살핀다.

(7) 딸꾹질을 하는지 본다.

3) 기절내곡(旣絶乃哭)

운명하면 홑이불을 덮고 모두 곡한다. 곡이 끝난 뒤에 초혼(招魂)을 한다. 초혼하고서도 깨어나지 않으면 상례(喪禮)를 행한다. 〈雜記下〉

4) 복(復), 초혼(招魂)

고인(故人)의 혼(魂)을 부르는 의식을 말한다. 혼을 부르는 자가 고인의 웃옷(여자는 적삼)을 잡되, 왼손으로는 옷깃을, 오른손으로는 허리춤을 잡고 동남쪽에서 지붕 용마루에 올라가 북향하여 '○年 ○月 ○日生 ○○○ 공 복(公復), ○○○ 公 復, ○○○ 公 復' 하고 3번을 길게 외친 후, 서북쪽으로 내려와 그 옷으로 고인의 가슴을 덮어 준다.

5) 수시(收屍)

(1) 칠성판 대신 비닐과 스치로폴을 깔고, 그 위에 시신(屍身)을 바르게 모신다.

(2) 머리가 남으로 가도록 하고, 눈을 감기고, 귀와 코를 막고, 목 밑을 잘 고인다. 반함(飯含)하기 위하여 입을 약간 벌린다.

(3) 머리, 수염을 빗질한 후, 손과 발을 가지런히 하여 묶고, 이불로 덮고 병풍으로 가린다.

(4) 여자인 경우 간단한 화장을 시킨다.

(5) 파리가 오지 못하게 하고, 전등과 촛불을 켜 놓는다.

6) 입상주(立喪主-상주를 세움)

(1) 아버지가 돌아가시면 남자 상주(喪主)는 큰아들이 되고, 여자 상주는 어머니가 삼우제까지 하고, 그 다음에는 큰며느리가 상주가 된다.

(2) 어머니가 돌아가시면 남자 상주는 아버지가 되고, 여자 상주는 큰며느리가 된다.

(3) 아들이 없으면 딸이 되어 '○실(室) ○○○ 감소고우(敢昭告于)' 하고, 외손이라도 8살이 되면 성복시켜 '외손 ○○○ 감소고우(敢昭告于)' 한다.

7) 호상(護喪)

자제 중 예(禮)를 잘 아는 사람으로 호상(護喪)을 선임하고, 사서(司書)와 사화(司貨)를 선출하여 조객록, 조위록, 부의록 등 장부를 마련하며, 부고(訃告)를 발송하게 한다.

8) 내역복 불식(乃易服 不食)

(1) 주부는 화장을 지우고, 사치품과 버선을 벗고, 머리를 푼다(被髮).

(2) 출가한 딸과 양자간 아들은 피발(머리 푸는 것)하지 않는다.

(3) 부(父)가 사망했을 때는 남자는 왼팔을, 모(母)가 사망한 경우는 오른팔을 빼고, 옷을 갈아입는다. 상제는 3년 상에는 3일, 1년과 9개월 상에는 1일, 기타는 두 끼를 먹지 않고 물만 마신다.

9) 전(奠)

집례(執禮)가 주(酒), 과(果), 포(脯), 해(醢)를 상에 차려 시신(屍身)의 동쪽 어깨 옆에 올린다. 조식(朝食)과 석식(夕食)을 아침 저녁에 올린다.

10) 치관(治棺)

관을 준비하되, 매장하는 상황과 가정 형편에 따라 석관, 목관(소나무 관, 잣나무 관) 등을 적절히 선택하고 신주 조성을 한다.

11) 부고(訃告)

○○씨의 대인 학생(大人 學生, 관직이 있으면 관직 표시) ○공(公)께서 숙환으로 ○월 ○일 ○시 별세하셨기에 자이 부고합니다.

- 발인 일시 :
- 발인 장소 :
- 장지 :

주상(主喪)	사자(嗣子)	○○
주부(主婦)	부인(夫人)	○○○
	사부(嗣婦)	○○○
	아들(子)	○○
	며느리(婦)	○○○
	딸(女)	○○
	사위(壻)	○○○
○년 ○월 ○일	호상(護喪)	○○○ 상

고인과 상주의 관계에 따라서 아래와 같이 쓴다.

- 모친상은 '○○씨의 대부인(大夫人) 유인 본관 ○씨께서'
  (남편이 관직이 있으면 관직)
- 조부상은 '○○씨의 왕대인(王大人) ○공께서'
- 조모상은 '○○씨의 왕대부인(王大夫人) 유인 본관 ○씨께서'
- 아내는 '합부인(閤夫人) 유인 본관 ○씨께서'
- 남편은 '현합(賢閤) 본관 ○씨께서'

12) 습(襲)과 염(斂)

(1) 습은 옷을 입히는 것으로 고인이 남자이면 남자가, 여자이면 여자 근친이 입힌다.

(2) 염(斂)은 여미는 것을 말한다.

(3) 준비물로는

- 웃옷 – 도포, 두루마기, 활옷(여), 저고리, 속적삼

- 아래옷 – 바지, 속바지, 치마(여)
- 수의 부속 – 횡교(효), 종교, 대렴금, 소렴금, 복건, 멱목, 도포 띠, 허리 띠, 토시, 악수, 버선, 대님, 행전, 신.
- 기타 – 오낭(五囊), 솜(충의), 베개

(4) 목욕을 마치고 준비된 수의를 입힌다.

- 수의를 한 번에 입히기 위하여 도포, 두루마기, 겉옷, 속옷 순서로 놓고 모두 한 개로 꿰매어 묶는다.
- 다리와 허리를 양쪽에서 동시에 들어 올려 아래옷의 가랑이를 끼어 입히고, 다음에는 머리와 허리를 양쪽에서 들고 웃옷을 입힌다.
- 섭을 여미는 방법은 산 사람과 반대로 하고, 모든 끈은 고를 내지 않는다. 또한 손톱과 발톱, 머리카락은 오낭에 각각 나누어 담는다. 손톱은 악수 속에, 발톱은 버선 안에, 머리카락은 머리 뒤에 넣는다. 혹 의치가 빠졌으면 주머니에 넣는데 이 때에는 육낭(六囊)이 된다.
- 버선을 신기고, 남자면 대님을 매고, 행전을 치고, 신을 신긴다. 토시를 끼우고 악수로 손을 싸서 묶고 홑이불로 시신을 덮는다.

13) 목욕(沐浴)

(1) 목욕은 죽은 이의 시신을 깨끗하게 씻기고, 습(襲) 준비를 하는 것이다. 향탕수(香湯水 / 향나무를 삶은 물)와 애탕수(艾湯水 / 쑥을 삶은 물)로 몸을 씻기고, 쌀뜨물은 머리를 감기는데 사용한다. 크레졸(희석 후)을 쓰기도 한다.

(2) 머리에서 목까지 머리를 감기고 빗질하는 것을 목(沐)이라 하고, 목 부위에서 발끝까지 물수건과 마른 수건으로 씻는 것을 욕(浴)이라 한다. 머리를 감은 사람은 반드시 관을 털어서 쓰고 (新沐者 必彈冠), 몸을 씻은 사람은 반드시 옷을 털어 입으라고 하였다(新浴者 必振衣). 〈楚 屈平 漁父詞〉

14) 반함(飯含)

(1) 상주는 시신의 왼쪽에, 주부는 오른쪽에 서 있는다. 이 때 주부는 반함(물에 불린 쌀, 구슬이나 동전 몇 개, 그리고 버드나무 숟갈) 쟁반을 가지고 상주가 있는 옆으로 간다.

(2) 상주는 얼굴을 덮은 수건을 들치고, 숟갈로 물에 불린 쌀을 떠서 입 오른쪽과 왼쪽에 그리고 가운데에 넣고, 다시 동전이나 구슬을 같은 순서로 넣어 준다.

* 천자는 9, 제후는 7, 대부 5, 선비 3번을 넣는다. 주(周)나라에서는 옥(玉)을, 하(夏)나라에서는 패(貝)를 썼다. 〈禮記 雜記下〉

15) 혼백(魂帛)

(1) 혼백(魂帛)이란 고인의 혼령(魂靈)이 깃들어 있음을 상징하는 것으로 명주나 모시 또는 베로 접고, 입관한 후 널 뚜껑을 덮기 전에 시체의 우측 아래에서 접는다. 실로 동심결을 매어 만들었다. 과거에는 흰 상자를 만들어 그 안에 넣어 모시다가 요사이는 사진으로 대체하고 있는 실정이다.

(2) 운구 시에는 영거(靈車) 앞에 혼백을 모시고, 그 다음에 제주하지 않은 신주(神主)를 모시고 간다. 그리고 돌아올 때에는 신주를 앞에 모시고, 그 다음에 혼백을 모시고 온다.

16) 영좌(靈座) 설치

(1) 영좌(靈座)는 시신 앞에, 또는 방 한 곳에 병풍을 설치하고 영정(影幀)을 모신다. 영정에는 성복례를 한 다음에 검은 리본을 건다.

(2) 영좌의 우측에는 명정(銘旌)을 세운다.

17) 명정(銘旌)

(1) 명정(銘旌)은 죽은 사람의 관직, 성씨 등을 기록하여 상여 앞에 들고 가는 기다란 정기를 말한다. 죽은 자는 형태를 구분할 수 없어서 그 이름을 쓴 정기를 가지고 식별한다.

(2) 명정의 길이는 황제는 9척, 제후는 8척, 대부는 7척으로 하였다.

(3) 명정은 적색 비단에 고인의 관직 성명을 흰색 글씨로 쓴다.

(예) 남자 – 某官某公之柩, 여자 – 孺人 某貫某氏之柩

(4) 고례에서는 부인들도 남편의 직급에 따라 봉작(封爵)했으므로 명정에도 당연히 봉작된 명칭을 썼다. 원래 '유인(孺人)'은 최말직인 정구품(正九品)과 종구품(從九品) 벼슬아치의 부인에게 봉작하는 직첩(職牒)이었다. 그러나 선비로서 벼슬하지 못한 학생의 부인들에게도 '유인(孺人)'을 쓰도록 양해 묵인된 것으로 일반적으로 남편이 벼슬을 못 했을 때 그 부인에게 쓰는 명칭이다.

(5) 명정은 영좌에서는 관(棺)의 오른쪽에 세워 두며, 운구 시(運柩時)에는 상여 앞에서 가고, 하관 때에는 관 위에 덮는다.

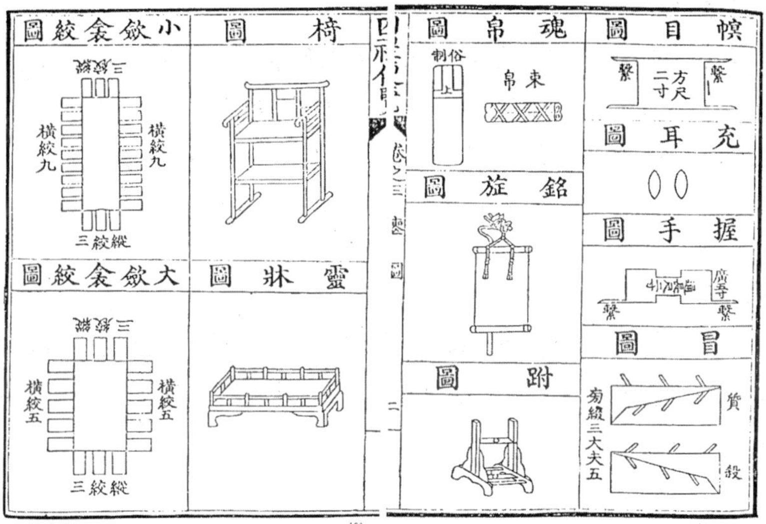

〈그림 17〉 명목 혼백도 및 소렴 대렴도

18) 소렴(小斂)

(1) 소렴(小斂)이란 작은 이불로 시신을 싸서 끈으로 묶는 것을 말한다. 작은 이불의 크기는 시신을 충분히 둘러 쌀 수 있어야 하고, 길이는 시신 키의 두 배 60cm 정도는 길어야 한다.

(2) 묶는 끈은 먼저 가로(橫絞)로 9매를 깔고, 그 위에 긴 끈(縱絞)을 깔며, 작은 이불을 그 위에 펴고, 시신을 받들어서 편안히 모신다.

(3) 베개는 빼어 내놓고, 옷을 접어서 시신 머리를 반듯하게 고인다. 새 솜으로 양편 어깨를 채워주고, 좌우 양끝을 거두어 맨다. 또 양편 다리를 옷으로 채워서 시체 상하가 반듯하고 단정하게 한다.

(4) 나머지 의복이 있으면 시체를 덮어 좌로 여미되 고를 매지 않는다. 소렴금으로 싼 후 먼저 종교를 묶어 맨 다음 횡교를 결교(絞)하고, 이불을 덮어 다시 상에 모신다.

(5) 모두 곡 한 후에 상제들은 풀었던 머리를 다 거두어 매어 괄발(括髮)한다. 남자 상(男子喪)에는 대비녀(竹笄)를, 여자 상(女子喪)에는 괴목(槐木) 비녀를 꽂는다. 그런 후에 조석전(朝夕奠)을 올리기 시작한다.

19) 대렴(大斂)

집례(執禮)는 대렴에 쓰일 옷과 이불, 전제(奠祭)의 기구를 준비한다. 자손 모두가 손을 씻고, 시신을 대렴 상으로 옮긴 다음 먼저 베개를 치우고, 이불을 덮데 먼저 발을 덮고, 다음은 머리, 그리고 왼쪽, 오른쪽의 순서로 한다.

먼저 세로로 느린 5매들을 묶고, 다음에 가로로 1매를 묶는다.

20) 입관(入棺)

시신을 모실 때는 반드시 조심해서 기우는 일이 없게 하고, 또 비어 있는 곳은 옷을 말아 채워 꽉 차게 하여(補空) 움직임이 없도록 한다. 그리고 관 뚜껑을 덮는다.

21) 성복례(成服禮)

(1) 성복 : 상주(喪主)와 주부(主婦), 그리고 모든 복인이 정해진 상복을 입는 것을 성복(成服)이라 한다. 자식은 어버이 죽음을 받아들이기 어렵기 때문에 대렴과 성복을 같은 날에 하는 것은 예의에 어긋난 일이라 하여 대렴 다음 날에 하였다. 아버지 상에는 참최복(斬衰服)에 대나무 지팡이, 어머니 상에는 재최복(齋衰服)에 오동나무 지팡이를 짚는다.

오복지친(五服之親)은 각기 해당하는 상복을 입는다(상관, 효관, 수질, 요질, 상장 등).

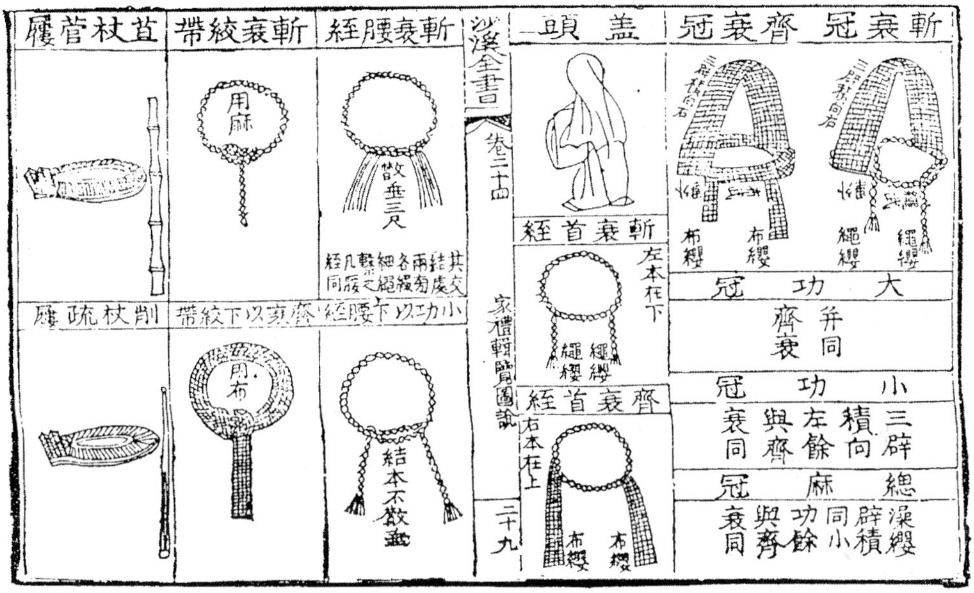

〈그림 18〉 참최 재최관과 수질 및 요질, 저장과 삭장

(2) 성복례 의식

집례가 향을 피우고 술을 올린다. 상제들은 자리에 나아가 복(服)이 많은 순서대로 서서, 곡(哭)을 하고 절을 한 후 의식에 따라 남자는 관의 동쪽에서 서향하고, 여자는 관의 서쪽에서 동향하여 서로 조문한다. 그리고 자손들 중 여자는 할머니, 어머니께 인사하고, 다시 할아버지께로 옮겨 무릎을 꿇고 슬픔을 다한다. 남자는 할아버지 계신 곳으로 옮겨 슬픔을 다하고, 다시 할머니 계신 곳으로 가서 인사한다.

성복날에 주인 형제가 비로소 죽을 먹기 시작한다.

22) 상복(喪服)

상복(喪服)은 고인(故人)에 대한 슬픔과 근신하는 뜻으로 거친 옷을 입는 것이다. 고인을 잊지 않기 위하여 입는 상복은 재질과 만드는 방법에 따라, 그리고 입는 기간에 따라 오복(五服)으로 나누어진다.

(1) 오복(五服之親)

① 참최복(斬衰服) : 거친 삼베로 단을 꿰매지 않는다.

② 재최복(齋衰服) : 거친 삼베로 단을 꿰맨다.

③ 대공복(大功服) : 성긴 삼베로 짓는다.

④ 소공복(小功服) : 굵은 삼베로 짓는다.

⑤ 시마복(緦麻服) : 가는 삼베로 짓는다.

(2) 상복(喪服)의 종류

① 참최 : 3년간(만 2년) 참최복을 입고, 대나무 상장을 짚는 복(부 상, 장자 상, 시아버님 상),

② 재최 : 3년간(만 2년)을 재최복을 입고 버드나무 상장이나 오동나무 상장을 집는 복(모 상, 시어머님 상)

③ 만 1년간 재최복을 입고, 삭장(削杖)을 짚는 복(재부 모상, 아내상)

④ 만 1년간 재최복을 입지만 상장(喪杖)은 짚지 않는 복(형제, 자매, 차자, 맏며느리, 딸, 조카, 맏손자)

⑤ 만 9개월 대공복(大功服)을 입는 복

⑥ 만 5개월 소공복(小功服)을 입는 복

⑦ 만 3개월 시마복(緦麻服)을 입는복(고인의 8촌 이내 존・비속, 사위)

(3) 상장(喪杖)

① 저장(苴杖) : 대나무 상장(喪杖)을 말하며, 아버지 상에 짚는데 천원지방(天圓地方)의 뜻에 따라 하늘의 상징으로 안팎으로 둥글다.

② 삭장(削杖) : 오동나무나 버드나무 상장(喪杖)으로 어머니 상에 짚는데 아버지 죽음에 대한 슬픔과 같다는 뜻에서 동(同)자와 같은 음을 가진 오동나무(桐)나, 류(類)와 같은 음을 가진 버드나무(柳)로 만듦.

(4) 양자(養子), 출가 여인의 상복 : 남의 후사로 양자 간 남자이거나, 남에게 시집간 여자는 그 생가의 친족을 위하여 모두 한 등급을 감해서 상복을 입는다. 본 생가에서도 그렇게 한다.

(5) 마음으로 입는 상복(心喪三年)

① 스승을 위해서,

② 아버지가 살아 계실 때 어머니를 위해서,

③ 계모를 위해서,

④ 내쫓긴 어머니(出母)를 위해서,

⑤ 개가(改嫁)한 어머니를 위해서,
⑥ 생가 부모가 살아 계실 때 양부모를 위해서,
⑦ 큰어머니(嫡母)를 위해서 입는 복이다.
⑧ 자모(慈母-서모 중 나를 젖 먹여 키운 사람)를 위해서 입는 복이다.

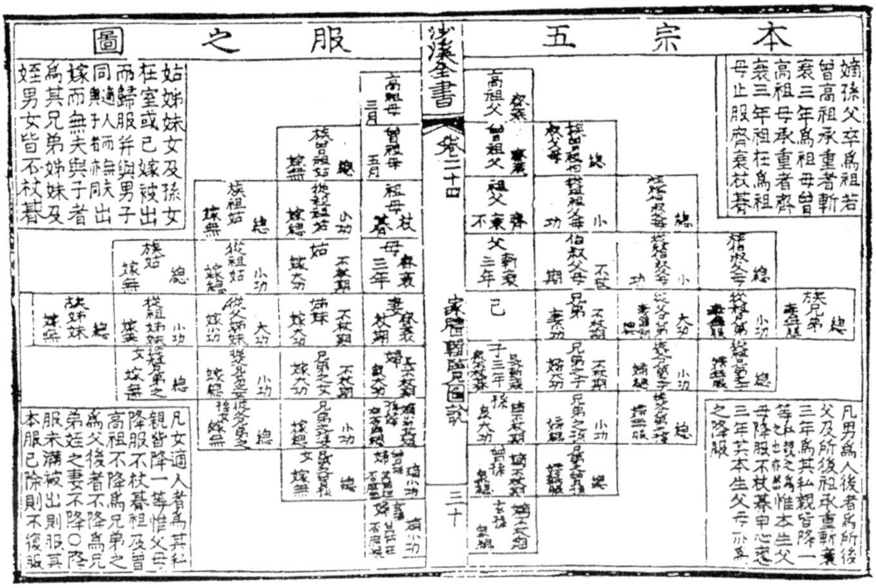

〈그림 19〉 본 종 오 복 지 도

23) 전, 상식(奠, 上食)

(1) 전(奠) : 매일 새벽에는 조전(朝奠)을, 일모 후(日暮後)에는 석전(夕奠)을 주인 이하 모두 상복을 입고 곡을 하고 올린다. 집례는 소(蔬), 과(果), 포(脯), 해(醢)를 진설하고 축과 분향, 술을 올리며 주인 이하 모두 재배하고 슬프게 곡을 한다.

(2) 상식(上食) : 식사 때마다 조식 시에는 아침 상식을, 일모 전에는 저녁 상식을 전례(奠禮)와 같이 하되, 음식과 시저(匙箸)와 술을 딸아 올리고, 그리고 탕국을 올렸다가 숭늉으로 바꾸어 드린 후 철상(徹床)한다

24) 조문(弔問, 弔喪과 問喪)

(1) 성복례 이후 조문을 한다. 조상(弔喪)은 고인에 대하여 그 죽음을 슬퍼하여 인사를 하는 것이고, 문상(問喪)은 상주에게 상을 당한 것에 대하여 위로의 인사를 드리는 것이다.

(2) 조문 요령

① 조객은 "뜻하지 않게 어른께서 세상을 저버리시어 그 애통과 사모함을 어찌 감내하겠습니까?" 라고 문상(問喪)을 하면, 주인은 "아무개는 죄역이 심히 깊어 무거운 화가 어른께 미쳤습니다. 높으신 뜻으로 부의와 위문을 해주시니 슬픈 감회를 이길 수 없습니다." 라고 답변을 한다.

② 조객은 "사람의 운명은 길고 짧음이 있는 것이니 슬퍼하신들 어찌 하겠습니까? 원컨대 효도의 뜻을 억제하시고, 예와 제도에 따르소서." 하며 인사하고, 상제에 대하여 위로의 인사를 하는 것을 조문이라 한다.

③ 고인이 여자인 경우에는 상주에게만 위로하는데 이를 문상이라고 한다.

- 왕(王) 또는 부상(父喪) – 천붕지통(天崩之痛)
  남편 상 – 붕성지통(崩城之痛)
  처의 상 – 고분지통(叩盆之痛)
  형제의 상 – 할반지통(割半之痛)
  자녀의 상 – 상명지통(喪明之痛)

(3) 조문 배례

① 절을 하지 않는 경우 : 당내(堂內)간 연하자인 경우에는 곡만 하고 절은 하지 않는다(哭而不拜).

② 절을 하는 경우 : 당내간이 아니고, 적(敵) 이상의 상(喪)인 경우

- 尊(21세 이상), 長(11세 이상), 敵(10세 내외), 少(11세 이하), 幼(21세 이하)
  凡死者是敵以上則拜, (以少則不拜). 〈家禮輯覽. 25쪽 弔奠賻〉

(4) 조문시의 유의할 점

① 복장은 현란한 색을 피한다.

② 향(香)은 삼상향(三上香)을 하고, 영좌 앞에 켜 놓은 촛불에 향불을 붙여서는 안 된다. 성냥이나 라이터로 향에 불을 붙여 올린다.

③ 꽃을 놓을 경우에는 꽃봉오리가 조문객 앞으로 향하게 하여 정중하게 놓는다.

④ 낮은 항아리에 꽃을 꽂는다.

⑤ 조문을 하지 않아도 되는 경우 : 놀라서 죽은 자, 압사한 자, 그리고 물에 빠져 죽은 자의 상이다. 〈禮記 檀弓〉

25) 분상(奔喪)

(1) 조문(弔問)은 멀리서 상을 당하였음을 들어서 알게 되는 것을 말한다.

(2) 분상(奔喪)은 먼 곳에서 친상(親喪)의 소식을 듣고 정신 없이 서둘러 상가로 가는 것을 말한다.

① 처음 어버이 상을 전해 들으면 듣는 즉시 곡을 한다.

② 의복을 바꾸어 입고 길을 떠나서 길을 가는 중에도 슬픔이 일면 곡을 하고, 동리가 보이거나 집이 보이면 또 곡을 한다.

③ 문에 들어가 관 앞에 나아가 재배하고, 다시 상복을 갈아입고 자리에 가서 곡한다.

④ 만약 장사를 지냈으면 먼저 묘소로 가서 곡하고 절한다.

2. 장례(治葬)

치장(治葬)은 고인이 마지막 묘지로 떠나기에 앞서 조상에게 고하고, 묘지에 매장(또는 화장)을 하기까지의 절차를 말한다.

1) 발인제(發靷祭)

(1) 조전(祖奠)

조전(祖奠)은 고인이 집에서 마지막으로 영원히 떠나는 의례를 행하는 것이다. 혼령께서 더 이상 남아 있을 수 없기 때문에 영구차에 받들어 모신다.

영천지례(永遷之禮), 영진불류(靈辰不留), 금봉구거(今奉柩車), 식준조도(式遵祖道)

(2) 천구(遷柩) : 금 천구취여감고(今 遷柩就轝敢告)

영구차에 모신다는 축을 읽는다.

(3) 설(設) 견전(遣奠)

영구차 앞에 영좌를 설치하고, 상주 이하 모두가 정한 자리에서 제를 올린다.

• 축문 : 영이기(재)가 왕즉유(신)택 재진견례 영결종천 (靈輀旣(載)駕 往卽幽(新)宅 載陳遣禮 永訣終天 (載, 新 - 改葬時 祝) 혼령을 이미 영구차에 모셨사오니 이제 영원히 계실 묘지로 가십니다. 떠나시는 예를 모시니 이제 영원히 가시는 것입니다.

(4) 신주(神主) 조성(造成)

밤나무로 신주를 만들어 흑색 칠을 한 다음, 백색 칠을 하여 운구 시에 영거에 싣고 간다.

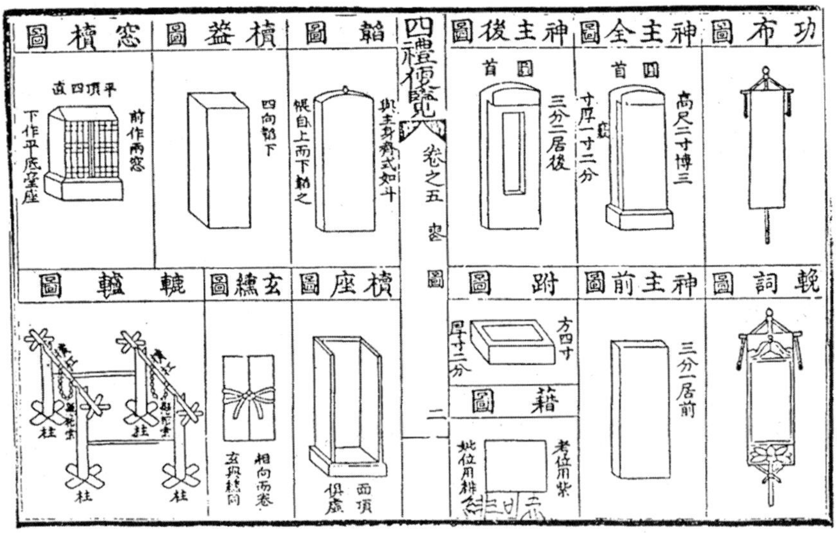

〈그림 20〉 공포 만장도 및 신주 도설

2) 구행(柩行)

(1) 구행은 장례 행렬을 말하는 것으로 순서는 다음과 같다.

방상(方相) - 여복(女僕) - 시자(侍者) - 명정(銘旌) - 영거(靈車) - 만장(輓章) - 공포(功布) - 대여(상여)(大輿, 喪輿) - 주인(主人) - 존장(尊長) - 무복지친(無服之親) - 빈객(賓客)

① 방상 : 험상궂은 얼굴(눈이 2개, 대부는 4개)에 검은 곰 가죽옷을 위에 입고, 빨간 치마를 입었으며, 한 손에는 방패, 다른 손에는 창을 들고 앞에서 길을 인도해 간다.

② 영거 : 혼백을 앞에 싣고 제주(題主)할 신주를 그 뒤에 모시고 간다. 돌아올 때에는 신주가 앞에, 그 뒤에 혼백을 모신다.

③ 만장 : 고인을 기리는 추도 글을 쓴 깃발이다

④ 공포 : 상여 바로 앞에서 길잡이 역할을 하는 신호기로서, 길의 상태에 따라 신호를 하여 대여를 멘 사람들이 안전하게 갈 수 있게 한다.

⑤ 대여 : 관을 모신 영구차로 불삽(黻翣)과 운삽(雲翣)이 옆에서 동행하며 상여가 나가는데, 운삽과 불삽은 저승사자를 따돌리고 운삽이나 불삽에 숨어서 혼백이 회생하시기를 기원하는 것이다.

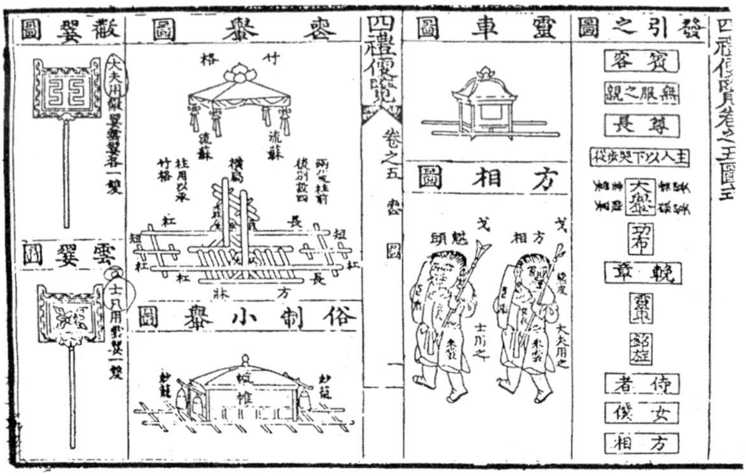

〈그림 21〉 발인지도 및 영거, 방상, 상여도

3) 노제(路祭)

노제(路祭)는 상여가 장지(葬地)를 향하여 나가는 중에 고인의 연고지에서, 혹은 친지가 원하는 경우에 제를 지내는 제이다. 친지는 노제를 위하여 술, 향, 축을 미리 준비하여야 한다.

4) 산신제(山神祭)

묘지를 파기 전에 예정지의 동북쪽에 제단을 설치하고, 북향하여 토지신(土地神)에게 산역자(山役者)가 주, 과, 포, 해를 올리고 제를 지낸다. 이 때 율황, 통북어와 배도 그대로 놓고 지내는데, 이 때 분향은 하지 않는다.

산신제 축(山神祭 祝)

유(維)
연호기년(年號 幾年) 세차 간지(歲次干支) 기월 간지 삭(幾月 干支 朔)
기일 간지(幾日 干支) 유학(幼學) 성명(姓名) 감소고우(敢昭告于)
토지지신(土地之神) 금위(今爲) 모관(某官) 〈모봉 모씨(某封 某氏)〉 영건
택조(營建 宅兆) 신기보우(神其保佑) 비무후간(俾無後艱) 근이(謹以)
청작(淸酌) 포해지천우신(脯醢祗薦于神) 상(尙)
향(饗)

5) 하관(下棺)

(1) 굴광(堀壙) : 중앙에 외광(外壙)과 내광(內壙)을 파고, 부부 합장일 경우는 서편에 남자, 동편에 여자의 시신을 묻는다.

(2) 하관과 성분 : 관을 내광에 모시고, 관 위에 명정을 덮는다. 시신만 모실 때는 시신 위에 명정을 덮는다. 내광의 주위에 빈틈이 없도록 흙을 채우고 횡대를 얹는다. 묘 앞에 지석을 묻고, 묘의 아래 동쪽에 비석을 세우고, 봉분을 만들고 떼를 입힌다.

(3) 주인증(主人贈) : 집례가 주인에게 폐백을 주면, 주인은 다시 축자에게 주어 넣는다.

① 사계 김장생 선생 : 시신의 위에 현(玄-청색 폐백)을 놓고, 시신 밑에 훈(纁-홍색 폐백)을 놓는다.

② 면우 곽종석 선생 : 시신의 왼쪽 위에(陽의 위치) 현(玄)을, 시신의 오른쪽 아래(陰의 위치)에 훈(纁)을 놓는다. 〈常變通攷, 喪禮〉

6) 제주(題主)와 반혼(返魂)

(1) 집사자가 영좌의 동남쪽에서 서향으로 탁자를 펴고 벼루와 붓과 먹을 놓고, 탁자 맞은편에 세숫대야와 수건을 놓는 것은 전제(奠祭)의 의식과 같다.

(2) 축관이 손을 씻고, 신주(神主)를 내어 탁자 위에 놓으면 글씨 잘 쓰는 사람을 시켜 실토(實土 – 광에 흙을 넣는 일)할 때 신주를 쓰게 한다. 상주는 그 앞에 북향하고 선다.

(3) 신주(神主)는 밤나무로 만든다. 밤나무(栗)는 서(西)쪽 나무(木)라 쓰는 데서 서쪽은 죽은 사람의 방위를 뜻하며, 두께 3cm, 너비 6cm, 길이 25cm로 윗부분을 둥글게 한다.

(4) 축자가 향과 술을 올리고, 신주를 받들어 상주의 우측에 꿇어앉아 축을 읽는다. 그리고 혼을 모시고 묘지에 갔던 길을 따라 다시 돌아온다.

"현고(顯考) 학생(學生) 부군(府君)
형귀둔석(形歸窀穸), 신반실당(神返室堂), 신주기성(神主旣成),
복유존령(伏惟尊靈), 사구종신(舍舊從新), 시빙시의(是憑是依)"

• 사진을 이용하려고 제주(題主)를 하지 않으면 '神主未成 伏惟尊靈 仍舊尊影 是憑是依' 라 하고, 화장인 경우에는 '神主未成 魂歸仙境'이라 한다.

7) 상중제의(喪中祭儀)

(1) 상중 제의(喪中祭儀)란 상주가 상복을 입은 후부터 벗을 때까지 고인에게 올리는 제례(祭禮)를 말한다. 상중 제의에는 제일 처음 하는 초우제(初虞祭)부터 재우제(再虞祭), 삼우제(三虞祭), 졸곡(卒哭), 부제(祔祭), 소상(小祥), 대상(大祥), 담제(禫祭), 길제(吉祭)가 있다.

(2) 우제의 특징

① 궐명(厥明)에 시작하여 질명(質明)에 끝낸다.
② 강신(降神)을 하고, 참신(參神)은 곡(哭)으로 대신한다.
③ 제수(祭羞) 차리는 것은 축자(祝者)가 한다.
④ 상주가 주전자를 들고 술을 따른다.

⑤ 종부가 아니면 맏며느리가 소상부터 아헌(亞獻)을 한다.

⑥ 집례가 음식을 더 권하고, 술을 따르고 수저를 올린다.

⑦ 계문(啓門)에 집례가 숭늉을 올리고 수저를 내린다.

(3) 초우제(初虞祭)

산중 제의 중 첫 번째로 지내는 제사이다. 골육(骨肉)을 땅에 묻고, 혼(魂)만을 모시고 돌아오니 갈 곳을 몰라 방황하기 때문에 제를 지내서 위안시키는 것이다(骨肉歸于土 魂氣則無所不之 孝子爲其彷徨 三祭而安之). 〈晦庵 家禮 虞祭〉

① 우제(虞祭) 지내는 순서

- 주인 이하 모두 목욕한다.
- 채소, 과일, 잔반과 초접, 시저, 포, 해를 진설한다.
- 신주를 영좌 앞에 내 모시고 모두 곡을 한다,
- 강신(降神) : 주인이 향을 피우고 두 번 절하고, 모사기에 뇌주를 하고 두 번 절한다(참신은 곡으로 대신했기에 없다).
- 축 진찬 : 축자가 제수를 진설한다.
- 초헌(初獻) : 집사가 술잔을 받들어 와서 주인에게 주면 주인은 쾌주하고, 집사가 신위전에 올린다.
- 모든 뚜껑을 열고 축자가 주인의 우측에서 서향하여 무릎 꿇고 앉아 독축한다.
- 독축이 끝나면 주인은 곡을 하고 재배한다.
- 집사자는 철주한다.
- 아헌(亞獻) : 주부위지(主婦爲之)
- 종헌(終獻) :
- 유식(侑食) : 집사가 행하고 절은 하지 않는다.
- 합문(闔門) : 축자가 늦게 나간다(九食頃).
- 계문(啓門) : 축자가 기침을 3번 하고 먼저 들어간다. 국을 내리고 숙수를 올리고, 축자가 주인의 우측에서 서향하여 이성(利成)을 고(告)한다.
- 사신(辭神) : 하시저(下匙箸)하고, 곡재배(哭再拜), 주부 4배.

② 우제 축문(虞祭 祝文)

維 年號幾年 歲次 干支 幾月 干支朔 幾日干支 孤子(哀子)某 敢昭告于 顯考 某官 府君 日月不居 奄及初虞(再虞, 三虞) 夙興夜處 哀慕不寧 謹以 (妻, 弟 ー 玆以) 淸酌庶羞 哀薦祫事(再虞ー虞事, 三虞ー成事) 尙 饗

(4) 재우제(再虞祭)

초우제를 지내고 돌아오는 첫 유일(柔日 – 乙, 丁, 己, 辛, 癸日)에 지낸다.

(5) 삼우제(三虞祭)

재우제를 지내고 다음날 강일(剛日 – 甲, 丙, 戊, 庚, 壬日)에 지낸다.

(6) 졸곡제(卒哭祭)

삼우제를 지내고 3개월 후 첫 강일(剛日)에 지내며, 축문(祝文)에서는 고자(孤子), 애자(哀子)로 하고, 축(祝)은 상주의 좌측, 즉 길사(吉事)의 위치에서 읽는다 (**以吉祭易喪祭 故此祭 漸用吉禮**). **〈檀弓〉**

(7) 부제(祔祭)

졸곡제를 지낸 다음날 제를 지내는데, 상주가 종손이 아니면 초헌은 종손이 하고, 상주는 아헌을 한다.

(8) 소상(小祥)

13개월째 기일(忌日)에 연복(練服)을 준비하고, 부재 모상(父在母喪)인 경우에는 11개월만에 연제(練祭)를, 13개월째 대상(大祥)을 지낸다. 남자는 수질(首絰)을, 여자는 요질(腰絰)을 제거하고, 일년복 상제는 평상복으로 갈아입는다.

(9) 대상(大祥)

25개월째(忌日)에 지내며, 상복을 벗고 담소복으로 갈아입는다.

(10) 담제(禫祭)

대상 뒤 중월(仲月)의 하순(下旬)에 정(丁)일이나, 해(亥)일 중 날을 택하여 담제복을 준비하여 지내고, 이 후부터 술과 고기를 먹을 수 있다.

(11) 길제(吉祭)

담제의 다음 달 하순(下旬)에, 또는 담제가 중월(仲月)에 있었으면 그 달의 정(丁)일이나 해(亥)일에 날을 택하여 지낸다.

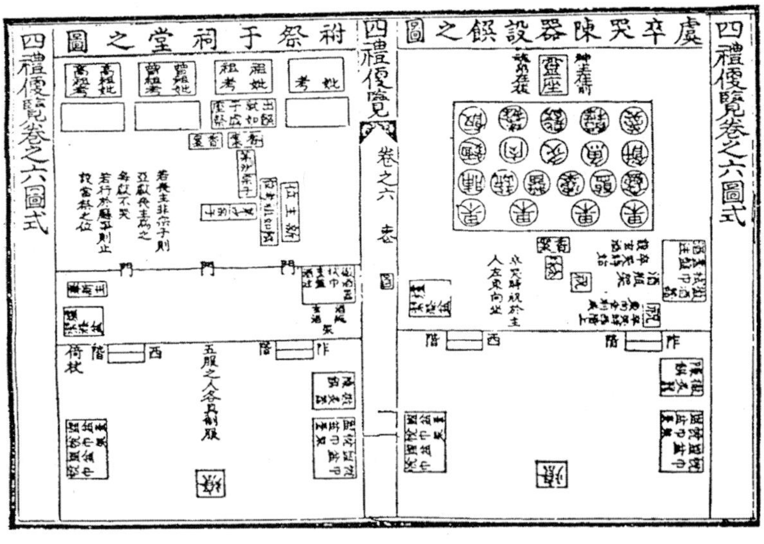

〈그림 22〉 우졸곡진기설찬지도 및 부제우사당지도

8) 개장(改葬) (화장, 납골)

(1) 파묘(破墓) 전 산신제 축

유(維) 연호(年號) 기년(幾年) 세차(歲次) 간지(干支) 기월(幾月) 간지(干支)삭(朔) 기일(幾日) 간지(干支) 모관(某官) 성명(姓名) 감소고우(敢昭告于)

토지지신(土地之神) 금위(今爲) 모친(某親)모관(某官) 택조불리(宅兆不利) 장개장우차(將改葬于此) 신기보우(神其保佑) 비무후간(俾無後艱) 근이(謹以) 청작(淸酌) 포해지천우신(脯醯祗薦于神) 상(尙) 향(饗)

축문

오직 모년 모월 모일 모관 아무개는 감히 토지신령께 아뢰나이다. 지금 모친 모관의 유택이 마땅치 못하여 개장(화장)하고자 하오니 신께서는 도우시고 보우하시어 후환이 없게 하소서. 삼가 맑은 술과 포와 젓갈로써 신에게 올리오니 흠향하시옵소서.

(2) 파묘제(破墓祭) 〈四禮便覽 卷 7 喪 7쪽〉

① 자손은 시마복(緦麻服)을 갖추어 입고, 기타는 소복을 입고 곡한다. 축관은 산소 앞에서 주, 과, 포, 해를 차리고, 주인은 재배하고 강신, 헌주를 하고 재배한 후 물러난다. 축관은 '으흠' 소리를 3번 한 후 북향하여 무릎을 꿇고 파묘 축을 읽고 나오면 주인 이하 곡하고 재배한다.

② 파묘 축문

유(維) 연호(年號)기년(幾年) 세차(歲次)간지(干支) 기월(幾月)간지(干支)삭(朔) 기일(幾日) 간지(干支) 모관(某官) 성명(姓名) 감소고우(敢昭告于) 현모친모관부군(顯某親某官府君) 장우자지(將于玆地) 세월자구(歲月滋久) 체백불령(體魄不寧) 금장개장(今將改葬) [죄역흉흔(罪逆凶釁) 금장분골봉안(今將焚骨奉安)] 복유(伏惟) 존령(尊靈) 불진불경(不震不驚)

오직 모년 모월 모일 모관 아무개는 아무 조상 모관 부군께 감히 고하나이다. 이 땅에 장례를 모신 지 세월이 오래 되어 혼백이 편안치 않으시니 죄송함이 피를 흘려 바르는 흉함이오나 이제 장차 몸과 뼈를 깨끗이 살라서 편안히 봉안코자 하오니 엎드려 빌건대 높으신 혼령이시어 부디 진노하거나 놀라지 마시옵소서.

그리고 분묘를 파서 연다.

(3) 발인 축문 : 영이재가(靈輀載駕) 왕즉신택(往卽新宅)

(4) 改葬 時 산신제 축문

유(維) 연호(年號) 기년(幾年) 세차(歲次) 간지(干支) 기월(幾月) 간지삭(干支朔) 기일(幾日) 간지(干支) 모관(某官) 성명(姓名) 감소고우(敢昭告于) 토지지신(土地之神) 모친(某親) 모관(某官) 성명(姓名) 택조불이(宅兆不利) 장개장우차(將改葬于此) 신기보우(神其保佑) 비무후간(俾無後艱) 근이(謹以)청작(淸酌) 포해(脯醢) 기천우신(祇薦于神) 상(尙) 향(饗)

장례가 끝나면 우제는 일회로, 그리고 축문에는 효자로, 상복은 시마복을 입고 3개월 후 탈상한다.

(5) 개장(改葬) 후 우제 축문

유(維) 연호(年號) 기년(幾年) 세차(歲次) 간지(干支) 기월(幾月) 간지삭(干支朔) 기일(幾日) 간지(干支) 효자(孝子) 모(某) 감소고우(敢昭告于) 현(顯)모친(母親)모관(某官)부군지묘(府君之墓) 신개유택(新改幽宅) 합부(合祔)우선조고비(于先祖考妣) 예필종우(禮畢終虞) 근이(謹以) 청작(淸酌)서수(庶羞) 지천(祗薦)우사(虞事) 상(尙) 향(饗)

오직 년호 몇 년 세차 간지 몇 월 간지 삭 몇 일 간지 모관 효자 아무개는 감히 모친 모관 부군의 묘소에 고합니다. 새로이 유택을 고쳐서 선조 어르신 옆에 봉안하는 예를 다하였습니다. 삼가 맑은 술과 여러 가지 제물을 올리오니 흠향하시옵소서

제 6 절 제의례(祭儀禮)

1. 제의례(祭儀禮)의 의미

제의례는 조상의 제사를 지내는 의식 절차이다. 효(孝)를 잇는 것이다(追養繼孝). 추양계효(追養繼孝)란 살아 계신 동안에 다하지 못한 공양과 효를 돌아가신 후에도 지성을 다하는 뜻에서 조상을 섬기는 것이다.

2. 제의례(祭儀禮)의 사적 변천(史的變遷)

1) 고려 말 포은 정몽주 선생의 제례규정(祭禮規定)에 의하면 3품관 이상은 3대(증조부모)까지, 6품관 이상은 2대(조부모)까지, 그리고 7품관 이하 서민들은 부모만 제사지낸다고 했다.

2) 조선조 김국광이 지은 경국대전(經國大典)에는 3품관은 4대(고조부모), 6품관은 3대(증조부모), 7품관 이하 선비들은 2대(조부모), 서민들은 부모만 제사 지낸다고 했다.

3) 1894년 갑오경장(甲午更張)으로 신분제도가 철폐되면서 누구나 다 4대(고조부모까지) 봉사를 하게 되었다.

4) 1969년 정부에서 '가정의례준칙'을 만들어서 2대 봉사(조부모)를 권장하고 있으나 별로 지켜지지 않고 있다.

3. 사당제(祠堂制, 家廟制)

1) 사당의 의미

① 사당(祠堂)이란 조상의 상징인 위패, 즉 신주(神主)를 안치하는 곳이다. 돌아가신 조상을 살아 계신 조상 모시듯 섬기려면 그 조상이 계셔야 하므로 집안에 조상을 상징하는 표상을 모시는 것이다.

② 사당은 원래는 조상의 화상을 모셨기 때문에 영당(影堂)이라 했는데, 조상의 칭호를 글씨로 쓴 신주(神主)를 만들어 모신 후부터 사당(祠堂)이라 했다.

2) 사당에 모시는 조상 : 일반 가정에서는 고조까지 4대를 모신다.

3) 사당에 모시는 신주

① 조상의 신주를 사당이나 감실에 모시는 차례는 소목지서(昭穆之序)와 이서위상(以西爲上)의 두 가지가 있다.
② 소목지서에서 소(昭)란 동쪽이고, 목(穆)은 서쪽을 의미한다. 제일 웃어른인 시조와 선조, 그리고 부조지위(不祧之位)를 가운데에 모시고, 중앙을 상석으로 하여, 소(昭)에 2위인 고조, 목(穆)에 3위인 증조, 다시 소(昭)에 4위인 조부, 목(穆)에 5위인 부모를 모시는 것이다.
③ 이서위상(以西爲上)은 고조까지 4대만 모시는 경우인데, 죽은 이는 서쪽을 상으로 한다(死者 以西爲上)는 원칙에 의한 것이다. 죽은 이는 어두운 세상으로 갔기 때문에 해지는 서쪽을 상석으로 해서 서쪽부터 고조부, 증조부, 조부모, 부모의 순서로 모시는 것이다.
④ 내외분인 남자 조상과 여자 조상의 신주는 따로 있지만 한 독(櫝)에 모시는데 서쪽에 남자 조상, 동쪽에 여자 조상을 모신다.

4. 신주의 서식

1) 신주의 서식

신주 하나에 한 분의 조상을 신주 중앙에 붓글씨로 내려쓰고, 서쪽(왼쪽) 하단에 봉사자를 쓴다.

2)신주의 한문 서식(신주의높이=周尺 1자2치:약27쎈치)(폭=3치:6.75쎈치)

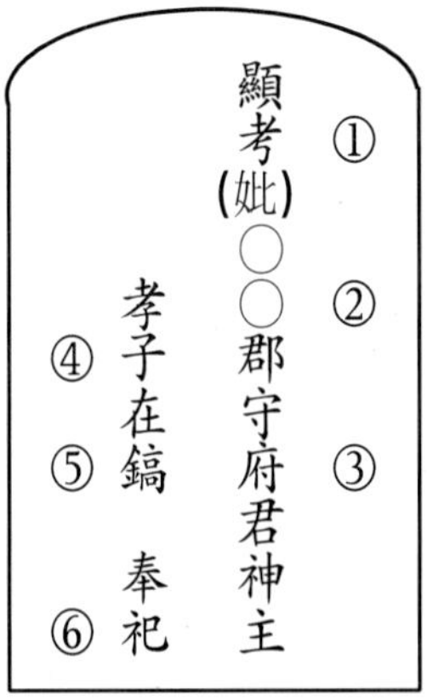

높이= 周尺 1자2치(27cm) 폭=3치(6.75cm) 두께=1치2푼(2.7cm)

- 주①의 '考'는 아버지, '妣'는 어머니, 조부모는 '祖考 祖妣', 증조부모는 '曾祖考 曾祖妣', 고조부모는 '高祖考 高祖妣', 아내는 '顯'을 쓰지 않고, '亡室' 또는 '故室'로 쓴다.
- 주②의 '직명'과 '직급'은 사실대로 쓴다. 벼슬이 없으면 '學生'이라 쓰고, 남편이 벼슬이 있으면 '夫人'이라 쓴다. 남편이 벼슬이 없으면 '孺人'이라 쓰고, 여자 조상이 자신의 직명 직급이 있으면 그것을 쓴다.
- 주③의 '府君'은 남자 조상의 경우이고, 여자 조상은 본관과 성씨(全州李氏)를 쓴다.
- 주④의 '孝子'는 큰아들이 신주를 받드는 경우이고, 작은아들은 '子', 큰손자면 '孝孫', 증손자면 '孝曾孫', 큰 현(玄)손자는 '孝玄孫'이라 쓰며, 남편이면 '부(夫)'라 쓴다.
- 주⑤의 이름은 사실대로 쓴다.

3) 지방의 서식

① 지방을 쓸 때는 하나의 지방에 남자 조상과 그 아내인 여자 조상을 함께 쓰는데 임시로 쓰는 것이기 때문에 '신주(神主)'라 하지 않고 '신위(神位)'라 한다.

② 지방 쓰는 차례는 남자 조상을 서쪽(왼쪽)에 쓰고, 부인인 여자 조상은 동쪽(오른쪽)에 쓴다.

5. 제의(祭儀)의 종류

1) 고례(古禮)에 의하면 제의례의 종류는 아래와 같다.

① 시제(時祭) : 춘하추동(春夏秋冬) 매 계절의 가운데 달에 날을 골라 모든 조상에게 지낸다.

② 삭망참(朔望參) : 매월 초하루와 보름날에 모든 조상에게 간략한 제의를 지낸다.

③ 차례(茶禮) : 모든 명절에 모든 조상에게 그 명절의 음식을 차려서 올리는 제의를 말한다. 속절즉 헌이시식(俗節則 獻以時食)

④ 천신(薦新) : 새로운 음식이나 과실이 생기면 사당의 신주 앞에 먼저 올린다.

⑤ 유사즉 고(有事則告) : 살아 계신 어른에게 여쭈어야 할 일이 생기면 사당에 즉시 아뢴다.

⑥ 출입 필고(出入必告) : 밖에 나들이할 때는 꼭 아뢴다.

⑦ 주인신알(主人晨謁) : 주인은 아침마다 뵙고, 다른 가족도 주인을 따른다.

2) 시조제(始祖祭)

① 그 성씨(姓氏)의 시조에게 지내는 제사이다.

② 시조제는 매년 동지(冬至)에 지내는데 동지는 양(陽)이 일어나는 날이기 때문이다.

③ 시조제는 시조의 위패를 모신 곳에서 지낸다.

3) 선조제(先祖祭)

① 자기의 5대조 이상 시조 이하의 모든 조상에게 지내는 제의이다.

② 선조제는 매년 입춘(立春)에 지내는데, 입춘은 만물이 소생하기 시작하는 날이기 때문이다.

③ 선조제는 선조의 신주를 모신 곳에서 지낸다.

4) 기일제(忌日祭)

① 고조까지의 조상이 돌아가신 날에 지내는 제사이다.
② 그 날 돌아가신 조상과 그 배우자를 함께 지낸다.
③ 사당에서 신주를 정침(안방)으로 모셔다가 지낸다.
④ 장자 손이 주인이 되고, 그 아내가 주부가 되어 지낸다.

5) 이제(禰祭)

① 이제는 계추(음력9월)에 지내는데, 한달 전 하순에 점쳐서 지낸다.
② 아버지 사당 앞에서 지낸다.
③ 지내는 절차와 상차림은 시제와 같다.

6) 차례(茶禮)

① 명절에 지낸다. 요사이는 설날, 한식(寒食), 한가위(嘉俳)에 지낸다.
② 자기 집에서 기일제를 받드는 모든 조상을 지낸다.
③ 지내는 장소는 설날에는 사당에서 한 번의 절차로 지내고, 한식과 한가위는 각 조상의 묘지에서 지낸다. 부득이한 경우 사당에서 지낼 수 있다.

7) 세일사(歲一祀)

① 기일제를 지내지 않는 5대조 이상의 직계 조상에 대하여 1년에 한 번 음력 시월 중에 골라서 지낸다.
② 세일사를 지내는 장소는 그 조상의 묘지에서 지내는 것이 원칙이나, 묘지가 없을 때는 특별히 단을 만든 제단(祭壇)에서 지낸다.
③ 2품 이상은 상순에, 6품 이상은 중순에, 7품 이하는 하순에 지냈다.

8) 산신제(山神祭)

① 조상의 산소를 모신 산의 신에게 지내는 제의다.
② 지내는 장소는 조상의 묘지의 동북쪽에서 제단을 모으고 지낸다.
③ 제물은 과일, 포 등을 원형대로 놓고, 분향은 하지 않는다.

6. 제의 기구(祭儀器具)

【표준 기구】

• 역막(帟幕) • 위패함(位牌函) • 지필묵연(紙筆墨硯) • 병풍, 교의(交椅) • 제상(祭牀) • 면지(面紙) • 향안(香案) • 주가(酒架) • 소탁(小卓) • 자리(席) • 대상(大牀) • 쟁반(小盤) 2개 • 축판(祝板) • 관분(盥盆) 2개, 수건 • 화로(火爐) • 촛대 2개 • 향로(香爐) • 향합(香盒) • 모사기(茅沙器) • 행주 2개 • 시접(匙楪) • 잔반(盞盤) 신위수(+1개) • 반갱기(飯羹器) 신위수대로 각 1개 • 종지 3개 • 면기(麵器) • 편틀(餠楪) 신위수 대로 • 소접(小楪) • 탕기(湯器) 3개~5개 • 적틀 (炙楪) • 전접(煎楪) • 포해틀(脯醢楪) • 숙채접(熟菜楪) • 침채기(沈菜器) • 과접(果楪) • 기타 보조첩 • 시저 (匙箸) • 술병(酒餠) • 현주병(玄酒瓶) • 주전자(注酒) • 철주기(徹酒器)

7. 제의 음식(祭儀飮食)

제수(祭羞)란 제의 음식을 말하고, 제수(祭需)란 제의에 소용되는 금품을 말한다. 제수(祭羞)는 지방과 가정에 따라 다르기 때문에 여기서는 표준적인 종류와 그릇 수를 예시하고자 한다.

① 초첩(醮牒) : 식초 ② 반 · 메(飯, 밥) : 밥을 덮개로 덮는다.
③ 갱 · 메탕(羹 · 국) : 국 ④ 숙수(熟水) : 숭늉
⑤ 면(麵 · 국수) : 국수 건더기 ⑥ 편(餠 · 떡) : 현란한 색깔을 피한다.
⑦ 편청 : 꿀, 조청, 설탕
⑧ 탕(湯) : 찌개[栗谷의 제의초(祭儀초)에만 탕이 있고, 다른 예서는 탕이 없다. 대개 3탕을 쓰는데, 품계에 따라 5탕, 7탕, 9탕을 씀. 육탕(肉湯) : 쇠고기, 어탕(魚湯) : 생선, 계탕(鷄湯) : 닭]
⑨ 전(煎) : 부침개, 간납(肝納) : 적과 합해 홀수 접시를 쓰는데, 대개 육전과 어전 2가지를 쓰며, 여유가 있으면 육회(肉膾)와 어회(魚膾)를 보태 4가지를 쓰기도 한다.
  • 육전(肉煎) : 고기로 부침, • 어전(魚煎) : 생선 부침,

• 육회(肉膾) : 소의 살코기와 장(胖) 간(肝),
• 어회(魚膾) : 생선살만 저미거나 썰어서 접시에 담아 놓는다.

⑩ 초장(醮醬) ⑪ 겨자(芥子)
⑫ 적(炙) : 제의 음식 중 특별 식으로 술을 올릴 때마다 바꾸어 올린다.
육적(肉炙) : 쇠고기 구이, 어적(魚炙) : 생선 구이, 계적(鷄炙) : 닭구이
⑬ 적염(炙鹽) : 소금 ⑭ 포(脯) : 어포나 육포
⑮ 해(醢) : 생선젓(조기젓) ⑯ 혜(醯) : 식혜 건더기
⑰ 숙채(熟菜) : 익힌 나물(도라지, 배추, 고사리) ⑱ 김치(침채) : 물 김치
⑲ 청장(淸醬) : 간장 ⑳ 과실(果實) : 과일, 과자(접시 수는 짝수)
㉑ 제주(祭酒) : 술 ㉒ 현주(玄酒) : 정화수

8. 제수 진설(祭羞陳設)

1) 제수 진설(祭羞陳設)

제수 진설(祭羞陳設)이란 제상의 제의 음식을 차리는 것을 말한다. 예서(禮書)에도 통일되지 못했고, 따라서 현대에도 각양각색이다.

① 국조오례의(國朝五禮儀)

〈그림 23〉 3품 이상

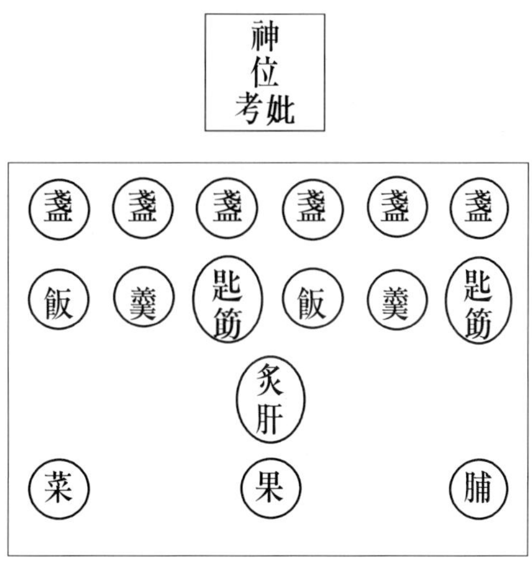

〈그림 24〉 서 인

- 고(考 : 남자 조상) 비(妣 : 여자 조상)위를 한 상에 차리는 것은 현대의 진설법과 같으나, 신분에 따라 다르고, 술잔이 신위마다 3개씩이어서 참고하기에 어려움이 있다.

② 율곡의 제의초(祭儀鈔)

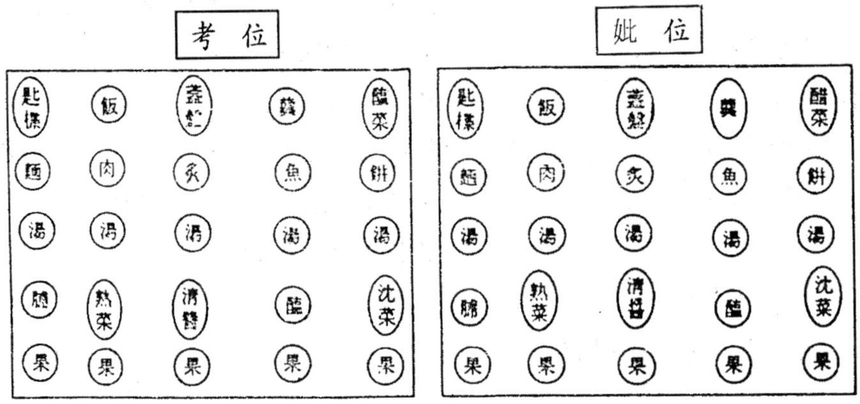

〈그림 25〉 율곡의 祭儀鈔

- 율곡의 제의초에만 당(湯 · 찌개)이 예시되고, 시접을 산 사람과 같이 신위의 우측인 서쪽에 놓는 것이 다르다.

③ 사계 김장생 선생 가례집람(家禮輯覽)

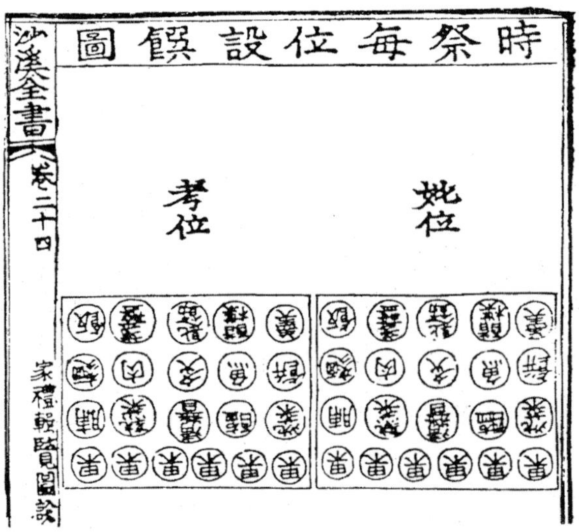

〈그림 26〉 김장생의 家禮輯覽

- 사계의 가례집람이 율곡의 제의초와 다른 점은 시접이 중앙에 있고, 탕이 없으며, 초첩이 갱보다 안쪽에 있고, 과실이 짝수이면서 그 이유를 설명한 것이다.

④ 도암 이재 선생의 사례편람(四禮便覽)

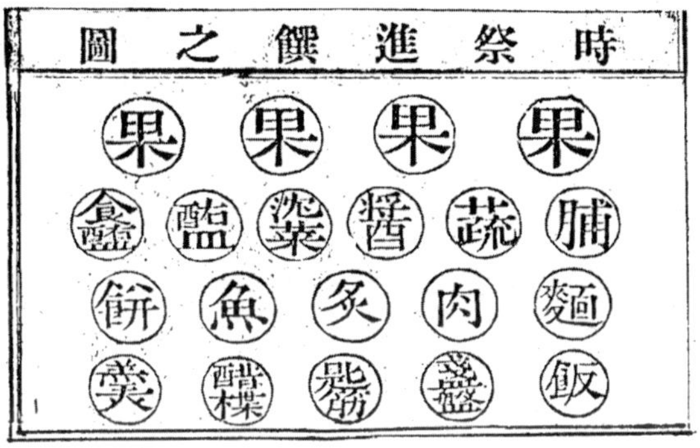

〈그림 27〉 이재의 四禮便覽

- 도암의 사례편람은 사계의 가례집람과 같으면서 다만 해(醢 생선젓)와 침채(김치)의 위치를 바꾸고, 식혜(食醯)를 올리는 것만 다르다.

⑤ 이상의 진설도를 정리해 보면 다음과 같은 공통점이 있다.

- 고비각설(考妣各設) : 남자 조상과 여자 조상은 상을 따로 차린다.
- 시접거중(匙楪居中) : 수저를 담은 그릇은 신위의 앞 중앙에 놓는다.
- 잔서초동(盞西醋東) : 술잔은 서쪽에 놓고, 초첩은 동쪽에 놓는다.
- 반서갱동(飯西羹東) : 메(밥)는 서쪽에, 갱(국)은 동쪽에 놓는다.
- 적접거중(炙楪居中) : 적(炙,구이)은 중앙에 놓는다.
- 어동육서(魚東肉西) : 생선은 동쪽에, 고기는 서쪽에 놓는다.
- 면서병동(麪西餠東) : 국수는 서쪽에, 떡은 동쪽에 놓는다.
- 서포동해 · 혜(西脯東醢 · 醯) : 포는 서쪽이고, 생선젓과 식혜는 동쪽이다.
- 숙서생동(熟西生東) : 익힌 나물은 서쪽이고, 생김치는 동쪽이다.
- 천산양수 · 지산음수(天産陽數, 地産陰數) : 하늘에서 나는 것은 홀수이고, 땅에서 나는 것은 짝수이다.

• 부접불기(附楪不記) : 주된 음식에 붙이는 조미료(설탕, 초장, 소금, 겨자 등)는 따로 기록하지 않았다.

2) 합리적인 기구 배설과 진설법

① 합설과 각설 : 고례에는 고비각설(考妣各設)이 있으나, 현대에는 고비합설을 한다. 그러려면 무엇을 따로 차리고, 어떤 것을 함께 담을 것인가를 정한다.

• 각설(各設) : 산 사람도 따로 담아서 먹는 메(밥), 갱(국), 술, 국수(떡), 숭늉은 따로 담아야 할 것이다.

• 합설(合設) : 반찬과 과실은 한 접시에 담고, 수저도 시저거중(匙箸居中)의 원칙을 지켜 한 시접에 신위 수대로 시저를 담아 신위 앞 중앙에 놓는다.

② 두미의 방향(頭尾方向) : 머리는 동쪽을 향하고, 꼬리는 서쪽이므로 동두서미(東頭西尾)로 한다.

③ 배복의 방향(背腹 方向) : 계적, 어적, 조기젓, 생선 포 등과 배가 있는 제수는 등이 바깥쪽(위), 배가 안쪽(아래)이 되게 담는 것이 순리일 것이다. 계적이나 생선 포는 등이 위로 가고, 뉘어 놓는 것(어적, 조기젓)은 배가 신위 쪽으로 가게 담는다.

④ 과실의 위치(果實位置) : 고례에는 어떤 예서에도 과실별 위치가 명시되지 않았다. 이유는 계절과 지방에 따라 과실이 다르기 때문이다. 그러나 현대에는 그렇지 않으므로 정해도 무방하다 할 것이다.

• 홍동백서(紅東白西) : 붉은 과일은 동쪽에, 흰색의 과일은 서쪽에 놓는다.

• 동조서율(東棗西栗) : 대추는 동쪽에, 밤은 서쪽에 놓는다.

⑤ 기구 배설과 제수 진설의 예시

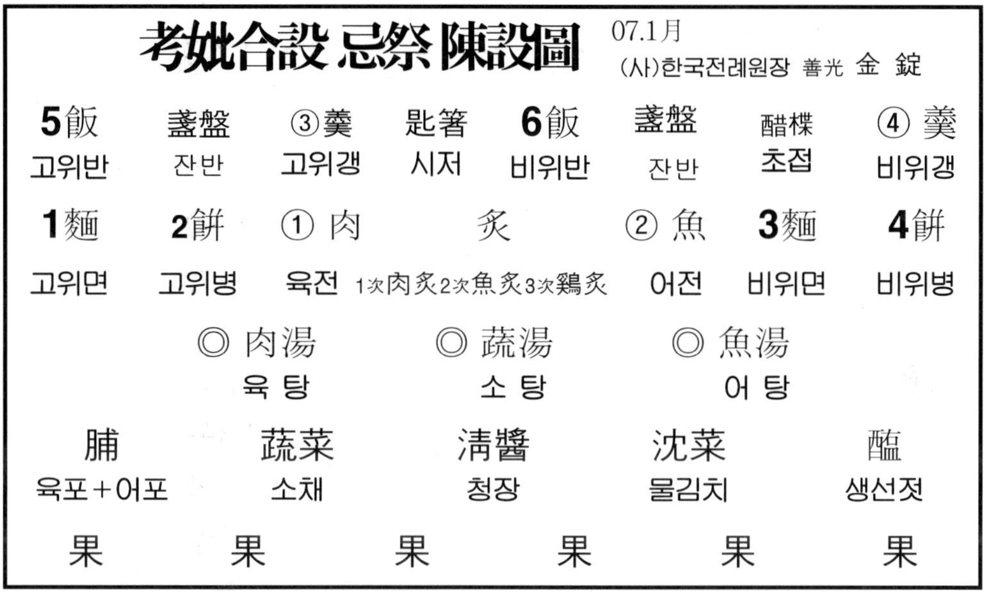

※ 湯은 홀수. 果實 접시는 짝수임.

〈그림 28〉 제수 진설도

- 역막(앙장)은 천장에 친다.
- 좌면지는 제상 위에 편다.
- 지필묵연은 다른 방에 있다.
- 숙수(숭늉)은 갱의 자리에 올린다.
- 적(炙)은 한 가지씩 올린다.
- 떡과 국수는 신위 수대로 차린다.
- 탕(湯 찌개)은 3~5탕, 육어(肉, 魚, 煎, 膾)는 4가지이다.
- 동서남북(東西南北)은 신위(上座)를 북으로 하는 예절의 동서남북이다.
- 제수의 종류와 접시 수는 상한선을 예시한 것이므로 여유가 있더라도 더 차릴 필요는 없고, 형편에 따라 덜 차려도 된다.
- 각 열의 순서는 신위 쪽으로부터 1, 2, 3, 4, 5열의 차례가 된다.

9. 제의례의 방위와 참례자 정위치

1) 제의례의 방위

제의례에서의 동서남북 방위는 자연의 동서남북이 아니라, 신위(神位)를 모신 곳이 상석(上席)이며 북으로 설정하고, 신위의 앞이 남, 뒤가 북이며, 왼쪽이 동쪽이고, 오른쪽이 서쪽이 된다. 만일 제의례에서 일정한 기준이 없이 좌우라고 말할 때는 신위의 좌우를 말하는 것이다.

2) 제의례의 필수 인원

제의를 행하려면 다음과 같은 인원이 필요하다. 그러나 인원이 없으면 중복해서 직분을 맡아도 된다.

① 초헌자(初獻者) 1인 : 첫잔을 올리는 사람. 장자손인 주인이다.
② 아헌자(亞獻者) 1인 : 두 번째 술을 올리는 사람. 장자손의 아내인 주부가 되는 것이 원칙이다. 부득이한 경우 주인 다음 차례 사람이 된다.
③ 종헌자(終獻者) 1인 : 세 번째 술을 올리는 사람. 참례자 중 연장자나 특별한 위치에 있는 사람이다.
④ 독축자(讀祝者) 1인 : 축문을 읽는 사람. 예절에 밝은 사람이 된다.
⑤ 집례, 창홀(執禮, 唱笏) 1인 : 기제사나 차례에서는 없어도 된다. 큰 제의에서 홀기를 읽는 사람이다.
⑥ 집사(執事) 남자 2인, 여자 2인 : 술을 올릴 때 협조하는 사람으로 주부가 술 올릴 때는 여자 집사가 도와주어야 한다.
⑦ 진설자(陳設者) 남자 1인, 여자 1인 : 집사가 하기도 한다.
⑧ 찬자, 인(贊者, 引) 남자 1인, 여자 1인 : 규모가 큰 제의에서는 술을 올리는 사람과 축을 읽는 사람을 인도하는 사람이다.

3) 참례자의 복장

① 남자는 자기 직업, 직급, 신분에 정해진 제복(制服)이 있으면 그것을 입고, 그렇지 않으면 한복 정장에 도포(道袍)를 입고, 유건(儒巾)을 쓴다. 만일 도포가 없으면 한복 정장을 입는다.
② 여자는 옥색 한복을 입는다. 그것이 없으면 다른 한복 정장이나 양장 정장을 입는다.
③ 남녀 모두 통상복을 입을 때라도 정장이어야 하고, 현란한 색깔이나 악세서리는 피하는 것이 좋다. 특히 주인과 주부는 반지도 끼어서는 안된다.

4) 참례자의 정 위치

① 남자는 동쪽에 서는데 신위에 가까운 북쪽과 중앙 자리에 가까운 서쪽을 상석으로 해서 항렬이 높은 자 차례대로 선다.

② 여자는 서쪽에 서는데 북쪽과 중앙 자리에 가까운 동쪽을 상석으로 해서 차례대로 선다.

③ 장자 손인 주인을 기준으로 친척 관계를 도표로 보이면 아래와 같다.

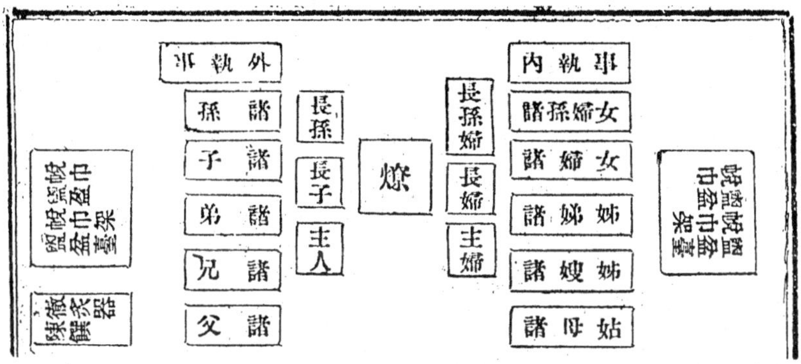

〈그림 29〉 참례자의 정위치 〈증보사례편람권지팔〉

• 주인의 앞은 아무도 설 수 없으나, 주부의 앞에는 먼저 번 주부인 어머니만 설 수 있다.

10. 기일 제사(忌日祭祀)

1) 기일 제사 총설(忌日祭祀 總說)

① 기제 명칭 : 돌아가신 날의 제의(祭儀)라는 뜻으로 기일 제사라 하는데 약칭해서 기제(忌祭)라 한다.

② 기제 대상 : 봉사 주인(奉祀主人)의 고조까지 4대를 지낸다.

③ 봉사자손(奉祀子孫):장자 손(長子孫)이 주인이되고,그 아내가 주부 가 된다.

④ 배우자 합사 : 기제란 돌아가신 날에 지내므로 그 날 돌아가신 조상만 지내는 것이 원칙이나, 살아 계실 때는 내외분은 함께 모셨으므로 기제도

배우자를 함께 지내는 것이 좋다.

⑤ 기제 일시 : 돌아가신 날의 궐명(厥明-먼동 틀 때)에 시작하여 질명(質明-밝아올 때)에 끝낸다. 즉 첫새벽에 장자의 집 안방에서 지낸다.

2) 기제의 절차(忌祭節次)

① 재계의 자세(齊戒姿勢)

시향(時享)을 지낼 때는 산재(散齋) 2일과 치재(致齋) 1일 등 3일간을, 묘제(墓祭)는 산재(散齋) 1일과 치재(致齋) 1일 동안, 기제(忌祭)는 1일 동안 몸을 깨끗이 하고 마음을 근신하며, 오로지 그 조상만을 생각하도록 한다.

- 산재(散齋) : 외부에서 자거나 술과 마늘을 먹지 않고, 문병과 조상을 삼가며, 음악을 듣지 않고, 형사사무를 보지 않으며, 추하고 사나운 일을 행하지 않는다.
- 치재(致齋) : 내적인 면에서 마음을 정재(整齋)하여 제사할 조상신만을 생각하고 근신하면서 행례에 임한다.
- 재숙(齋宿) : 재가(齋家)하면서 별거 잠자리를 한다. 〈齋戒警文〉

② 쇄소 정침(灑掃 正寢) : 기제 지낼 장소를 깨끗하게 청소한다.

③ 제주 수축(題主 修祝) : 주인은 만일 신주(神主)가 없으면 지방(紙榜)을 쓰고 축문(祝文)을 쓴다.

④ 설위 진기(設位 陳器) : 주인은 제의 기구를 배설한다. 앙장(역막), 병풍, 교의, 좌면지, 향안, 주가, 소탁, 자리, 촛대, 향로, 향합, 주전자, 퇴주기, 모사기, 축판(지방), 대상, 화로, 쟁반, 행주, 세숫대야(수건)를 진설도를 참고하여 제자리에 벌린다.

⑤ 척기 구찬(滌器 具饌) : 주부는 그릇을 깨끗이 씻고, 제수를 조리하여 대상 위에 대기시키며, 식어서는 안 될 제수는 식지 않게 한다.

⑥ 변복 서립(變服序立) : 제사지낼 시간이 되면 모든 참례자는 예복으로 바꾸어 입고, 손을 씻은 다음 정한 자리에 공손한 자세로 선다.

⑦ 점촉(點燭) : 혼즉촉(昏則燭)(날이 어두우면 불을 켜다). 동서 집사가 불을 켠다. 현대에는 초를 의식으로 간주해 어둡지 않아도 불을 켠다.

⑧ 설 소과 주찬(設 蔬果 酒饌) : 주인과 주부는 집사의 도움을 받아 제 5열의 과실 전부와 제 4열의 포해, 숙채, 김치, 간장 전부와 제 1열의 초첩, 잔반, 시접과 주가 위에 현주와 술병과 퇴주기, 강신 뇌주 잔반을 소탁 위에 축문을 진설 순서에 따라 차린다(식어도 상관없는 제수).

⑨ 봉주 취위(奉主 就位) : 사당에 신주가 계시면 모든 참례자가 사당 앞에 서고, 주인이 그 날 제의 대상 신주를 받들고 정침으로 돌아와 소탁위에 모셨다가 교의 위의 정한 자리에 다시 모신다. 지방(紙榜)이면 이때 교의에 붙여 모시고, 사진을 모실 것이면 정한 자리에 모신다. 신주라면 주인이 독개(櫝蓋: 위패함 덮개)를 열고, 주인이 남자 조상의 신주 덮개를 벗기고, 주부가 여자 조상의 신주 덮개를 벗겨 독좌(櫝座) 좌우에 세운다.

⑩ 강신(降神) :

- 主人은 향안 앞에 북향하여 꿇어앉아 향을 집어 분향 재배하고
- 주인은 일어나서 한발 뒤로 물러난다.

⑪ 동 집사는 주가 앞으로 가서 술병의 뚜껑을 열고 행주로 술병 주둥이를 깨끗이 닦은 다음 주전자에 술을 붓고, 두 손으로 받쳐들고 주인의 오른쪽 앞에서 서쪽을 향하여 선다.

- 서 집사는 소탁 앞으로 가서 강신 잔반을 두 손으로 받쳐들고, 주인의 왼쪽 앞에서 동쪽을 향하여 선다.
- 주인은 읍하고 주인과 두 집사가 함께 꿇어앉는다.
- 서 집사는 강신 잔반을 주인에게 주면, 주인은 두 손으로 강신 잔반을 받아서 받쳐들고, 동 집사는 주인이 든 강신 잔반에 술을 따른다.
- 주인은 모사기에 3번 나누어 술을 모두 지운 후 잔반을 서 집사에게 주면서 집사는 두 손으로 받는다.
- 주인과 두 집사는 함께 일어난다.
- 동서 집사는 강신 잔반과 주전자를 원 자리에 놓고 제자리로 물러난다.
- 주인은 한 발 물러나서 읍하고 두 번 절하고 제자리로 물러난다.

⑫ 참신(參神) : 주인 주부 이하 모든 참례자는 남자는 2번, 여자는 4번 절한다.

⑬ 진찬(進饌) : 식어서는 안되는 음식을 올리는 진찬이 있겠습니다.

주인은 외집사의 도움을 받아-육전과 초장을 잔반의 남쪽에 놓으시오. 주부는 내집사의 도움을 받아 육전의 서쪽에서 고위면은 밖에 떡은 안으로 놓으시오.

- 주인은 또 외집사의 도움을 받아 어전과 겨자를 초첩의 남쪽에 놓으시오. 주부는 또 내집사의 도움을 받아 비위면과 떡을 어전의 동쪽에 차례대로 놓으시오.
- 주인은 또 외집사의 도움을 받아 고위국을 잔반의 서쪽에, 비위국을 초첩의 동쪽밖에 놓으시오. 주부는 또 내집사의 도움을 받아 고위메를 고위국의 서쪽에 비위메를 비위국의 서쪽에 놓으시오.
- 집사들은 육탕을 서쪽에, 소탕을 중앙에 어탕을 동쪽에 놓으시오.

⑭ 초헌(初獻) : 주인이 첫 번째 술을 올리는 절차이다.

◈ 전주(奠酒)

- 주인은 향안 앞에 가서 신위를 향하여 읍하고, 제상의 서쪽으로 가서 고위 잔반을 집어 두 손으로 받들고, 향안 앞 서쪽에서 동향하여 선다.
- 동 집사는 주가 앞으로 가서 주전자를 들고, 향안 앞 동쪽에서 서향하여 선다.
- 동 집사는 고위 잔반에 술을 가득 따른다.
- 주인은 제상의 서쪽으로 가서 원 자리에 고위 잔반을 올린다.
- 주인은 제상의 동쪽으로 자리를 옮겨 비위 잔반을 집어 들고, 향안 앞 서쪽에서 동향하여 선다.
- 동 집사는 술을 가득 따르고, 주전자를 원 자리에 놓고 물러난다.
- 주인은 제상의 동쪽으로 가서 원 자리에 비위 잔반을 올린다.
- 주인은 향안 앞으로 와서 북향하여 선다.

◈ 쇄주(祭酒)

- 서 집사는 고위 잔반을 집어 받들고, 향안 앞 주인의 왼쪽에서 동향하여 서고, 동 집사는 비위 잔반을 집어서 받들고 향안 앞 주인의 오른쪽에서 서향하여 선다.
- 주인과 두 집사는 함께 꿇어앉는다.
- 서 집사가 고위 잔반을 주인에게 주면, 주인은 고위 잔반을 받아 왼손으

로 잔대를 잡고, 오른손으로 잔을 집어 모사기에 조금씩 3번 비운다. 이어서 동 집사도 비위 잔반을 같은 방법으로 쾌주한다.

- 동서 집사는 일어나서 잔반을 원 자리에 올리고 물러난다.

◈ 전적(奠炙)

- 주인은 일어난다.
- 동서 집사가 협력하여 육적을 정한 자리에 올리고, 이어서 적소금을 올린 다음 물러난다.

◈ 계반개(啓飯蓋)

- 서 집사는 고위 반과 고위 갱, 고위 면과 비위 면의 덮개를 열어 그릇의 남쪽에 각각 놓고, 동 집사는 비위 반과 비위 갱의 덮개를 열어서 그릇의 남쪽에 각각 놓는다.
- 이어서 집사는 모든 탕의 덮개를 열어 빈자리에 놓는다.

◈ 독축(讀祝)

- 독축자는 주인의 왼쪽으로 나아가서 소탁 위의 축판을 들고 동향하여 꿇어 앉는다.
- 주인 이하 모두가 꿇어앉는다.
- 독축자는 축문을 다 읽고, 축판을 소탁 위에 올려놓는다.
- 모두 일어난다. 주인이 제일 나중에 일어난다.
- 독축자는 일어나 제자리로 가고, 주인은 읍하고 두 번 절한다.

◈ 철주(徹酒) 철적(徹炙)

- 집사는 퇴주기에 철주하고, 적을 내리고 잔을 원 자리에 올려놓는다.
- 주인과 두 집사는 제자리로 물러난다.

⑮ 아헌(亞獻) : 주부가 두 번째로 술을 올리는 절차이다. 이 때 집사는 여 집사가 된다. 부득이해서 아헌을 못 할 때는 주인 다음 차례의 사람이 하는데 남자가 아헌을 하면 집사도 남자이어야 한다.

◈ 쾌주 헌주하고 어적을 올리고, 주부는 4배한다.

◈ 철주, 철적의 절차는 초헌 때와 같다.

⑯ 종헌(終獻) : 참례자 중 다른 어른이나 특별한 사유가 있는 자가 세 번째로 술을 올리는 절차이다.

- 모든 절차는 아헌과 같은데 다만 전적에 계적을 올리고, 퇴주 철적을 하지 않는다.

⑰ 유식(侑食) : 조상에게 많이 흠향하시기(잡수시기)를 권하는 절차이다.

- 주인은 향안 앞에 나아가 북향하여 읍하고, 주부는 주인의 왼쪽에 서서 북향하여 몸을 굽혀 예를 표한다.

◈ 첨작(添酌)

- 주인은 주전자를 들고, 고위 잔반과 비위 잔반 순으로 축난 잔 에 술을 가득히 채워 따른다. 주전자를 원 자리에 놓고 향안 앞에서 북향 하여 선다.

◈ 삽시 정저(揷匙 正箸) : 주부는 제상의 서쪽으로 가서 시접의 숟가락을 고위 메에 동쪽을 향하게 꽂고, 젓가락을 가지런히 골라 시접 위에 손잡이가 서쪽이 되도록 놓는다.

- 이어서 비위의 시저도 그렇게 하고, 주인의 왼쪽 옆에 북향하여 선다.
- 주인은 재배, 주부는 4배하고 제자리로 물러난다.

⑱ 합문(闔門)

- 주인, 주부 이하 모두가 밖으로 나간다. 독축자가 제일 나중에 나가면서 문을 닫는다.
- 주인 이하 남자는 차례대로 문의 동쪽에서 서향하여 서고, 주부 이하 여자는 차례대로 문의 서쪽에서 동향하여 선다.
- 노약자는 다른 방에서 쉴 수 있다.
- 7-8분간(九食頃, 아홉 숟가락 먹는 시간) 공손히 서 있는다.

⑲ 계문(啓門)

- 독축자가 문 앞에서 3번 '어흠, 어흠, 어흠' 인기척을 하고, 문을 열고 들어간다.
- 주인 이하 모두 들어가서 제자리에 선다.

⑳ 진숙수(進熟水) : 숭늉을 올리는 절차이다.

- 주인은 남자 집사의 협조를 받아 고위 갱과 비위 갱의 덮개를 덮어 퇴하

고, 주부는 여자 집사의 협조를 받아 고위 숭늉과 비위 숭늉을 올린다.

㉑ 하시저(下匙箸)

- 주부는 제상의 서쪽으로 가서 고위 메에서 숟가락을 뽑아 시접에 담고, 고위 젓가락을 내려 시접에 담는다. 이어서 비위의 시저도 그렇게 한다.

㉒ 합반개(闔飯蓋) : 집사는 모든 뚜껑을 덮는다.

㉓ 사신(辭神) : 주인 이하 남자는 재배, 주부 이하 여자는 4배 한다.

㉔ 분축(焚祝) : 주인 면전에서 독축자는 지방과 축문을 태운다.

㉕ 납주(納主) : 신주는 사당에 모신다.

㉖ 철찬(徹饌) : 제상 위의 제수를 내린다.

㉗ 음복(飮福) : 참례한 자손들이 제수를 나누어 먹으며 조상의 음덕을 기린다.

㉘ 철기구(徹器具) : 모든 제의 기구를 원 자리로 치운다.

11. 명절 차례(名節茶禮)

1) 명절 차례 총설

① 차례 명칭 : 고례에는 차례란 말이 없고, 속절즉 헌이시식(俗節則獻以時食), 즉 '민속 명절이면 명절 음식을 올린다.'고 했을 뿐이다. 그것을 차례(茶禮)라 말하게 된 유래는 확실치 않으나, 중국의 고례에 조상을 가장 간략하게 받드는 '망참(望參)'에서 차 한 잔을 올리는 것을 '차례'라 했는데 이에 따라 '차례'라는 말이 생긴 것으로 믿어진다.

② 차례 대상 : 자기가 기제를 받드는 조상에게 차례를 지낸다.

③ 봉사 자손 : 장 자손이 주인이 되고 주인의 아내가 주부가 된다.

④ 차례 일시 : 4대 명절인 설날(元朝), 한식(寒食), 단오(端午), 한가위(秋夕)에만 지냈으나 요사이는 설날, 한식, 한가위에만 지낸다. 지내는 시간은 사당에서 지낼 때는 아침 해뜨는 시간이고, 묘지에서 지낼 때는 그 날 중에 지낸다.

⑤ 차례 장소 : 과거에는 사당(祠堂, 家廟)에서 지내고, 현대는 설날은 집에서만 지내고, 한식과 한가위에는 묘지에서 지내기도 한다.

2) 기제와 차례의 차이점

명절 차례는 지내는 대상, 시간, 장소, 제수 및 절차상 기제와 차이가 있다. 그것을 도표로 보이면 다음과 같다.

구 분	기 제 (忌祭)	차 례 (茶禮)
날	◦ 돌아가신 날	◦ 명절날
시 간	◦ 밤	◦ 낮
대 상	◦ 돌아가신 조상과 배우자	◦ 기제를 받드는 모든 조상
장 소	◦ 장자손의 집	◦ 사당이나 묘지
제 수	◦ 메(밥) ◦ 갱(국) ◦ 해(조기젓)	◦ 명절 음식(설날-떡국, 한식-화전, 쑥떡, 한가위-송편) ◦ 식혜(식혜 건더기)
절 차	◦ 술을 삼헌(三獻) 독축(讀祝) ◦ 술 올릴 때마다 좨주(祭酒) ◦ 잔반을 내려 술을 따라서 올린다 ◦ 적 : 술을 올릴 때마다 올림. ◦ 첨작(添酌)을 한다. ◦ 합문, 계문(闔門, 啓門) ◦ 숙수(熟水)를 올림	◦ 무축 단헌(無祝 單獻) ◦ 좨주(祭酒)가 없다. ◦ 주전자를 들고 제상 위의 잔반에 직접 따른다. ◦ 진찬 때 3적(炙)을 올린다. ◦ 첨작(添酌)을 않는다. ◦ 없다. ◦ 숙수(熟水)가 없음.
기 타	◦ 하루에 두 분의 기제를 지내는 경우라도 따로 두 번을 지낸다	◦ 한 번에 지낸다.

3) 설날의 차례 절차

① 재계(齋戒) : 기제와 같다.

② 쇄소가묘(灑掃家廟) : 사당에서 지내면 사당(家廟)을, 정침에서 지내면 정침을, 즉 차례 지낼 장소를 깨끗이 청소한다.

③ 지방은 모든 조상을 내외분씩 따로 쓰고, 봉사자는 제일 위 조상과의 관계로 쓰되, 위 조상부터 차례대로 모두 쓴다.

④ 설위 진기(設位陳器) : 4대 봉사의 경우 아래와 같이 배설하고, 기타의 경우는 참작한다.

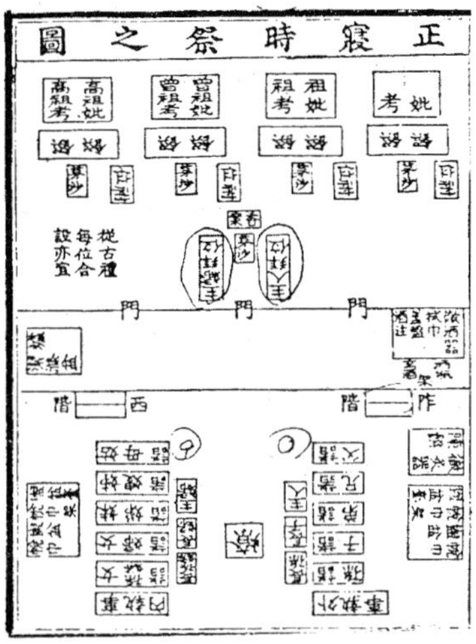

〈그림 30〉 정침 시제지도

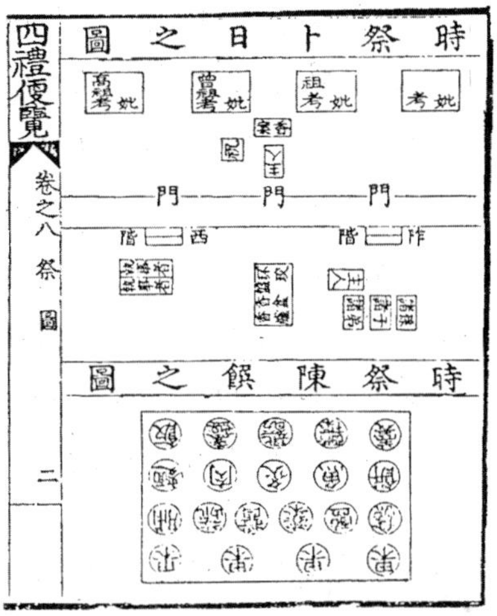

〈그림 31〉 시제 진찬지도

⑤ 척기구찬(滌器具饌) : 기제와 같음.

⑥ 변복 서립(變服序立) : 기제와 같으나 주인과 주부를 제외한 남녀는 설빔으로 성장(盛裝)하는 것도 좋다.

⑦ 점촉(點燭) : 기제와 같음.

⑧ 설 소과 주찬(設 蔬果 酒饌) : 기제와 같음. 다만 기제에 해(醢, 조기젓)를 올리는 자리에 혜(醯, 식혜 건더기)를 올리는 것이 다르고, 각 신위 내외분마다 윗대 조상부터 차례로 상을 차린다.

⑨ 봉주취위(奉主就位) : 기제와 같다. 다만 윗대 조상부터 차례로 모신다.

⑩ 강신(降神) : 기제와 같다.

⑪ 참신(參神) : 기제와 같다. 여러 조상을 지내더라도 남자 재배, 여자 4배를 한 번만 하면 모든 조상에게 하는 것이 된다.

⑫ 진찬(進饌) : 기제와 달리 모든 제수는 동시에 올리되, 합적으로 올리고, 기제에서 메를 올리는 자리에 고위 떡국, 갱의 자리에 비위 떡국을 올린다.

⑬ 헌주(獻酒) : 주인이 향안 앞에 나가 읍하고, 주전자를 들고 윗대 고위와 비위의 잔부터 아랫대까지 제상 위의 잔에 차례대로 모두 술을 가득 따른다.

⑭ 삽시정저(揷匙正箸) : 주부가 향안 앞에 나가 몸을 굽혀 예를 하고, 윗대 조상부터 차례로 계반개를 하며, 고위 떡국에 숟가락을 올려놓고,

시접 위에 젓가락을 걸친다. 이어서 비위도 그렇게 한 다음 향안 앞에서 주인 재배, 주부 4배 한다.

⑮ 시립(侍立) : 주인 이하 모든 참례자가 7~8분간 공수하고 공손히 서 있는다.

⑯ 하시저(下匙箸) : 기제와 같다. 주부가 삽시 정저의 순서로 하시저하고, 합반개를 한다. 다음 아래 절차는 모두 기제와 같다.

⑰ 사신(辭神)→납주(納主)→철찬(徹饌)→음복(飮福)→철기구(徹器具)

4) 한식 차례(寒食茶禮)의 절차

집(사당)에서 지내는 경우 제수만 약간 다를 뿐 설날 차례의 절차와 같이 지내면 되므로 묘지에서 지내는 절차를 살펴본다.

① 재계(齋戒) : 기제와 같다.

② 쇄소봉영(灑掃封塋) : 묘지 봉분과 제단 주변을 깨끗하게 청소한다.

③ 수축(修祝) : 지방을 써서 묘소에서 지낸다.

④ 설위진기(設位陳器) : 기제와 같다. 다만 병풍, 교의, 모사기는 필요 없다. 만일 석상 등이 있으면 제상, 향안, 주가, 소탁도 필요 없다. 모두 깨끗하게 닦는다.

⑤ 척기구찬(滌器具饌) : 집에서 차려간 제수 그릇을 씻어 정성스럽게 담아서 대상 위에 대기시킨다.

⑥ 변복서립(變服序立) : 기제와 같다.

⑦ 설소과주찬(設蔬果酒饌) : 기제와 같다. 다만 시접에 숟가락은 담지 않고 젓가락만 담는다. 생선젓 대신 식혜 건더기를 쓰는 것은 설 차례와 같다.

⑧ 강신(降神) : 기제와 같다.

⑨ 참신(參神) : 기제와 같다.

⑩ 진찬(進饌) : 기제와 같다. 다만 메와 갱의 자리는 비우고, 떡은 화전(花煎)이나 쑥떡을 쓴다.

⑪ 헌주(獻酒) : 설날 차례와 같다.

⑫ 정저(正箸) : 주부가 향안 앞에 나가 몸을 굽혀 예를 하고, 고위 젓가락을 시접에 걸치고, 이어서 비위 젓가락을 그렇게 한 다음 사배(四拜)

한다.

⑬ 시립(侍立) : 설날 차례와 같다.

⑭ 하저(下箸) : 주부가 몸을 굽혀 예하고, 젓가락을 내려 시접에 담는다.

⑮ 사신, 철찬, 음복, 철기구 등은 설날 차례와 같다.

5) 한가위(秋夕) 차례의 절차

모든 준비와 절차는 한식 때와 같다. 다만 떡을 송편으로 하는 것만 다르다.

6) 모든 기제와 차례에서 상차림에서 피하는 제물은 과일은 복숭아, 생선은 꽁치, 멸치, 갈치, 조미료는 고춧가루, 마늘 등이다.

12. 축문(祝文) 서식

1) 축문의 공통 서식 〈독축자가 없으면 主人 自讀〉

① 용지(用紙) : 축문은 백색 한지를 너비 21cm 정도에 적당한 길이로 잘라서 쓴다.

② 필구(筆具) : 붓으로 쓴다(먹물을 사용).

③ 서식 : 가능하면 위에서 아래로 내려쓴다(縱書).

- 維, '이제'를 위에서 3자 위치에 써서 축문의 기준으로 삼는다.
- 연호의 '檀君' 첫 자를 '維' 보다 2자 높여서 쓰기 시작한다.
- '顯'자는 '維' 보다 1자 높여서 쓴다. '단(檀)'자 보다는 1자 낮아진다.
- 축문의 끝자인 '饗(흠향)'자는 '顯'자와 같은 높이로 쓴다.

④ 다 쓴 축문은 축판(祝板)에 얹어서 향탁의 서쪽 소탁 위에 놓는다.

2) 기일 제사(忌日祭祀) 축문(祝文)

維(밧줄유)--도덕의 기초, 禮儀 廉恥
檀君紀元四千三百三十六年, 歲次 癸未正月乙巳朔(閏月則常月)十五日己未(大月三十日小月二十九日) 孝子① 某 敢昭告于(祖=孝孫 傍親=除孝字하고 姪某敢昭告于, 子=父告于 弟=兄告于 姪=伯父告于 妻=夫姓名告于 夫=妻某貫某氏敢昭告于)
顯考② 學生③ 府君(夫=顯辟 妻=故室孺人某貫某氏)
顯妣④ 孺人 某貫某氏 歲序遷易 顯考⑤諱日復臨(父母同日死=顯考顯妣 諱日竝臨, 妻나弟=亡日復至)追遠感時 昊天罔極⑥(祖以上=不勝永慕 傍親=不勝感愴 兄=悲痛無已至情如何) 妻=悲悼酸苦不自勝堪 弟=悲痛猥至 情何可處 子=悲念相續 心焉如毁) 謹以(妻, 弟, 子=茲以) 淸酌庶羞恭伸 奠獻(妻, 弟=伸此奠儀) 尙饗

- 주① '孝子'는 큰아들이라는 뜻이고, 작은아들은 '子', 큰 손자는 '孝孫', 작은 손자는 '孫', 큰 증손자는 '孝曾孫', 작은 증손자는 '曾孫', 큰 현손자는 '孝玄孫', 작은 현손자는 '玄孫'이라 한다.
- 주② '顯考'는 돌아가신 아버지를 높여서 말하는 것이다. 고조부는 '顯高祖考', 증조부는 '顯曾祖考', 조부는 '顯祖考'라 쓴다.
- 주③ '學生'은 벼슬이 없는 분에게 쓴다. 벼슬이 있는 사람은 직명과 직급을 쓴다.
- 주④ '顯妣'는 돌아가신 어머니를 높여서 말한 것이다. 고조모는 '顯高祖妣', 증조모는 '顯曾祖妣', 조모는 '顯祖妣'라 쓴다.
- 주⑤ '顯考'는 누구의 제사인가를 밝히는 것이다. 어머니 기제사이면 '顯妣某 貫某氏'라 쓴다. 따라서 어머니는 계시고 아버지의 기제사라면 '顯妣夫人 全州 李氏'와 '顯考'를 쓰지 않고, '顯考學生府君' 밑에 바로 이어서 '歲序遷易 諱日復臨'이라 쓴다.
- 주⑥ 諱日復臨 : '돌아가신 날이 다시 돌아오다.'의 뜻
  追遠感時 : 세월이 흐를수록 더욱 생각난다.
  昊天罔極 : '넓은 하늘과 같이 부모의 은혜가 크다.'는 뜻.
  不勝永慕 : 깊이 흠모하는 마음을 이길 수 없나이다.
  謹以 : '삼가 정성을 다한다.'는 뜻.
  恭伸奠獻 : 공경을 다해 받들어 올린다. 아랫사람에게는 '신차전의(伸此奠儀)'라 함.

第7절 수연례(壽筵禮)

1. 수연례의 의미

자손들이 어른의 생일을 맞아 상(床)을 차려드리고 술을 올리며 장수하시기를 축원하는 의식이다. 이를 헌수가장례(獻壽家長禮) 라고도 한다.

2. 수연례의 명칭

1) 생일 : 매년 돌아오는 태어난 날이다.
2) 쉬연(晬宴) : 돌 생일날이다.
3) 수연(壽筵) : 61세 이상 된 어른의 잔치이다.
4) 탄일(誕日), 탄신(誕辰) : 왕이나 성인의 생일을 일컫는다.
5) 기사(耆社), 기노소(耆老所) : 조선 태조 때 노신 예우(老臣禮遇) 제도로, 정2품 이상의 문과를 거친 문관을 지내고 참석하였다.
   - 70세 이상 노인의 모임으로 왕도 늙으면 동참하였다.
   - 3월 삼짇날과 9월 9일에 국가에서 잔치를 베풀었다. 耆老宴, 耆英會
   - 무관과 음관(蔭官)은 가입이 불가했다. 〈族譜回想40年史, 官職의 一般常識〉
6) 수직(壽職) : 매년 정월 80세 이상 관리와 90세 이상 백성에게 은전(恩典)으로 벼슬을 주었다.

3. 수연례의 종류

61세(回甲, 還甲), 62세(進甲), 66세(美壽), 70세(稀壽, 古稀, 七旬), 77세(喜壽), 80세(傘壽), 88세(米壽), 90세(卒壽), 99세(白壽), 100세(百壽), 108세(茶壽), 125세(天壽).

人生十年曰 幼學, 二十曰弱冠, 三十曰 壯有室, 四十曰 强而仕, 五十曰艾服官政, 六十曰 耆指使, 七十曰 老而傳, 八十九十曰 耄, 七年曰悼, 悼與耄 雖有罪 不加刑焉, 百年曰期,頤 〈禮記曲禮 上〉

4. 회혼례(回婚禮)

회혼례(回婚禮)는 수연례는 아니다. 그러나 역시 나이가 많이 들어 맞이하는 경사라는 뜻에서 간략히 밝혀 둔다.

1) 회혼례의 절차 : 모든 절차와 방법은 수연례와 같다. 다만 부부가 모두 생존해 있어야 하고, 복장은 혼례복으로 한다.

2) 회혼례의 명칭

(1) 30주년 : 진주혼(眞珠婚)
(2) 35주년 : 산호혼(珊瑚婚)
(3) 40주년 : 녹옥혼(綠玉婚)
(4) 45주년 : 홍옥혼(紅玉婚)
(5) 50주년 : 금혼(金婚)
(6) 60주년 :회혼(回婚)금강석혼(金剛石婚)

5. 축수 서식

축수연(祝壽宴), 축회갑(祝回甲), 축희연(祝禧筵), 경하수연(慶賀壽筵),
수의(壽儀), 하의(賀儀), 축의(祝儀).

6. 기본 음식

1) 다식 : 흑임자, 송화, 녹말
2) 건과 : 대추, 생률, 은행, 호도.
3) 생과 : 사과, 배, 감, 귤.
4) 유과 : 약과, 강정, 세반연사, 매자과
5) 떡 : 흰떡, 꿀떡, 찰떡, 주악, 승검초떡, 팥떡.
6) 당속(糖屬) : 팔보당, 졸병, 옥춘당, 꿀병.
7) 정과(正果) : 청매, 연근, 산사, 생강, 유자.
8) 포(脯) : 어포, 육포, 건문어.
9) 적(炙) : 쇠고기, 닭, 화양적.
10) 전(煎) : 생선, 간납, 고기.
11) 초(炒) : 홍합초, 전복초.
12) 기타 : 수정과, 식혜, 나박김치, 신선로.

7. 수연례의 장소 배설과 상차림

1) 수연례 장소 배설

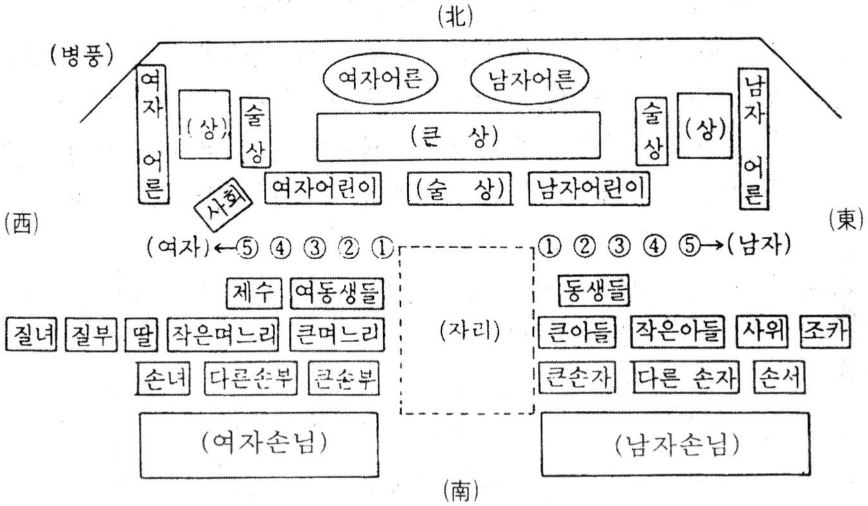

〈그림 32〉 수연례 장소 배설

2) 수연례 상차림

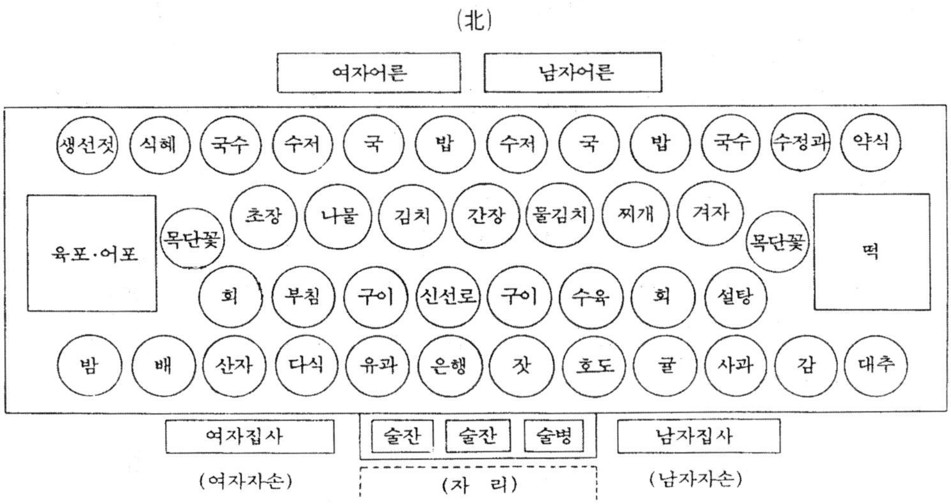

〈그림 33〉 수연례 상차림

8. 수연례의 절차

1) 남녀 자손들이 정장을 하고, 정한 자리에 북향하여 선다.
2) 수연 당사자보다 웃어른이 계시면, 남자 어른은 동쪽의 자리에서 남향하여 앉으시게 하고, 여자 어른은 서쪽의 자리에서 남향하여 앉으시게 한다.
3) 큰아들과 큰며느리가 수연 당사자 내외분을 인도하여 큰상 앞에서 남동여서 하여 서로 마주보고 서서, 남자와 여자가 평절로 한 번 맞절한다. (회혼례 때는 남자는 재배, 여자는 4배 한다.)
4) 수연 당사자 내외는 큰아들 내외의 인도를 받아 동쪽의 남자 웃어른 앞으로 가서 술을 올리고 절을 한다.
5) 다시 서쪽으로 가서 술을 올리고 절을 한다.
6) 수연 당사자 내외 어른은 남동여서로 남향하여 앉는다.
7) 모든 자손이 남자는 재배, 여자는 4배로 큰절을 한다.
8) 큰아들 내외가 술상 앞으로 나가 남동여서로 북향하여 꿇어앉는다.
9) 양 집사의 도움을 받아 술을 따라 받고, 큰아들은 아버지에게 큰며느리는 어머니께 술을 올리고, 기다렸다가 술을 마시고 잔을 주시면 받아서 술상 위에 놓고 남자는 재배, 여자는 4배 한다.
10) 일어났다가 꿇어앉아서 축수한다.
    "아버지 어머니, 만수무강하시기를 비옵니다. 저희들을 보살펴 주시옵소서"
11) 남녀 어른이 대답한다.
    "오냐 고맙다. 너희들의 효성이 지극하여 우리가 즐겁구나."
12) 이어서 작은아들, 딸, 동생, 조카의 순으로 부부가 나가서 헌수한다.
13) 헌수가 다 끝나면 부모님은 교훈이나 치사를 하고, 내빈을 후하게 대접하도록 명한다.

9. 연회 절차

1) 지금부터 ○○○선생님(여사님)의 ○○회 생신 수연회를 시작하겠습니다.
   남자 자손은 동쪽에서, 여자 자손은 서쪽에서 남향하여 서시오.
   당사자와 웃어른도 일어나시오.
2) 일동경례 : 모두 인사를 나누시겠습니다. "경례" "바로"
   어른과 손님께서는 자리에 앉으십시오(자손은 서 있는다).
3) 약력 소개 : ○○○씨가 ○○○선생님의 약력을 말씀드리겠습니다.
4) 모시는 말씀 : ○○○선생님의 장남 ○○○씨가 인사 말씀을 올리겠습니다.
5) 축사, 송사(頌辭), 축전 낭독 : 장남이 정중히 인도한다.
6) 기념품, 선물 증정
7) 답사
8) 송수 건배(頌壽乾杯) : ○○○선생님의 선창으로 건배를 하시겠습니다.
   술잔을 채워 주시고 잔을 들어주시기 바랍니다
   당사자도 술잔을 들고 나와 같이 건배하시겠습니다.
9) 여흥 : 주악

◈ 수연례 기본 음식 해설 ◈

1. 세반 연사 : 찹쌀가루를 잘 반죽하여 네모나게 썬 다음 기름에 튀겨낸다. 이것을 꿀이나 조청에 굴리고, 세반 가루(가는 튀밥가루)에 묻혀 낸다.
2. 승검 초떡 : 쌀가루에 승검초(미나리과에 속하는 약초) 가루를 섞고, 꿀이나 설탕으로 물을 내려 꿀편이나 백설기처럼 만든 떡이다.
3. 주악 : 찹쌀가루에 대추를 이겨 섞어서 꿀에 반죽하거나, 설탕에 버무려 팥속이나 깨소금을 넣고 송편처럼 만들어 기름에 지진 떡이다.
4. 당속 : 설탕을 조려서 만든 음식을 통틀어 일컫는 말(사탕).
5. 옥춘당 : 쌀가루로 나뭇잎이나 다른 모양을 만들어 여러 가지 빛깔을 넣어 만든 과자.

6. 오화당 : 오색으로 물들여서 만든 사탕.

7. 팔보당 : 가루 사탕에 여러 빛깔을 물들여서 대강 끓인 다음 다섯 모의 화판을 색인판에 부어서 끓인 것.

8. 화양적 : 쇠고기를 두께 0.5cm로 포를 떠서 앞뒤로 두들겨 길이 7cm로 썬 다음, 간장, 설탕, 파, 마늘, 후추, 깨소금, 참기름 등을 섞은 양념에 재워둔다. 도라지, 당근, 오이는 두께 0.6, 길이 5cm로 썰어 소금물에 살짝 데치고, 표고버섯은 물에 불렸다가 같은 크기로 썬다. 쇠고기의 – 야채들은 꽂이에 색깔대로 꿰어 구어 낸 것.

제7장 다도(茶道)

1. 차와 다도의 개념

1) 차(茶)의 뜻

(1) 차란 것은 식사 후나 여가시에 즐겨 마시는 기호 음료를 말한다.

(2) 차는 한자로 '茶'라 썼다. 차(茶)란 말의 기원은 중국 푸찌엔성과 광동성에서 유래되었다. 중국 푸찌엔성의 차(茶) 발음인 'Tay'가 한국의 'Ta' 발음에 영향을 주어 '차' 혹은 '다'로 부르게 되었다. 현재 중국에서는 'Cha', 또는 지방에 따라 'Te'라고도 하며, 일본은 '쨔(Jja)', 영국은 'tea', 독일은 'Thee', 프랑스는 'Tha'라고 부른다.

(3) 차 대신 곡물이나 식물의 열매, 혹은 뿌리를 뜨거운 물에 우려 마시는 것을 대용 차라고 하는데 다음과 같음 것이 있다.

① 서양의 대용 차 – 커피, 사이다, 코코아, 밀크

② 동양의 대용 차 – 인삼차, 오미자차, 유자차, 대추차, 모과차, 생강차.

2) 다도(茶道)의 개념

(1) 다도란 차를 매개로 하여 우리의 몸과 마음을 건강하게 하기 위한 일련의 수양 행위를 말한다. 차라고 하는 물질적인 세계와 도(道)라고 하는 절대적 진리의 경지를 한 단어로 표현한 것으로 차를 통하여 도의 차원까지 이를 수 있다는 의미이다. 즉 다도는 차 잎 따기부터 차를 달여 마시기까지의 다사(多事)를 통하여 몸과 마음을 수련하여 도리를 알고 덕을 쌓는 행위를 말한다.

① 신라의 최치원 : "차를 얻었으니 근심을 잊게 되었다."

② 고려 말 충신 이숭인 : "하늘 아래 떠도는 한을 씻어 준다."

③ 정몽주 : "차 마시는 버릇으로 세상의 시름을 잊는다."

④ 조선조 초 이목 : "차를 마시니 근심과 울분이 사라지고, 웅혼한 기운이 생긴다." 〈茶賦〉

(2) 이러한 다도를 생활화함으로써 예의범절과 질서, 그리고 자기를 절제하며 남을 배려하는 마음까지도 몸에 길들여지는 것이다. 우리 조상들은 심신을 다스리기 위한 수단으로 차 생활을 하였다.

2. 차(茶)의 역사

1) 신라 시대

삼국사기(三國史記)에 보면 신라 흥덕왕 3년 당나라에서 돌아온 사신 김대렴이 차 종자를 가지고 와서 왕명으로 지리산에 심었다는 기록이 있다. 사실 차는 그 이전 선덕왕 때부터 있어 왔는데 이 때에 와서 아주 성행하였고, 승려와 화랑들 사이에 음다 풍속이 있었다고 한다.

2) 고려 시대

불교문화의 발전과 더불어 차 생활이 매우 성행했고, 민가에까지 퍼져 절정에 달했다. 나라의 큰 행사 즉, 팔관회, 연등회, 연회, 사신맞이 등에 진다(進茶)라는 절차가 있어 차를 올리고, 차를 공급하는 관청까지 둔 것을 보면 고려시대에는 차 생활이 널리 보편화되었던 것을 알 수 있으며, 아울러 이로 말미암아 청자(靑瓷)가 매우 발달하였다.

3) 조선 시대

억불 정책(抑佛政策)으로 인하여 음다(飮茶)의 풍속은 점차 쇠퇴하기 시작했다. 당시 비싼 상납과 관리들의 착취에서 벗어나기 위하여 차 재배 농민들은 스스로 차나무를 베어냈다고 한다. 반면 선비들에 의해 음다 풍속이 조금씩 유지되면서 백자와 분청자기가 발전하게 되었다.

그 후 음다 풍속이 퍼지면서 차를 밥먹듯이 했다 하여 '다반사'란 말이 나올 정도였고, 차와 곡식을 갈무리한다고 해서 '차곡차곡' 쌓아 넣는다는 등 전래 단어들이 이 시대의 차 보급상을 말해주고 있다.

조선 시대의 차에 대한 기록으로는 成俔의 '용재총화(慵齋叢話)', 李睟光의 '지봉류설(芝峯類說)', 이익의 '성호사설(星湖僿說)', 柳得恭의 '경도잡지(京都雜

志)' 등에서 볼 수 있다. 다산(茶山) 정약용은 차와 관련된 '다신계(茶信契)'를 조직하면서 차의 보급에 열의를 보였고, 초의 선사(草衣禪師)는 '동다송(東茶頌)'과 '다신전(茶神傳)'을 저술하면서 우리 차의 새로운 획을 그었다.

4) 일제 시대

전남 보성 지역에 대규모 차 생산지를 만들고, 이 곳에서 나는 차를 일본으로 가져갔다. 이 때의 다원(茶園)은 화계였으나, 고려 때보다는 성하지 못하였다. 이 시대의 대가인 의제 허백련이 맥을 잇고 있다고 볼 수 있다.

3. 차의 종류

차의 종류는 차를 따는 시기, 제다(製茶) 방법에 따라 색(色), 향(香), 미(味)도 다르고 부르는 이름도 달라진다.

1) 제조 방법에 따른 분류

(1) 덖음차 : 차 잎을 뜨거운 가마솥에 넣고, 비비는 과정을 3~5번 반복하여 수분을 제거하고 만드는 것으로 우리나라에서 많이 사용하는 차이다. 운상차(雲上茶)가 여기에 속한다.

(2) 찐차 : 차 잎을 시루에 쪄서 수분을 없애는 방법으로 만든 차로 일본에서 흔히 사용하고 있다.

(3) 반 발효차 : 차 잎을 완전히 띄우지 않고 만든 차로 중국에서 많이 제조하여 마신다. 오룡차, 보이차 같은 것이 여기에 속한다.

(4) 발효차 : 차 잎을 발효시켜서 만든 차로 서구에서 주로 제조하여 마신다. 홍차가 여기에 속한다.

(5) 말차 : 차 잎을 갈아서 분말로 만든 차이다.

2) 채다(採茶) 시기에 따른 분류

(1) 작설(雀舌, 雨前) : 곡우(穀雨 : 4월 20일) 이전에 어린잎을 따서 가공한 차로 차 싹이 참새의 혀 모양과 같다는데서 연유한다(최상품).

(2) 세작(細雀, 上雀) : 곡우, 또는 입하(立夏 : 5월 6일)경에 딴 차로 잎이 다 퍼지지 않은 창(槍/가지에서 처음 나온 움)과 기(旗/잎이 피기 시작한 것)만을 따서 만든 차이다. 봄차, 첫물차(상품).

(3) 중작(中雀) : 입하(立夏) 이후 잎이 좀 더 자란 후 창(槍)과 기(旗)가 퍼진 잎을 한두 장 함께 따서 만든 차이다. 두물차(중품).

(4) 하작(下雀) : 한여름 중작보다 더 굳은 잎을 딴 것으로 조차(粗茶)라고도 한다. 여름차, 세물차(하품).

(5) 가을차 : 8월 하순(處暑)에서 9월 상순(白露)에 따서 만든 차. 끝물차.

우리나라의 덖음차는 그 제다 과정이 다른 차들보다 어렵고 까다로울 뿐 아니라 마시는 방법도 다르다. 덖음차 이외의 차는 끓는 물에 바로 넣어 우려 마셔도 맛과 향이 남아 있다. 그러나 덖음차는 60도 정도로 식힌 물에 우려 마셔야 제 맛과 향이 난다.

4. 차의 정신

1) 중국의 차 정신은 중용(中庸)을 첫째로 해서 검덕(儉德), 정(精), 조(操), 그리고 결(潔), 즉 정행검덕(精行儉德)이라고 할 수 있고, 일본은 사람과 물건과 자연의 조화인 화(和)와 서로 공경하고 양보하는 마음인 경(敬)과 청아한 마음과 다구의 정갈함과 그를 다루는 단아함인 청(淸), 그리고 고요하고 차분한 마음인 적(寂), 즉 화경청적(和敬淸寂)을 들고 있다. 그러나 우리나라 다도 정신은 선다일여(仙茶一如), 다도중정(茶道中正)으로 표현하고 있다.

2) 조선시대 한재 이목(李穆 1471~1498)은 차의 오공(五功)을 논하고, 육덕(六德)을 칭송하였다. 목마름을 풀어주고 울분을 풀어주며, 화목하게 하고 배탈을 그치게 하며, 술을 깨게 하는 것은 차의 오공이요, 차는 오래 삶이요, 병을 고치게 함이요, 정신을 맑아지게 함이요, 마음이 편안해짐이요, 신령스럽게 함이요, 예를 갖추게 함으로 육덕이라고 했다.

3) 따라서 차는 정신적으로 몇 가지 유형화하여 표현할 수 있다.

① 각성(悟) : 자신을 깨우쳐 각성한다는 뜻.

② 무아(正) : 무아의 정신 상태에 이른 바른 마음을 뜻함.

③ 중정(和) : 마음의 온화함과 화평을 뜻함.

④ 고아(佳) : 만물의 숭고함과 아름다움을 뜻함.

⑤ 명선(寂) : 명상의 세계에서 참선하는 마음으로 고요를 뜻함.

4) 이와 같이 차 정신은 차 마시는 것을 통하여 수행하는 가운데 다도(茶道)를 생활의 정신적 목적으로 삼아 왔다고 볼 수 있다. 따라서 차의 정신은 자신을 무아지경(無我之境)에 이르게 하는 것이라고도 할 수 있다. 즉 수도성과 의례성, 예술성과 사교성을 들 수 있다.

(1) 수도성(修道性)

불교의 진리를 터득하는 선(禪)의 경지를 말한다. 선(禪)이란 오염되지 않은 우주의 진리와 오염된 인간의 마음이 하나가 되어 마음의 평온을 얻는 것을 말한다. 신라시대 화랑들이 수련을 하며 명산 대천을 두루 찾아다니면서 수행과 훈련을 한 것도 이 때문이다.

(2) 의례성(儀禮性)

관혼상제(冠婚喪祭) 때 예의를 갖추는 자리에 차를 올렸다. 우리 선인들은 관례(冠禮)를 할 때 어른이 관자(冠者)에게 차를 내렸으며, 혼례(婚禮) 시 폐백을 올릴 때 차를 올리고, 예를 마친 신부는 사당에 차를 올렸다. 상장례(喪葬禮) 시는 세종실록(世宗實錄)에 보면 신하가 사망하였을 때 왕이 많은 차를 하사했다는 기록이 있고, 의식과 영결(永訣)을 고할 때, 빈소(殯所)를 열 때, 그리고 상여가 나가기 전 등 5차례에 걸쳐 차를 올렸다고 한다. 그리고 제례(祭禮) 때 차를 쓰는 것은 귀신이나 하늘과 땅의 신령인 신명(神明)이 차로 감응한다고 믿었기 때문이다.

이와 같이 차를 사용한 때는 천지신명(天地神明)에 기원하거나 사람이 태어나거나 생일날, 또는 이름을 짓고 관례를 행하는 날, 혼례와 장례, 선조의 제사 등 모든 의례 때였다. 왕가에서도 완자 출생을 축하할 때, 왕세자 책봉식과 공주 혼례 때, 명산대천에서 태평성대를 기원하는 제사나 기우제(祈雨祭) 때, 그리고 팔관회, 연등회 등 국가적인 행사에는 으레 차가 올려졌다.

(3) 예술성(藝術性)

차를 마시며 삼매경(三昧境)에 몰입하는 풍류 정신(風流精神)이다. 그것은 경치 좋은 곳에서 차를 마시고, 다구(茶具)를 감상하며, 그 멋을 예찬하는 취미생활이며 여유있는 생활을 뜻한다.

(4) 사교성(社交性)

차를 들면서 가깝고 반가운 사람들과 많은 대화를 나누며, 사람과 사람의 관계를 원만하게 할 수 있다. 다산 정약용(천주교), 추사 김정희(유교), 그리고 초의 장의순(불교) 세 분은 차를 통하여 종교를 초월하여 오랜 친분을 나눈 우정의 대표로 손꼽힌다.

(5) 기타 이 외에도 차는 사람으로 하여금 예의롭게 하며, 사색의 공간을 넓혀주고 마음을 여유롭게 한다.

첫째로 차는 선(禪)이다. 차는 수련의 길이며, 진리를 체득하는데 필요한 선(禪)의 동반자이다. 그것은 선다일여(禪茶一如)의 정신 세계이다.

둘째로 차는 멋이다. 인간의 사고와 언행이 이상(理想)의 경지에 이르러 품위와 운치가 있고, 속되지 않으며 사려 깊은 멋이다.

셋째로 차는 선비의 굳은 뜻이나 부녀자의 정절과 예의 범절을 뜻한다. 그래서 선비의 집안에 차가 떨어지면 부끄럽게 여겼고, 임금께서 공을 세운 신하에게 차를 예물로 하사하였으며, 혼인 때에도 사당에 차례를 지냈고 설날 추석에도 차례를 지냈다.

5. 차의 성분

차의 화학 성분은 섬유소, 리그린, 단백질 지방, 불용성 팩틴, 전분 및 색소 등 불용성 성분이 52%이고, 포리페놀, 카페인, 유기아미노산, 무기질, 비타민, 유기산, 팩틴 및 사포닌 등 수용성 성분이 48%이다. 따라서 녹차의 성분은 다음과 같다.

① 탄닌(폴리케놀, 카테킨) : 차의 가장 중요한 성분의 하나로 차의 맛, 향기 및 색에 깊은 관계가 있으며, 여러 가지 생리 작용을 가지고 있다. 이 탄

닌은 광합성에 의해 형성되므로 일조량에 따라 함유량이 많아진다.

② Caffeine(카페인) : 차를 상징하는 중요 성분으로 상쾌한 쓴맛을 나타내고, 더운물에 거의 100% 솟아나오며 채엽 시기가 빠를수록 함량이 많고, 또 차광 재배하면 증가한다.

③ 아미노산 및 질소 화합물 : 차에는 25종의 아미노산이 있으며, 이 중 데아닌(단 감칠맛)이 60% 정도로 차 맛에 큰 영향을 미친다.

④ 비타민 류 : 여러 가지 비타민이 매우 풍부하게 함유되어 있다. 특히 비타민 C와 토코페롤, 비타민 A, B군이 다른 식물에 비해 월등히 높으며, 비타민 P의 작용을 하는 루틴도 있다.

⑤ 무기염류 : 칼륨, 인, 칼슘, 마그네슘, 철, 나트륨 등 여러 가지 미네랄 성분이 5~6% 정도 함유되어 있다. 또 불소가 수용성 형태로 40~200ppm 정도 들어 있다.

⑥ 색소 : 엽록소, 플라보놀, 데아플라빈 등의 카데친 산화물과 안토시안 등이다.

⑦ 탄수화물 : 단맛 성분으로 글루코스・아라비노스・리보스 등이 있으며, 카데친의 혈당 상승 억제 작용을 도와 당뇨병 예방에 효과가 있다.

⑧ 유기산 : 당류의 분해 생성물로 호흡 작용에 영향을 주고, 카데친 류와 항산화 상승 효과의 기능이 있다.

⑨ 향기 성분 : 차엽 중의 향기 성분은 녹차는 약 200종, 홍차의 경우에는 300종이 확인되고 있다.

⑩ 사포닌 : 차잎 중에 0.1% 정도 함유되어 있으며 가루를 마실 때 나는 거품의 주요 성분으로 약간의 쓴맛과 아린 맛을 낸다.

6. 차의 효능

1) 심신의 피로회복 효과

카페인의 각성, 강심, 이뇨 작용에 의해 대뇌중추신경을 알맞게 흥분시켜 육체적 정신적 피로를 덜어준다. 따라서 사고력과 판단력이 증진되고, 혈액 순환과 신장 기능을 높여 배뇨를 활발하게 하고 활동력을 증진시킨다.

2) 성인병 예방 효과

(1) 차에는 카데친, 비타민 C, 데아닌, 비타민 B_1, 루틴, 다당류 및 무기질 등이 함유되어 있어 고혈압, 동맥경화, 암, 당뇨 및 비만 등의 성인병에 유효하다.

(2) 루틴은 모세혈관의 저항성을 높이고, 혈관 벽의 위약성을 저지하는 작용이 있으며, 비타민 C는 모세혈관 벽의 조직을 강하게 하여 출혈을 막고, 혈중 콜레스테롤의 배출을 촉진하는 작용이 있다.

3) 방사능 방어 효과

원자폭탄이 투하된 히로시마에서 차 생산지로 이주하여 녹차를 많이 음용한 사람들은 생존율이 높았다는 조사 결과로 방사능 방어효과가 판명되었다.

4) 카테친은 살균, 방부, 항충치, 항바이러스 효과가 크며, 장내 세균의 생육을 억제하는 작용이 있다.

5) 해독 작용

카테친 성분은 중금속, 모르핀 등의 독성 물질과 쉽게 결합하여 침전물을 생성하고 해독 작용을 한다.

6) 변비 예방 효과

탄닌 성분은 긴장성을 높여 위 운동을 활발하게 하여 식욕을 촉진시키고, 위 점막을 보호하며, 장의 긴장성을 풀어주는 효과가 있어 신경성 변비에도 효과가 있다.

7) 숙취 제거 효과

카페인의 중추신경 흥분 및 이뇨 작용, 탄닌 성분에 의한 주독의 해독 작용, 비타민 C의 알코올 분해 효소 활성화에 의해 숙취에 효과적이다.

8) 충치 예방 효과

차에는 불소가 가용성 형태로 함유되어 있어 치아가 단단해지고, 산에 대한 저항력이 커져서 치아 부식이 예방된다.

9) 방취 및 탈취 효과

차의 탄닌 성분 및 엽록소는 강력한 방취 작용이 있어서 입안의 냄새 제거에 매우 효과적이고, 텁텁한 입안이 개운해진다.

10) 감기 예방 효과가 있고 가래를 멎게 한다.

11) 노화 방지 및 피부 미용 효과

녹차는 탄닌 성분인 카데친에 의해 과산화지질의 생성이 억제되어 노화가 방지된다.

우리 조상들은 녹차의 효능에 대하여 다음과 같이 말하고 있다.
첫째 잔은 후문윤(喉吻潤)이라 하여 목을 축여 주고,
둘째 잔은 파고민(破苦悶)이라 하여 가슴의 고민을 없애주며,
셋째 잔은 고장통(枯腸通)이라 하여 위장을 튼튼히 해 주고,
넷째 잔은 발경한(潑輕汗)이라 하여 몸에 땀을 나게 하고 감기도 예방하며,
다섯째 잔은 붕골청(朋骨淸)이라 하여 피부를 깨끗하게, 뼈를 튼튼히 하고,
여섯째 잔은 평생 불평사 무진개공산(平生不平事無盡皆孔山)이라 하여 세상에 모든 불평사를 없애주는 멋과 효능이 있다고 했다.

7. 다구(茶具)의 종류

① 물주전자 : 끓인 물을 담는 주전자이다. 동(구리)이나 은제품이 빨리 식지 않아 좋다. 보온 기능이 가능하고 편리한 전기 포트를 사용해도 좋다.
② 찻주전자(다관) : 잎 차와 더운물을 함께 넣어 차를 우려내는 다구이다. 도자기 제품이 좋으며 뚜껑이 제대로 맞아야 한다.

③ 차호(茶壺) : 차를 넣어 두는 작은 항아리이다. 뚜껑이 제대로 맞아야 한다. 차를 우릴 때 덜어서 쓰는 다구다.

④ 귀때 그릇(숙우) : 차의 제 맛을 내기 위해 물을 식히는 데 사용하는 그릇이다. 도자기 제품이 좋다.

⑤ 개수 그릇(퇴수기) : 차를 낼 때 예열을 위해 사용한 물을 담아두는 그릇이다.

⑥ 찻잔(찻종) : 차를 마시는 잔이다. 찻잔 모양이 종처럼 생긴 것은 찻종, 그렇지 않은 것은 찻잔이라 한다.

⑦ 찻잔 받침 : 차탁이라고도 하며, 소리가 나지 않는 나무 제품이 좋다.

⑧ 차 숟가락(차시) : 대나무나 나무로 조각된 숟가락으로 차호에 담긴 차를 찻주전자에 담을 때 쓴다.

⑨ 차 수건 : 다건이라고 하며 다구의 청결을 위해 쓴다.

⑩ 차상 : 다구들을 올려놓는 상이다.

⑪ 다반 : 손님에게 차를 나르는 받침이다.

⑫ 뚜껑받침 : 다관이나 차호의 뚜껑을 올려놓는 것.

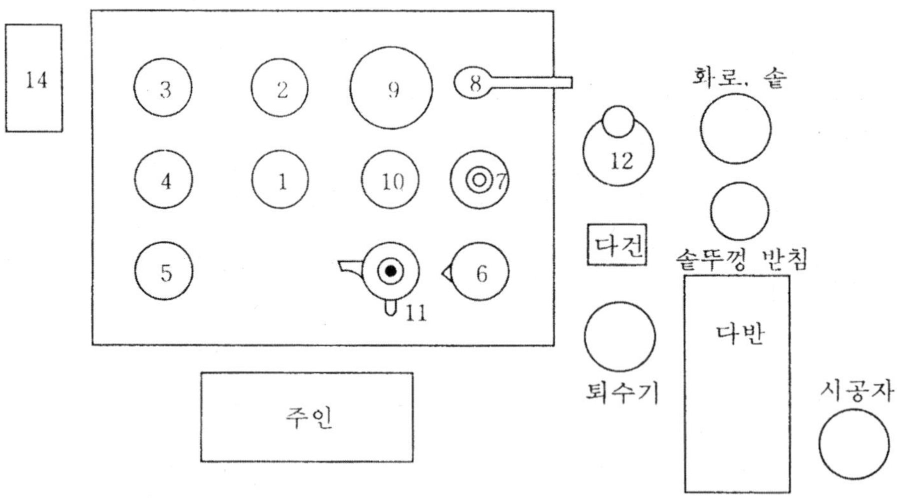

①~⑤ 찻잔(茶盞)	⑥ 숙우(熟盂)	⑦ 차호(茶壺)	⑧ 차숫가락(茶匙)
⑨ 차탁(茶卓)	⑩ 다관(茶罐) 뚜껑 받침		⑪ 다관(茶罐)
⑫ 표자(瓢子)	⑬ 차수건(茶巾)	⑭ 차상보(茶床褓)	

8. 차 끓이는 법(投茶法)

차의 맛을 가름하는 3가지 요소가 있다. 아름다운 색과 향이 조화를 이룬 훌륭한 차를 끓여 내려면 투다법(投茶法)이 무엇보다도 중요하다.

1) 상투법(上投法) : 차호에 탕을 먼저 넣고 차 잎을 넣는 방법이다. 입하(立夏)부터 입추(立秋) 사이, 즉 여름에 끓이는 방법이다.

2) 중투법(中投法) : 차호에 반쯤 탕을 붓고 차 잎을 넣은 다음 다시 탕을 붓는 방법이다. 입춘(立春)부터 입하(立夏)까지 혹은 입추(立秋)에서 입동(立冬)까지, 즉 봄과 가을에 하는 방법이다.

3) 하투법(下投法) : 먼저 차 잎을 넣고 탕을 부어 만드는 방법이다. 입동(立冬)에서 입춘(立春)까지, 즉 겨울에 하는 방법이다.

4) 중정법(中正法) : 진미(珍味), 진향(眞香), 진색(眞色)이 뛰어난 차를 끓이는 법이다.

① 차의 양과 물의 양을 알맞게 중정을 이루도록 한다. 차가 많으면 쓰고 떫으며 빛깔이 탁하고, 물이 많으면 싱겁고 향기가 온전하지 못하다.

② 차 우려내는 시간은 알맞게 중정을 이루도록 한다. 빠르면 싱겁고 향취가 부족하며, 늦으면 쓰고 떫으며 빛깔이 탁해진다.

③ 차를 따를 때 급주나 완주하지 말고 알맞게 중정을 이루도록 한다. 급주하면 차의 양이 고르지 않고 흘리게 되며, 완주하면 차가 고르지 않고 향취가 떨어진다.

중정법에는 팔에 그 책임이 있다. 마음이 조급하거나 착잡해도 안 되며 편안하고 자연스러운 자세로 임해야 된다.

9. 차를 맛있게 우리는 법

1) 물을 끓인다. 물을 끓이면서 다구가 제대로 준비되었는지 점검한다. 함께

차를 마실 사람 수를 생각하여 적당한 크기의 차주전자를 선택하고, 물은 100도로 끓이되 너무 오래 끓이지 않는다.

2) 끓인 물을 찻주전자에 붓는다. 예열을 하기 위해서 그리고 뜨거운 물을 식히기 위해서 귀때 그릇에 붓는다(숙우).

3) 찻주전자의 물을 찻잔에 옮겨 따른다. 역시 찻잔의 예열을 위해서다. 두 사람이면 두 개의 잔에, 세 사람이면 세 개의 잔에 나누어 따르면서 적당한 물의 양을 가늠한다.

4) 예열된 빈 찻주전자에 차를 넣는다. 차를 찻주전자에 넣기 전에 차의 품질을 손님에게 보여주며 설명한다. 차의 양은 사람 수에 따라 적당량을 넣는다. 차가 싱거운 것을 좋아하면 차의 양을 적게, 진한 것을 즐기면 좀더 많이 넣는다.

5) 귀때 그릇의 물이 알맞은 온도인 60~70도까지 식었으면 찻주전자에 붓는다. 이 때에도 적당한 양을 붓도록 한다. 세 사람이면 석 잔이 나올 만큼만 붓는다. 물을 많이 부어 석 잔을 따르고도 물이 찻주전자에 남아 있으면 다음에 우리는 차는 맛이 덜하다.

6) 찻주전자의 더운물을 부으면 차가 우러나기까지 잠깐 기다려야 한다. 빈 귀때 그릇으로 다시 뜨거운 물을 부어 두 번째 차를 우릴 준비를 한다.

7) 차가 우러나는 시간은 물의 온도에 따라 다르다. 중작(보통차)에 70도쯤의 물을 부으면 2분이면 충분하다. 60도 안팎이면 3분쯤, 50도 이하이면 5분쯤 우린다.

8) 차가 우러나기를 기다리는 사이에 다과를 나누며 이야기를 한다. 이야기는 언제나 할 수 있지만, 차를 내는 사람은 이 때가 되어야 비로소 진솔한 이야기를 함께 나눌 수 있다.

9) 차가 잘 우러났다고 생각되면 찻잔에 나누어 따른다. 차를 따르는 순간에도 차의 성분은 짙어질 수 있으므로 고른 색과 향과 맛을 즐기려면 찻잔에 따를 때 한 번에 차를 따르지 말고, 찻잔을 옮겨가며 조금씩 나누어 따른다. 이것은 차석에서는 누구나 평등하다는 뜻이기도 하다.

10) 찻잔을 받침 위에 얹어 손님 앞에 놓는다. 이 때 찻잔 받침은 같은 도자기류이면 아무리 조심해도 소리가 난다. 그래서 될 수 있으면 나무받침을 쓰는 것이 좋다.

11) 잔을 다 돌렸으면 귀때 그릇의 물을 다시 찻주전자에 붓고 두 번째 차를 우린다. 귀때 그릇에는 다시 뜨거운 물을 붓고 세 번째 차를 우릴 준비를 한다.
12) 차는 적어도 두세 번 정도 우려 마셔야 차를 마셨다는 기분을 느낄 수 있다.

10. 차를 마시는 좋은 자리와 때

1) 조용하고(시끄럽지 않고),
2) 소박하고(사치스럽지 않고),
3) 간소하고(복잡하지 않고) / 다실에 살림이 적어야 함.
4) 부담 없는 청담으로(잡념이나 망상 없는 한 생각으로),
5) 맑고 고요한 날에(비 오고 바람 불지 않는 날에),
6) 손님은 적은 것이 좋고(많은 손님보다),
7) 깨끗한 서재에서(지저분한 방보다),
8) 뜻이 높은 친구가 좋고(잘 우는 아이나 말 많은 여자보다),
9) 깨끗한 거실에서(냄새나는 부엌보다),
10) 불필요한 도구는 없을수록 좋고,
11) 시를 읊거나 책을 읽을 때가 좋고,
12) 그림을 감상하거나 거문고, 가야금을 연주할 때가 좋다.

11. 차 내는 법

1) 각자 자리에 앉는다(팽주 우측이 상객이며 차례로 앉는다).
2) 앉은 채로 인사한다.
3) 팽주가 상보를 걷는다.
4) 차탁을 두 손으로 내려 오른쪽 상 밑에 놓는다.
5) 숙우를 바로 놓고, 찻종도 바로 놓는다(1, 2, 3, 4, 5 순서로 한다).
6) 필요 없는 찻종을 차상 왼쪽 옆에 가지런히 내려 놓는다.
7) 예열할 물을 숙우에 따르고, 다관 뚜껑을 열어 다관에 숙우의 물을 따

른다.

8) 다관 뚜껑을 닫고 찻종에 예열할 물을 따른다(1, 2, 3, 4, 5의 순서로).
9) 숙우에 차 우릴 물을 따라 놓는다.
10) 손님 잔(1번)부터 가져다가 2~3번 돌려 퇴수기에 따르고, 잔을 제자리에 놓는다.
11) 다건을 놓고 다관 뚜껑을 연 후 차호를 가져다가 차호 뚜껑을 열어 제자리에 놓고, 차시를 가져온다.
12) 차호를 다관 가까이 대고 차를 넣는다.
13) 차시를 제자리에 놓고, 차호 뚜껑을 가져다가 덮어서 제자리에 놓는다.
14) 다건을 들고 숙우의 물을 다관에 따른다.
15) 다관 뚜껑을 닫고 차가 우러나는 동안 잠시 기다린다.
16) 다관을 2~3번 돌려 차를 고루 섞어 차가 잘 우러나게 한다.
17) 다관을 바르게 들고 잠시 멈추어 차 찌꺼기를 가라앉도록 한다.
18) 다관의 차를 팽주 잔부터 3번에 나누어 따른다.
19) 차탁을 왼손 위에 놓고, 그 위에 찻종을 올려서 든다.(팽주 잔 5번을 먼저 내려놓고 손님 1, 2, 3, 4 순으로 드린다).
20) 팽주가 한 모금 음미한 후 손님께 인사하며 권한다.
21) 팽주는 재탕 물을 숙우에 따라 놓는다.
22) 차는 3회 정도 나누어 마신다.

12. 차 마시는 법

1) 차는 세 번에 나누어 마신다.
2) 오른손으로 잔을 들고, 왼손으로 받친다.
3) 고개를 숙이지 말고, 잔을 입에 가져간다.
4) 빛깔을 본다.
5) 찻잔이 입 가까이 갔을 때 향기를 맡는다.
6) 차를 입에 한 모금 머금고 맛을 음미한다.
7) 차는 몸으로 마시는 것이 아니고 마음으로 마신다.
8) 아름다운 습관을 몸에 길들이고 자비스런 마음을 가진다.

제8장 부 록[각종 홀기(笏記)와 서식]

제1절 관계례 홀기(冠笄禮 笏記)

1. 戒賓(계빈)

主人深衣詣其門, 所戒者出見如常儀

- 主人은 심의를 입고 빈(賓)의 집으로 가시오.
- 主人은 大門 西쪽 기둥에서 東向하여 서서, "선생님 계십니까?" 하고 빈을 부르시오.
- 빈은 大門으로 나와서 東쪽 기둥에서 西向하여 서서 "누구십니까?" 하고 主人을 맞으시오.

戒者起言曰, 某有子某, 將加冠於其首, 願吾子敎之也.

- 主人은 말하시오.
"저는 아들 ○○이가 있는데, 장차 그 머리에 관을 씌우고자 합니다. 원컨데 선생님께서 가르침을 주십시오."

對曰 某不敏, 恐不能供事, 以病吾子敢辭

- 빈은 대답하시오.
"제가 불민하여 일을 제대로 받들지 못할까 염려되어 감히 사양합니다."

戒者曰, 願吾子之終敎之也,

- 主人은 다시 말하시오.
"선생님의 덕망은 익히 들어 아는 바이니, 사양 마시고 가르침을 주십시오."

對曰吾子, 重有命, 某敢不從,

- 빈은 대답하시오.
"그대가 거듭 명하시니, 제가 감히 따르지 않을 수 없겠습니다."

主人再拜, 賓答拜, 主人退, 賓拜送.

- 주인은 재배하고, 빈도 답배하시오.
- 주인은 물러가고, 빈은 배웅하시오.

2. 主人以下 序立(주인이하 서립)

主人以下盛服就位, 主人阼階下少東西向, 子弟親戚在其後, 重行西向北上.

- 주인 이하 모두 옷을 갖추어 입고 주인은 동쪽에서 서향하시고, 자제 친척들은 그 뒤에 두 줄로 서향하여 서시오.

擇子弟親戚習禮者爲儐, 立於外門外西向

- 자제 친척 중 한 사람은 대문 밖 동쪽 기둥에서 서향하여 서시오.

將冠者, 雙紒, 四䙆衫, 勒帛, 彩履, 在房 中南面.

- 장관자는 쌍상투를 하고, 사규삼을 입고, 행전 치고, 신을 신고, 방안에서 南向하여 서시오.

3. 賓至, 主人迎入升堂 (빈지 주인영입승당)

賓自擇其子弟親戚, 習禮者爲贊, 至門外, 俱盛服, 東面立.
贊者在右少退, 儐入告主人, 主人出門左 西向再拜, 賓答拜.

- 빈은 예복을 갖추어 입고, 大門 西쪽에서 東向하여 서시오.
- (빈)찬자는 빈이 도착되었음을 주인에게 고하시오.
  "큰손님이 오셨습니다. 맞으시지요."
- 주인은 대문 좌측으로 나와 서향하여 빈에게 (재배)읍례 하시오.
  빈도 (답배)읍례 하시오.

主人揖贊者, 贊者報揖, 主人遂揖而行. 賓贊從之入門, 分庭而行, 揖讓而至階, 又揖讓而升, 主人由阼階先升, 少東西向, 賓由西階繼升, 少西東向.

- 주인은 찬자(집사)에게도 읍을 하고, 찬자도 답하여 읍하시오.
- 주인이 읍하면서 인도하면, 빈과 찬자도 동서 두 줄로 나뉘어 들어간다.
- 계단에 이르면 또 읍하면서 주인은 동쪽 계단에서 빈보다 한 발 먼저 올라가 서향하고, 빈은 서계로 올라가 조금 서쪽에서 동향한다.

贊者盥帨, 由西階升, 立於房中西向, 將冠者之東, 賓筵于阼階上之東, 少北西向, 將冠者出房南面

- 찬자는 손을 씻고, 서쪽 계단으로 올라가서 방으로 들어가 장관자의 동쪽에서 서향하여 서시오.
- (빈)찬자는 동쪽 계단 위의 약간 서쪽에서 남향하여 자리를 펴시오.
- 장관자는 사규삼을 입고 방에서 나와 남향하여 서시오.

4. 始加禮(시가례 / 笄禮는 單加임)

賓揖將冠者立于席右向席, 贊者取櫛掠, 置于席左 興立於將冠者之左, 賓揖將冠者 卽席 西向跪, 贊者卽席, 如其向跪, 爲之櫛, 合紒, 包網巾訖, 贊者降.

- 빈은 장관자의 우측에서 읍을 하시오.
  찬자는 빗을 가지고 나와 장관자의 左측에 서시오.
- 빈이 장관자에게 읍을 하면, 장관자는 빈에게 상읍례를 하고 무릎 꿇어 앉으시오.
- 찬자도 꿇어앉아 빗질을 하고, 쌍상투를 합치고, 망건을 씌우고, 내려가시오.

賓乃降, 主人亦降賓盥畢, 主人揖升復位,

- 빈은 내려가서 손을 씻으시오. 主人도 따라가서 옆에 서시오.
  빈이 손을 다 씻으면 主人은 읍하고 오르기를 권하면서 같이 오르시오.

執事者, 以冠巾盤進, 東面授賓.

- 집사자는 치포관(緇布冠)과 복건을 소반에 받쳐 빈에게 주시오.

賓降一等, 受冠笄執之, 右手執項左手執前, 正容徐詣 將冠者前向之, 祝曰

- 빈은 한 계단 내려가서 관을 받아서 오른손으로 관의 뒤를 잡고, 왼손으로 관의 앞을 잡고, 始加 祝辭를 하시오.

吉月令日에 始加元服하노니 棄爾幼志하고, 順爾成德하면 壽考維祺하야, 以介景福하리라.

- “길한 달 좋은 날에 비로소 관을 씌우니, 너의 어린 뜻을 버리고 성인의 덕성을 이루어라. 그리하면 장수하면서 큰복을 받으리라.”

乃跪加之, 贊者以巾跪進, 賓受加之, 興復位, 冠者興揖 冠者適房, 釋四楑衫, 服深衣, 加大帶納履出房, 正容南向立良久

- 빈은 무릎을 꿇고 관을 씌우고, 찬자는 비녀를 꽂으시오. 또 집사가 복건을 주면 빈은 관 위에 씌우시오. 관자는 일어나 빈께 읍을 하고 방으로 들어가 사규삼을 벗고, 심의를 입고, 혁대를 띄고, 치포관을 쓰고, 방을 나와서 남향하여 서시오.

5. 再加禮(재가례 / 笄禮는 單加임)

賓揖冠者, 卽席跪, 執事者以帽子盤進, 賓降二等受之, 執以詣冠者前, 祝曰

- 빈이 관자에게 읍을 하면 관자도 상읍례를 하고, 즉시 무릎 꿇어 앉으시오.
- 빈은 내려가고 주인도 따라 내려가서 손을 다 씻으면 읍을 하고 올라오시오.
- 집사자가 모자를 소반에 담아 가져오면 빈은 두 계단 내려가서 받고, 관자 앞으로 가서 재가 축사를 하시오.

吉月令辰에 乃申爾服하노니 謹爾威儀하고 淑愼爾德하면 眉壽永年하야 享受遐福하리라.

- "좋은 달 좋은 날에 거듭 네 관과 옷을 입히니, 너의 몸가짐을 삼가고 너의 덕을 맑게 하여 오랜 수명을 누리고 큰 복을 누리게 하라."

贊者徹巾冠, 執事者受冠巾入房, 乃跪加之, 贊者結纓 興復位, 冠者亦興,

- 찬자는 치포관을 벗겨 방으로 가고, 빈은 모자를 씌우고 찬자는 끈을 묶으시오.
- 빈은 일어나 제자리에 돌아가시고, 관자도 일어나 빈에게 읍을 하시오.

揖冠者適房 釋深衣 服皁衫 革帶繫鞋出房立

- 관자는 방에 들어가 심의를 벗고, 조삼을 입고, 혁대를 띄고, 모자를 쓰고, 가죽신을 신고 방에서 나오시오.

6. 三加禮(삼가례)

禮如再加, 執事者 以幞頭盤進, 賓降 沒階受之, 祝曰.

- 빈은 손을 씻고 올라와 관자에게 읍을 하시고, 관자도 빈에게 상읍례를 하고 즉시 무릎 꿇어 앉으시오. 집사자는 복두를 소반에 담아 빈에게 주시오.
- 빈은 삼가 축사를 하시오.

以歲之正과 以月之令에 咸加爾服하노니 兄弟具在하야, 以成厥德하면, 黃耉無疆하야, 受天之慶하리라.

- "좋은 해 좋은 달에 너의 형제가 같이 있는데서 옷을 모두 입혔으니, 그 덕을 이루고 검버섯이 필 때까지 오래오래 살아서 하늘의 경사를 받으라."

贊者徹帽, 執事者受帽, 徹櫛入于房, 賓乃跪加幞頭 贊者結纓, 興復位冠者亦興, 揖冠者適房釋皁衫, 服襴衫加帶, 納靴 出房立.

- 찬자는 모자를 거두고 집사자에게 주어 방으로 보내시오. 빈은 무릎 꿇고 복두를 씌우고, 찬자는 끈을 묶으시오.
- 빈은 일어나시오. 관자도 일어나 빈에게 읍을 하고 방으로 들어가 조삼을 벗고, 난삼을 입고, 혁대를 하고, 신을 신고 방에서 나오시오.

7. 乃醮(내초－초례)

儐改席于堂中間, 少西南向, 贊者酌酒于房中, 出房立冠者之左.

- (빈)집사는 당 중에서 조금 서쪽으로 옮겨 南向하여 자리를 펴고 돌아가시오.
- 찬자는 방에서 술잔을 닦고 술을 따르고 방에서 나와 관자의 왼쪽에 서시오.

賓揖冠者 就席右南向乃取酒, 贊者西向 授賓, 就席前, 北向祝曰.

- 빈은 관자에게 읍을 하고 관자도 읍례하시오.
- 관자는 우측 자리로 나가 남향하시오. 빈은 찬자로부터 술잔을 받아서 관자 앞으로 나아가 북향하여 초례 축사를 하시오.

旨酒旣淸하며 嘉薦令芳하니 拜受祭之하야, 以定爾祥하노니, 承天之休하야 壽考不忘하라.

- 좋은 술이 맑고 좋은 안주가 향기로우니 절하고 받아서 고수례하여 너의 복을 받고 하늘의 기쁨을 받으며 오래오래 살면서 잊지 말아라.

冠者再拜, 升席 南向受盞, 賓復位, 東向答拜, 冠者進席前跪, 左手執盞 右手執 脯醢楪, 置于席前 空地, 祭酒.

- 관자는 빈에게 재배하고 南向하여 잔을 받아 술을 들으시오. 빈은 동향하여 답배하시오.
- 찬자는 술상을 들고 방에서 나오시오.
- 관자는 무릎 꿇고 왼손으로 잔을 잡고, 오른손으로 포 접시를 잡아당겨 놓고, 모사기에 좨주하시오.

興就席末跪, 啐酒, 興降席, 授贊者盞, 南向再拜, 賓東向答拜, 冠者遂拜贊者, 贊者東向答拜.

- 관자는 끝자리로 나가 무릎 꿇고 돌아앉아 술을 마시고, 찬자에게 잔을 주시오. 남향하여 두 번 절하시오.
- 빈은 동향하여 답배하시오(再拜).
- 관자는 찬자에게도 절하시오. 찬자는 동향하여 답배하시오(再拜).

8. **賓字冠者**(빈자관자, 명자례 / 笄者 命堂號)

賓降階東向, 主人降階西向, 冠者降自西階 少東南向, 賓字之曰.
冠者對曰, 某雖不敏, 敢不夙夜, 祇奉冠者拜, 賓不答

- 빈은 계단으로 내려가 東向하여 서시오. 주인도 내려가서 서향하시오.
- 冠者는 서계로 내려가 南向하시오. 빈은 東向하여 명자 축사를 하시오.

禮儀旣備하야 令月吉日에 昭告爾字하노니 爰字孔嘉라 髦士攸宜니, 宜之于蝦하야 永受保之하라.

- "예의가 이미 다 갖추어졌으니 성인이 되었다. 좋은 달 길한 날에 너에게 자를 밝혀준다. 너의 자는 ○○○이니라. ○○란 뜻이 있느니라. 字는 매우 아름답고 소중하게 지닐 것이며, 마땅히 복을 받아 길이 보존하여라(연이어 계자 당호례 실시).
- 관자는 대답하시오. "제가 비록 불민하오나, 감히 밤낮으로 공경하여 받들겠습니다." (笄者 동시 대답)

• 관자는 두 번 절하고, 빈은 답배하지 않는다.

出就次 **• 主人冠者見于祠堂**

9. **冠者見于尊長**(관자현우존장)

父母堂中南面坐, 諸叔父兄在東序, 諸叔父南向, 諸兄西向. 諸婦女在西序, 諸叔母姑南向. 諸姊嫂東向坐

• 父母는 당 중에서 남향하여 앉고, 제 숙부는 남향하고, 제형들은 서향하여 앉으시오. 숙모, 고모는 남향하고, 형수나 누님은 동향하여 앉으시오.

冠者, 笄者, 北向拜父母, 父母爲之起, 同居有尊長則, 父母以冠者, 詣其室拜之, 尊長爲之起, 還就東西序, 每列再拜, 應答拜者答.

• 관자와 계자가 부모에게 북향하여 재배하면 부모는 자식을 위하여 두 번째 절을 할 때에 자리에서 일어서 주시오.
• 동거하는 존장이 계시면 부모는 관자를 인도하여 어른이 계신 방으로 찾아가서 절한다. 존장 어른도 관자를 위하여 절할 때에 일어서 준다. 다시 돌아와 동서의 서열대로 절하고 답배할 자는 서로 맞절한다.

10. 準備物(준비물)

1) 始加 : 四楑衫, 복건, 深衣 大帶, 黑履, 緇布冠 代用道布 갓
2) 再加 : 皀衫, 繫鞋, 紗帽, 木靴 代用官服
3) 三加 : 襴衫, 幞頭, 儒巾, 道袍, 行纏,
4) 笄禮 : 背子(唐衣, 蒙頭衣) 花冠, 衫子, 龍鬟
5) 망건, 상투, 여자다루, 정자관, 갓, 복건, 쟁반 2개, 빗 남녀 큰 것, 세수대야, 수건 각 2개, 탁자 2개, 잔반 2조, 퇴주기 2개, 포, 안주, 주전자 2개, 병풍, 돗자리, 방석 4개, 축사첩, 명자첩, 홀기, 마이크 3개, 성년 선서, 성년선언문, 테이프, 붓, 카메라, 교안.

제 2 절 전통혼인례 첨화 홀기(傳統婚姻禮添花 笏記)

〈家禮(朱子), 四禮便覽 卷二昏, 成均館生活禮節〉

1. 親迎禮(친영례) / 女家設次于外(여가설차우외)

신부 집 대문 서쪽에 신랑이 묵을 장막을 치고 친영 의식을 거행한다.

2. **行醮子禮**(행초자례 / 遂醮其子而 命之迎)

자식에게 초례를 하고 아내를 맞아오기를 명하는 의식

先以卓設 酒注盞盤於堂上(선이탁설 주주잔반어당상)

- 먼저 당위에 상을 설치하고, 술 주전자와 잔반을 놓으시오.

主人盛服, 坐於堂之東序西向(주인성복 좌어당지동서서향)

- 주인은 옷을 갖추어 입고, 당의 동쪽에서 서향하여 앉으시오.

設壻席於其西北南向(설서석어 기서북남향)

- 신랑의 자리는 서북쪽에서 남향하여 설치하시오.

贊者取盞斟酒, 執之詣壻席前(찬자취잔짐주, 집지예서석전)

- 찬자는 잔에 술을 따라 신랑의 앞으로 가시오.

壻再拜, 升席南向, 受盞跪祭酒(서재배, 승석남향, 수잔궤좨주)

- 신랑은 두 번 절하고, 자리로 올라가 남향하여 잔을 받아서 무릎 꿇고 술을 좨주하시오.

興就席末, 跪啐酒(흥취석말, 궤쵀주)

- 일어나 자리 끝으로 가서 무릎을 꿇고, 술을 마시시오.

興降席西, 授贊者盞又再拜(흥강석서, 수찬자잔우재배)

- 일어나 자리 서쪽으로 내려가 찬자에게 잔을 주고, 또 두 번 절하시오.

進詣父坐前 東向跪 (진예부좌전 동향궤)

- 아버지 앞에 나아가 동향하여 무릎 꿇고 앉으시오.

父命之曰 往迎爾相, 承我宗事, 勉帥以敬若則有常
(부명지왈, 왕영이상, 승아종사, 면솔이경약즉유상)

- 아버지가 명하시오. "가서 너의 아내를 맞이하여 우리 집 종사를 잇고, 공경하며 통솔하되 강상이 있도록 하여라."
종손이 아니면 私室에서 초례를 하고, 宗事라는 말을 家事로 바꾼다.

壻曰諾, 惟恐不堪, 不敢忘命, 俛伏興再拜出
(서왈낙, 유공불감, 불감망명, 면복흥재배출)

- "예, 알겠습니다. 오직 감당하지 못할까 두렵습니다. 감히 명을 잊을 수 없습니다." 라고 대답하고, 엎드렸다가 일어나 두 번 절하고 나오시오.
만약 종손 자신이 혼인하면 이 禮를 생략한다.

3. 壻出乘馬(서출승마 / 40분간 行事)

以燭前導(이촉전도)

- 촛불로 앞에서 신랑을 인도하고, 기럭아비도 기러기를 안고 가시오.

至女家竢于次(지여가사우차)

- 여자의 집에 도착하였으면 다음 의식을 기다리시오.

壻下馬于大門外, 入竢于次(서하마우대문외, 입사우차)

- 신랑은 말에서 내려 대문 밖에서 다음 차례를 기다리시오.

女家主人告于祠堂(여가주인고우사당)

- 신부집 주인은 사당에 고하시오.

4. **行醮女禮**(행초녀례)

遂醮其女而命之(수초기녀이명지)

- 딸에게 초녀례 할 것임을 명한다.

女盛飾 姆相之 立於室外 南向(여성식 모상지 입어실외 남향)

- 신부는 복식을 갖추고, 보모의 도움을 받으며 방 밖에 나와 남향하여 서시오.

父坐東序西向 母坐西序東向(부좌동서서향 모좌서서동향)

- 아버지는 동쪽에서 서향하고, 어머니는 서쪽에서 동향하여 앉으시오.

設女席於母之東北南向(설여석어모지동북남향)

- 신부의 자리는 어머니의 동북쪽에서 남향하여 차려 놓으시오.
- 신부는 보모의 인도로 서계로 올라와 어머니의 동북쪽에서 남향하여 선다.
- 집사는 잔에 술을 부어 신부에게 주면, 신부는 4배하고 꿇어앉아 쇄주하고, 일어나 끝자리로 가서 꿇어앉아 술을 마시시오.
- 신부는 일어나 잔반을 찬자에게 주고 4번 절하시오.
- 보모는 신부를 인도하여 어머니의 좌측에 앉히시오.

父起命之曰, 敬之戒之, 夙夜無違舅姑之命
(부기명지왈 경지계지, 숙야무위구고지명)

- 아버지는 일어나 명하시오. "공경하고 경계하여 밤낮으로 시부모의 명령을 어기지 말라."

母送至西階上爲之整冠 斂帔 命之曰(모송지서계상위지정관 렴피 명지왈)

- 어머니는 서쪽 층계로 내려오며 관과 배자를 정돈하면서 명령하시오.

勉之敬之 夙夜無違 爾閨門之禮(면지경지 숙야무위 이규문지례)

- "힘쓰고 공경하여 밤낮으로 너의 규문의 예절을 어기지 말라."

諸母姑 嫂姊送之于中門之內爲之 整裙衫 申以父母之命曰
(제모고 수자송지우 중문지내위지 정군삼 신이부모지명왈)

- 여러 고모와 자매들은 중문 안에서 전송하면서 군삼을 매만지며 부모님의 명하심을 거듭 주의시키면서 명하시오.

謹聽 爾父母之言 夙夜無愆(근청 이부모지언 숙야무건)

- "너의 부모님의 말씀을 삼가며 들어서 밤낮으로 허물 됨이 없게 하라."

5. 行奠鴈禮(행전안례)

主人出迎 壻入奠鴈 (주인출영 서입전안)

- <添花> 청사초롱이 인도하며 기럭아비가 앞서 걸어오고, 사선(紗扇)을 들고 들어오는 신랑을 맞아들여 전안례를 올리겠습니다

- 신랑 입장
- <添花> 기러기 상을 내놓으시오

主人迎壻于門外, 壻出次東面 主人西面
(주인영서우문외 서출차동면 주인서면)

- 주인은 문밖에서 신랑을 맞이하시오.
  신랑은 서쪽에서 동향하고, 주인은 동쪽에서 서향하시오.

揖讓以入 捧鴈者進鴈 壻執鴈左首(읍양이입 봉안자진안 서집안좌수)

- 서로 읍하면서 주인이 먼저 들어가시오.
  신랑은 기러기의 머리를 좌로 하여 잡고 따라 들어가시오.

以從至于廳事 主人升自阼階立西向 壻升自西階, 北向跪 置鴈於地
(이종지우청사 주인승자조계입서향 서승자서계, 북향궤 치안어지)

- 청사에 도착하여서 주인은 동쪽 층계로 올라 서향하여 서고, 신랑은 서계로 올라와 북향하여 무릎꿇고 앉아서 기러기를 상 위에 놓으시오.

主人侍者受之, 壻俛伏興再拜, 主人不答拜
(주인시자수지, 서면복흥재배, 주인부답배)

- 신랑이 두 번 절하면 시자는 기러기를 받아 가지고 들어가시오.
  주인은 답배하지 마시오.

6. 姆奉女出 登車(모봉여출 등거)

보모가 신부를 데리고 나와 수레에 오르는 의식임

姆奉女 有帕蒙頭 出中門 壻揖之. 降自西階 主人不降, 壻遂出 女從之
(모봉녀 유파몽두 출중문 서읍지 강자서계 주인불강, 서수출 여종지)

- 보모가 머리수건을 씌워서 신부를 인도하여 중문으로 나오면 신랑은 읍하시오.
- 신랑은 서쪽 계단으로 내려오시오. 주인은 내려오지 않는다.
- 신부도 따라오시오.

壻擧轎簾以竢(서거교렴이사)

- 신랑은 가마의 발을 쳐들고 기다리시오.

姆辭曰 未敎不足 與爲禮也(모사왈 미교부족 여위례야)

- 보모는 사양하여 말하시오. "가르침이 없어서 무례함이 많습니다."

女乃登車 下簾(여내등거 하렴)

- 신부가 수레에 오르면 발을 내린다.

壻乘馬 先婦車(서승마 선부거)

- 신랑은 말을 타고 신부의 수레 앞에서 간다.

婦車亦 以燭前導 (부거역 이촉전도)

- 신부의 수레도 촛불로써 앞에서 인도한다.

7. 至家導婦以入(지가도부이입)
신부가 집에 도착하면 인도하여 맞아드리는 의식.

壻至家 大門外下馬(서지가 대문외하마)

- 신랑은 집에 이르러 대문 밖에서 말에서 내리시오.

立于聽事 竢婦下車 廳前揖之 導以入. 寢門揖入, 升自西階, 婦從之, 適其室
(입우청사 사부하거 청전읍지 도이입. 침문읍입, 승자서계, 부종지, 적기실)

- 신랑은 대청에 서서 신부가 수레에서 내리기를 기다렸다가 읍을 하고 인도하여 맞아 드리시오. 침실 문 앞에서 읍하고 서쪽 계단으로 오르면 신부는 따라와서 방으로 들어가시오.

<添花> 청사초롱 신랑 신부 입장
兩家父母 立場, 點燭, 相見禮, 賀客人事

8. **壻婦 交拜**(서부 교배)
신랑과 신부가 절을 교환하는 의식.

婦從者 布壻席於東方, 壻從者布婦席於西方, 皆於室中 卓之南
(부종자 포서석어동방, 서종자포서석어서방, 개어실중 탁지남)

- 신부의 집사는 동쪽에 신랑의 자리를 펴고, 신랑의 집사는 서쪽에 신부의 자리를 펴시오.

壻盥于南 婦從者沃之進帨, 婦盥于北 壻從者沃之進帨
(서관우남 부종자옥지진세, 부관우북 서종자옥지진세)

- 신부의 집사는 신랑의 손을 닦아주고, 신랑의 집사는 신부의 손을 닦아주시오.

- 〈添加〉 신랑 신부의 집사는 제자리로 돌아가시오.

壻爲婦擧蒙頭 揖婦就席(서위부거몽두 읍부취석)

- 신랑은 신부의 머리가리개를 걷어 주고, 신부에게 읍을 하고, 자리에 오르시오.

婦先(二)再拜, (夫)壻答一拜, 婦又(二)再拜, (夫)壻又答一拜
(부선이배, 부답일배, 부우이배, 부우답일배)

- 신부는 먼저 두 번 절하시오. 신랑은 답배로 한 번 절하시오.
- 신부는 또 두 번 절하시오. 신랑은 또 답배로 한 번 절하시오.

就坐 飮食畢 壻出(취좌 음식필 서출)

- 신랑 신부가 자리에 앉아 음식을 먹고 끝나면, 신랑이 나가는 의식 (식탁을 설치한다).

壻揖婦就坐 壻東婦西(서읍부취좌 서동부서)

- 신랑은 신부에게 읍을 하고 신부는 답례하고 신랑은 동쪽, 신부는 서쪽에 앉으시오.

從者斟酒設饌 壻揖婦祭酒 各傾酒少許 擧飮擧殽 各以少許 置豆間空處 食畢
(종자짐주설찬 서읍부제주 각경주소허 거음거효 각이소허 치두간공처 식필)

- 양 집사는 술을 따르고 음식을 차리시오. 신랑은 신부에게 읍을 하시오.

* 〈이하 성균관 의식으로 대행〉

9. 〈添花〉 **誓天地禮**(서천지례)

- 각 좌집사는 잔반을 신랑 신부에게 주고, 각 우집사는 술을 따르시오.
- 신랑과 신부는 잔반을 높이 들어올려 하늘에 서약하고, 다시 잔반을 아래로 내려 쾌주하여 땅에 서약하시오.
- 신랑 신부는 잔반을 집사에게 주고, 안주를 집어 빈 접시에 놓으시오.

10. **誓配偶禮**(서배우례 / 배우자에게 서약하는 의식)

- 각 우집사는 일어나시오.
- 신랑의 우집사는 청실을 왼 손목에 한 번, 신부의 우집사는 홍실을 오른 손목에 두 번 감아 걸치시오.
- 돌아가 각각 술을 따르시오.
- 각 좌집사는 잔반을 신랑 신부에게 주시오.
- 신랑과 신부는 잔반을 들어올려 배우자에게 서약하고, 술을 반쯤 마시고, 우집사에게 주시오.
- 각 우집사는 잔반을 받고 일어나 상대편 좌집사의 왼쪽에 서서 잔반을 주시오.
- 각 좌집사는 잔반을 받아 신랑 신부에게 주시오.
- 신랑과 신부는 잔반을 받들어 올려 배우자의 서약을 받아들이고, 남은 술을 모두 마시시오.
- 각 좌집사는 잔반을 받아 상대편 우집사에게 주고, 각 우집사는 돌아가 잔반을 놓으시오.

  又斟酒, 壻揖婦擧飮不祭, 無殽(우짐주, 서읍부거음부제, 무효)

- 양 집사는 또 술을 따르고, 신랑은 신부에게 읍을 하고 술을 마시시오.

  (不祭無殽) <以上成均館 發行 生活禮節 婚禮, 誓天地禮, 誓配偶禮로 適用>

11. 合巹禮(합근례)

1) 壻婦各執一片以酳 故云合巹而酳 所以 合禮同尊卑 以親之也

<禮記 昏義 & 家禮 卷三 昏就坐飮食>

2) 合體同尊卑 : 合巹有合體之義.

又取巹, 分置 壻婦之前(우취근, 분치 서부지전)

- 각 우집사는 표주박 잔을 주례로부터 받아 가시오.
- 돌아가 신랑 신부의 잔을 내리고 잔대 위에 놓으시오.

斟酒 壻揖婦 擧飮 不祭 無殽(짐주 서읍부 거음 부제 무효)

- 각 좌집사는 잔반을 신랑 신부에게 주시오.
- 각 우집사는 술을 따르시오. 신랑은 신부에게 읍을 하고, 좨주하지 않고 신랑 신부는 술을 마시시오.
- <添花> 각 우집사는 표주박 잔을 주례에게 주시오.
- 또 앞으로 나아가서 청·홍실을 합하여 송죽 분에 걸치시오.

12. 禮畢 祝辭(예필 축사)

壻出就佗室, 姆與婦留室, 徹饌(서출취타실, 모흥부유실 철찬)

- 신랑은 다른 방으로 나가고, 보모와 신부는 방안에 남아 있으시오.
  철찬하시오.

置室外設席, 褥衾枕只設于興, 北趾, 壻席在東, 婦席在西, 壻從者布婦席, 婦從者布壻席(치실외설석 욕금침지설우흥, 북지, 서석재동, 부석재서, 서종자포부석, 부종자포서석)

- 양 집사는 술상을 밖으로 내가고 잠자리를 편다. 요와 이불 베개를 발이 북으로 가도록 편다. 신랑의 자리는 동쪽에 신부의 집사가 펴고, 신부의 자리는 서쪽에 신랑의 집사가 펴시오.

壻從者餕 婦之餘, 婦從者餕 壻之餘(서종자준 부지여, 부종자준 서지여)

- 신랑의 집사는 신부가 먹고 남긴 음식을 먹고, 신부의 집사는 신랑이 남긴 음식을 먹으시오.

13. 復入脫服燭出(부입탈복 촉출 / 신랑이 다시 들어와 하는 合宮禮 의식)

壻脫服, 婦從者受之, 婦脫服, 壻從者受之, 燭出淩, 女從者侍于戶外
(서탈복, 부종자수지, 부탈복, 서종자수지, 촉출릉, 여종자시우호외)

• 신랑이 옷을 벗으면 신부의 집사가 받고, 신부가 옷을 벗으면 신랑의 집사가 받는다. 촛불을 내놓으면 여자 종이 문밖에서 받들고 있다.

14. 主人禮賓(주인예빈 / 주인이 손님을 대접한다)

• 남자 손님은 대청에서, 여자 손님은 내당에서, 또한 종자(집사)들도 모두 대접하고 정중하게 전송하면서 폐백을 싸 주어 보낸다.

15. 明日夙興, **婦見于舅姑**(명일숙흥, 부현우구고)
다음날 일찍 일어나 시부모를 알현함.

婦夙興盛服, 宵衣竢見, 舅姑坐於堂上東西相向, 舅東姑西, 各置卓於前
(부숙흥 성복, 소의사현, 구고좌어당상동서상향, 구동고서, 각치탁어전)

• 신부는 일찍 일어나 소의를 입고 기다리시오. 시아버지는 당상 동쪽에서 서향하여 앉으시고, 시어머니는 당상 서쪽에서 서향하여 앉으시오. 각각 그 앞에 탁자를 놓으시오.

家人男女少於舅姑者, 立於兩序如冠禮之序
(가인남녀소어구고자, 입어양서여관례지서)

• 집안 남녀는 시부모보다 낮은 자는 관례 때와 같이 양쪽에서 줄지어 서시오.

姆引婦, 侍女以盤盛贄幣從之(모인부, 시녀이반성지폐종지)

• 보모는 신부를 인도하고, 시녀는 폐백(棗栗)을 들고 따르시오.

婦進立於阼階下, 北面拜舅(부진입어조계하, 북면배구)

• 신부는 동쪽 계단 아래에 나아가서 북향하여 시아버지께 절하시오.

盥洗受贄幣升自西階奠贄棗栗, 幣于卓上
(관세수지폐승자서계전지조율, 폐우탁상)

- 손을 씻고 시녀로부터 폐백을 받아들고 서쪽계단으로 올라가 밤 대추 폐백을 탁상 위에 올리시오.

舅撫之, 侍者以入婦降, 又拜畢(구무지, 시자이입부강, 우배필)

- 시아버지는 폐백을 어루만지시오. 시녀는 들어와 신부를 인도하여 내려가시오.
- 신부는 또 재배하시오.

詣西階下, 北面拜姑, 升奠贊腶脩幣(예서계하, 북면배고, 승전지단수폐)

- 신부는 서쪽 계단으로 가서 북향하여 시어머니께 절하고, 올라가서 폐백(腶脩)를 올리시오.

姑擧以授侍者, 婦降又拜(고거이수시자, 부강우배)

- 시어머니는 폐백을 거두어 시녀에게 주시오. 신부는 내려가서 또 절하시오. (종손의 아들이 아니면서 종가에서, 동거즉 시부모의 사실에서 행함.)

16. **舅姑禮之**(구고예지 / 시부모가 신부에게 예를 편다. 媤父母醮女之儀)

- 신부는 옷을 갖추어 입고, 보모가 인도하여 실외에서 남향하여 서시오.
- 시아버지는 조계로 올라와 당의 동쪽에서 서향하여 앉고, 시어머니는 당의 서쪽에서 동향하여 앉으면, 신부는 보모의 인도로 서계로 올라와 시어머니의 동북쪽에서 남향하여 서시오.
- 집사는 잔에 술을 부어 신부에게 주면, 신부는 사배하고 꿇어앉아 제주하고 일어나 끝자리로 가서 꿇어앉아 술을 마시시오.
- 신부는 일어나 잔반을 집사에게 주고 4번 절하시오. 보모는 신부를 인도하여 시어머니의 좌측에 앉히시오.
- 시아버지와 시어머니는 교훈을 내리시고, 신부는 서약하며 대답하고 일어나 4번 절하시오.

17. 婦見于諸尊長(부현우제존장)

夫之祖父母則, 舅姑以婦, 見於其室, 如見舅姑之禮, 還拜諸尊長于兩序, 如冠禮, 無贄.

- 현구고례(見舅姑禮)와 같이 하며, 양쪽 존장에게 돌려가면서 인사하는데, 폐백이 없이 관례 때와 같이 한다.

18. 若冢婦則 饋于舅姑(약총부즉 궤우구고 / 장자부〈長子婦〉 때만 한다)

是日食時, 婦家具盛饌酒壺, 婦從者設蔬果卓于堂上, 設盥盆于阼階下東南, 帨架在東,

- 이날 식사할 때에 며느리 집에서는 잘 차린 음식과 술병을 준비한다. 시녀들은 당상의 시부모 앞의 탁자에 과일과 채소를 차린다. 동쪽 계단의 동남쪽에 대야와 물그릇을 놓고, 동쪽에는 수건과 수건거리를 놓는다.

舅姑就坐, 姆引婦, 婦盥升自西階, 洗盞斟酒置舅姑卓上, 降俟舅飮畢拜, 復升階 洗盞斟酒, 遂獻姑 姑飮畢, 又降拜,

- 시부모가 자리에 앉으면 손을 씻고, 서쪽 계단으로 올라가서 잔을 씻고, 술을 따라서 시부모의 탁자 위에 놓는다. 다시 내려와서 시아버지가 다 마시기를 기다려서 절을 한다. 다시 서계로 올라가서 잔을 씻고, 술을 따라서 시어머니에게 드리고, 시어머니가 다 마시면 또 내려가서 절한다.

從者以盤盛湯盛飯至 遂執饌, 婦執饌也, 升薦于 舅姑之前 侍立姑後, 以俟卒食, 徹飯, 侍者徹饌.

- 시녀가 밥과 반찬을 가지고· 오면 반찬을 챙겨 가지고 올라가서 시부모 전에 올린다. 시어머니의 뒤에 서서 다 먹기를 기다렸다가 밥을 치우고, 시녀는 철찬을 한다.

分置別室 婦就餕 姑之餘 婦從者餕 舅之餘 壻從者 又餕婦之餘.

- 별실에 나누어 치워놓은 시어머니 상의 남은 음식은 신부의 시녀가 먹고, 시아버지가 남긴 상은 신랑의 시녀가 먹고, 또 신부가 남긴 것도 먹는다.

19. **舅姑饗之**(구고향지)

시부모가 신부를 대접하며 주객이 바뀌는 의식

如舅姑禮婦之儀(구고예지와 같게 함)

- 신부는 옷을 갖추어 입고, 보모가 인도하여 실외에서 남향하여 서시오.
- 시아버지는 조계로 올라와 당의 동쪽에서 서향하여 앉고, 시어머니는 당의 서쪽에서 동향하여 앉으면, 신부는 보모의 인도로 서계로 올라와서 시어머니의 동북쪽에서 남향하여 서시오.
- 집사는 잔에 술을 부어 신부에게 주면, 신부는 사배하고 꿇어앉아 제주하고 일어나 끝자리로 가서 꿇어앉아 술을 마시시오.
- 신부는 일어나 잔반을 찬자에게 주고 4번 절하시오.

舅姑先降 自西階, 婦降自阼階, 以著代也<禮記 昏儀>

- 禮畢 후에 시부모가 西階(손님의 길)로 먼저 내려가고, 新婦는 阼階(동계이며 주인의 길)로 뒤이어 내려오는데 이는 子息에게 代를 이어 줌을 뜻한다.

20. **以婦見于祠堂**(이부현우사당)

- 3일 후에 관례 때와 같은 의식으로 한다. 만약 부모가 모두 타계했으면 채식만 올린다.
- 축관이 손을 씻고 신부도 문 밖에서 손을 씻는다. 신부는 채식 상자를 들고 축관은 신부를 인도하여 들어가 축문을 읽는다. 독축이 끝났으면 신부는 채식 상자를 집사에게 주고 절한다. 다시 받아서 시아버지 신위 전에 올리고 절한다.
- 신부는 다시 내려와서 채식 상자를 들고 들어간다. 축관이 또 축문을 다 읽으면, 신부는 절하고 시어머니 신위 전에 올리고 또 절한다.

- 신부가 나오면 축관은 음식을 물리고 문을 닫는다.

祝文 : 子某, 某之婦 某氏, 敢見 皇舅 某官 府君 嘉菜 奠禮,
　　　子某, 某之婦 某氏, 敢見 皇姑某封某氏 嘉菜 奠禮,

21. 明日 **壻往見 婦之父母**(명일 서왕현 부지부모)

婦父迎送揖讓, 如客禮 從者執幣, 婦父升立于 東少北, 壻立于西 少南 壻拜則父跪也. 從者授壻幣, 壻以奉, 婦父受之, 以授從者, 入見婦母, 婦母闔門 東扉立于門內, 西面, 壻東面, 拜于門外, 以幣奉, 婦母從者受以入, 婦母答拜, 婦父引壻, 至祠堂前再拜, 上香, 跪告, 俯伏興, 壻立兩階間, 拜畢, 婦父拜.

〈禮記, 家禮 晦菴朱子, 熹 家禮輯覽 沙溪 金長生, 四禮便覽 陶庵 李縡, 成均館 우리의 生活禮節〉.

22. 諸具(제구)

1) 執　禮 : 홀기, 도포, 갓, 유건, 행전, 사대, 신
2) 兩家父 : 유건, 도포, 사대, 행전 각 2벌
3) 兩家母 : 예복 大衣, 長裙, 連衣
4) 鴈　夫 : 木鴈, 衆衣, 적삼, 竹笠, 짚신, 당의, 두루마기
5) 新　郎 : 禮服 사모, 관대, 관복, 목화, 사선,
6) 新　婦 : 禮服 원삼(활옷), 족두리, 도투락댕기, 절수건, 용잠, 녹색저고리, 홍색치마
7) 집사(수모)용 한복, 신랑, 신부 명패, 붓, 종이, 宵衣, 목단병풍(대례청용), 화조병풍(폐백용), 同牢牀, 소탁자 2, 청홍보(대 2, 소 2), 기러기 보, 방석 6. 돗자리 3(신랑, 신부, 전안례 용), 촛대 2, 양초 청홍, 성냥 2, 송죽분, 송죽, 청홍사, 모사기 2, 관세대야 2, 관세대 2, 수건 2, 졸栝 1쌍, 주전자 2, 잔반 2조, 시저 2, 모사기 2, 마이크 3. 과(밤, 대추, 감), 쌀, 콩, 팥, 용떡 2, 전, 채소 각 2조, 청홍등. 불끄기 제기10개

제 3 절 한옥(韓屋)마을 전통혼례 홀기(傳統婚禮 笏記)

1. 行 親迎禮 — 친영례를 올리겠습니다.

- 新郎出于次, 執鴈者以從 /
  신랑이 입장하겠습니다. 기럭아비도 뒤따르시오.
- 入竢于次, 執鴈者正位立. /
  신랑은 대문 서쪽에서 동향하여 서시고, 기럭아비도 그 뒤에 서시오.
- 執鴈者進授, 鴈于新郎 /
  기러기를 머리가 좌로 가게 해서 신랑에게 전하시오.
- 主人迎. 新郎于次. /
  신부 댁에서는 신랑을 맞이하겠습니다.
- 主人新郎, 相向揖之, 主人導新郎入 /
  서로 읍을 하면서 신랑을 인도하여 들어가겠습니다.

2. 行 奠鴈禮 — 전안례를 올리겠습니다.

- 新郎跪, 奠鴈于卓子上. /
  신랑은 전안상 위에 기러기를 내려놓겠습니다.
- 新郎, 俯伏興再拜. / 신랑은 두 번 절하시오.
- 主婦受鴈, 以入房. /
  신부 댁에서는 기러기를 받아 방으로 들어가시오.

- 新郎出于, 醮禮廳 正位, 東向立 /
  신랑은 초례청에 나와 동향으로 서시오.
- 姆導新婦, 出門外. / 신부가 입장하겠습니다.
- 新婦就, 醮禮床前. / 신부는 초례상 앞으로 나오시오.
- 新郎東, 新婦西, / 各正位. 신랑은 동쪽에 신부는 서쪽에 서겠습니다.

(點燭)

- 新郞新婦, 右手姆點燭. / 신랑 신부의 오른쪽 수모가 점촉하시오.
- 新郞盥洗于南, 新婦手姆進授, 帨于新郞. /
  신랑은 대야에 손을 씻으시고, 신부 수모는 수건을 내어드리시오.
- 新郞就正位. / 신랑은 제자리로 가서 바로 서시오.
- 新婦盥洗于北, 新郞手姆進授 帨于新婦. /
  신부가 손을 씻으면, 신랑 수모는 수건을 내어드리시오.

3. **行 交拜禮** – 교배례를 올리겠습니다.

- 新婦手姆陳, 新郞之花紋席. 新郞手姆陳, 新婦之花紋席. /
  신부의 수모는 신랑의 자리를 펴고, 신랑의 수모는 신부의 자리를 펴시오.
- 新郞揖之禮, 新郞新婦, 各就花紋席上, 正立. /
  신랑은 신부에게 읍을 하시고 신랑 신부는 화문석 위에 올라서서 마주보고 서시오.
- 新婦先再拜. / 신부가 먼저 두 번 절하시오.
- 新郞答一拜. / 신랑은 한 번 답배하시오.

- 新婦又再拜. / 신부는 다시 두 번 절하시오.
- 新郞又答一拜. / 신랑은 다시 한 번 답배하시오.

4. **行 合巹禮** – 합근례를 올리겠습니다.

- 新郞揖之, 新郞新婦, 各就席 正位而坐. /
  신랑은 신부에게 읍을 하고, 신랑 신부는 각각 자리에 앉으시오.
- 新郞新婦, 各手姆, 斟酒設饌. / 각 수모는 술을 따르고 찬을 차리시오.
- 新郞揖之, 新郞新婦, 各祭酒, 擧殽. /
  신랑은 읍을 하고, 신랑 신부는 제주하고 안주를 떼어놓으시오.

- 又斟酒. / 다시 술을 따르시오.
- 新郎揖之, 新郎新婦, 各擧飮 擧殽. /
  신랑은 읍을 하고, 신랑 신부는 잔을 받아 마시고 안주도 드시오.
- 巹桮分置, 新郎新婦前, 又斟酒. /
  표주박 잔을 신랑 신부 앞에 놓고 술을 따르시오.
- 新郎揖之, 新郎新婦 相換巹桮. /
  신랑은 읍을 하고, 신부는 신랑에게 잔을 올리고 신랑도 신부에게 잔을 올리시오.
- 新郎揖之, 新郎新婦, 各正向立. /
  신랑은 읍을 하고, 신랑 신부는 일어서겠습니다.

5. 行 成婚禮 – 성혼례를 올리겠습니다.

- 新郎新婦拜禮, 又兩家之父母, 又賀客. /
  신랑 신부가 양가 부모님과 내빈 여러분에게 큰절을 올리겠습니다.

6. 禮畢徹床

이상으로 ○○○군과 ○○○양의 혼인 예식을 모두 마치겠습니다.

(記念寫眞 撮影)

- 新郎新婦 退場. /
  신랑 신부가 퇴장하겠습니다. 큰 박수로 축하해 주시기 바랍니다.

제 4 절 고비 합설 기제사 홀기(考妣合設 忌祭祀 笏記)

〈家禮 晦庵, 家禮輯覽, 四禮便覽〉

1. **主人 以下 序立** – 주인과 주부는 손을 씻으시오.

주인은 향안상 동쪽에서 북향하여 서고, 주부는 향안상 서쪽에서 북향하여 서시오.

- 종헌자와 축자, 그리고 여러 남자 참사자와 남자 동·서 집사도 차례대로 손을 씻으시오. 향안상 동쪽에서 북향하여 서시오.
- 여자 참사자와 여자 동·서 집사도 손을 씻고, 향안상 서쪽에서 북향하여 차례대로 서시오.

2. 점촉이 있겠습니다.

서 집사는 고위전에 먼저 점촉하고, 동 집사는 비위전에 점촉하시오.

3. **奉主就位** – 부모님 신위를 받들어 모시겠습니다.

주인은 고위 신위를, 주부는 비위 신위를 받들어 개독하시오.

- 강복위하시오.

4. **降神** – 신을 청하는 강신례가 있겠습니다.

- 주인은 향안상 앞에 나와 읍례를 하고 무릎 꿇고, 왼손으로 향로 뚜껑을 열고 오른손으로 향합 뚜껑을 열어 향을 세 번 불사르시오. 일어나서 두 번 절하시오.
- 주인은 조금 물러나 서시오. 동 집사는 술병을 열어 수건으로 병 입구를 닦고, 술을 주전자에 부어 들고 주인의 우측에서 서향하여 서 있고, 서 집사는 동쪽 계단 주가상에 있는 강신 잔반을 들고 주인의 좌측에서 동향하

여 서 있으시오. 주인이 무릎을 꿇고 앉으면, 동·서 집사도 꿇어앉으시오.

- 주인은 강신 잔반을 받아 잔에 동 집사의 술을 따라 받아서 왼손으로 잔대를 잡고, 오른손으로 잔을 잡아 모사기 위에 세 번에 나누어 다 따르시오.
- 주인은 잔반을 서 집사에게 주어 원 자리에 놓게 하고, 집사자는 먼저 강복위하시오.
- 주인은 일어나 두 번 절하고 강복위하시오.

5. **參神** – 참신례가 있겠습니다. 남자는 두 번, 여자는 네 번 절하시오.

6. **進饌** – 식어서는 안 되는 음식을 올리는 진찬이 있겠습니다.

- 주인은 외집사의 도움을 받아 육전과 초장을 잔반의 남쪽에 놓고, 주부는 내집사의 도움을 받아, 육전의 서쪽에서 고위면은 밖에 떡은 안으로 놓으시오.
- 주인은 또 외집사의 도움을 받아 어전과 겨자를 초첩의 남쪽에 놓으시오. 주부는 또 내집사의 도움을 받아 비위면과 떡을 어전의 동쪽에 차례대로 놓으시오.
- 주인은 또 외집사의 도움을 받아 고위 국을 잔반의 서쪽에, 비위 국을 초첩의 동쪽밖에 놓으시오. 주부는 또 내집사의 도움을 받아 고위 메(밥)를 고위국의 서쪽에, 비위 메를 비위국의 서쪽에 놓으시오.
- 집사들은 육탕을 서쪽에, 소탕을 중앙에, 어탕을 동쪽에 놓으시오.

7. **初獻** – 초헌례가 있겠습니다.

- 주인은 향안상 앞에서 북향하여 읍례를 하고, 서쪽의 고위 잔반을 받들어 향안상 앞으로 와서 동향하여 서고, 남자 동 집사는 주전자를 들고 서향하여 고위 잔에 술을 따르시오.
- 주인은 고위 잔반을 받들어 원래의 자리에 놓으시오. 주인은 또 동쪽의 비위 잔반을 받들어와서 향안상 앞에서 동향하여 서고, 동 집사는 또 서향하여 비위 잔에 술을 따르시오.

- 주인은 비위 잔반을 받들어 원래의 자리에 놓으시오.
- 주인은 향안상 앞에서 북향하여 서시오. 동 · 서 집사는 고위 잔반과 비위 잔반을 순서대로 받들어 와 초헌자의 앞에서 서로 마주보고 서시오.
- 주인은 무릎을 꿇어 앉고, 동 · 서 집사도 따라 앉으시오.
- 주인은 왼손으로 서 집사의 잔대를 잡고, 오른손으로 잔을 잡아 모사기 위에 세 번 조금씩 술을 따르고, 서 집사에게 잔반을 주시오. 서 집사는 잔반을 받아서 원래의 자리에 놓으시오.
- 주인은 동 집사의 잔반을 받아서 세 번 모사기에 조금씩 따르고, 잔반을 동 집사에게 주어 원래의 자리에 올리도록 하시오.
- 주인은 일어서시오.

〈奠炙〉 동 · 서 집사는 육적과 소금을 시접의 남쪽에 올리고 물러서시오.

〈啓飯蓋〉 서 집사는 고위 메와 국, 그리고 양위의 면 덮개를 열어 그 남쪽에 놓으시오. 동 집사는 비위 메와 국과 탕 덮개를 열어 그 남쪽에 놓으시오.

〈讀祝〉 축자가 축판을 들고 주인의 왼쪽에서 동향하여 무릎을 꿇으면 주인 이하 모두 꿇어 앉으시오.

- 축자는 축문을 축판에 받쳐들고 독축 하시오.
- 독축이 끝나면 모두 일어서고, 주인은 제일 늦게 부복한 후에 일어나 두 번 절하시오.

〈徹酒〉 외집사는 퇴주기를 들고 고위 잔과 비위 잔의 술을 철주하시오.

〈徹炙〉 또 철적하고 강복위 하시오.

8. **亞獻禮** - 아헌례가 있겠습니다.

- 주부는 향안상 앞에 나와 굴신례를 하고, 서쪽의 고위 잔반을 받들어와서 향안상 앞에서 동향하여 서고, 여자 동 집사는 주전자를 들고 마주보고 술을 따르시오.
- 주부는 잔반을 받들어 원래의 자리에 놓으시오.

- 동쪽의 비위 잔반을 받들어와서, 향안상 앞에서 동향하여 서서 동 집사로부터 술을 받아서 잔반을 원래의 자리에 놓으시오.
- 주부는 향안상 앞에 나와 북향하여 서 있고, 동·서 집사는 잔반을 받들어 와서 서로 마주보고 서시오. 주부가 무릎 꿇어 앉으면 다 같이 앉으시오.
- 주부는 왼손으로 고위 잔대를 잡고, 오른손으로 잔을 잡아 모사기 위에 조금씩 세 번 따르고, 서 집사에게 주어 원래의 자리에 올리시오.
- 주부는 동 집사의 잔반을 받아 세 번 따르고, 동 집사에게 주어 잔반을 원래의 자리에 올리게 하시오. 서 집사는 어적을 올리시오.
- 주부는 네 번 절하시오.
- 동·서 집사는 퇴주기에 고위 잔과, 비위 잔을 비우시오. 서 집사는 어적을 내리시오. 주부는 굴신례를 하고 물러나시오.

9. **終獻禮** - 종헌례가 있겠습니다.

- 종헌자는 향안상 앞에 나와 읍례를 하고, 서쪽의 고위 잔반을 받들어 향안상 앞에서 동향하고, 동 집사는 주전자를 들고 마주서서 술을 따르시오. 종헌자는 잔반을 받들어 원래의 자리에 놓으시오.
- 또 종헌자는 동쪽으로 나아가 비위 잔반을 받들어 나와 향안상 앞에서 동향하여 동 집사로부터 술을 따라 받고, 잔반을 원래의 자리에 올리시오.
- 종헌자는 향안상 앞에 나와 북향하여 서고, 동·서 집사는 잔반을 받들어 와서 향안상 앞에서 마주보고 서시오.
- 종헌자가 무릎꿇어 앉으면 동·서 집사도 같이 앉으시오.
- 종헌자는 왼손으로 고위 잔대를 잡고, 오른손으로 잔을 잡아 모사기 위에 조금씩 세 번 따르고, 서 집사에게 주어 고위 잔반을 원자리에 놓게 하시오. 또 동 집사의 잔반을 받아 조금씩 따르고, 비위 잔반을 원래의 자리에 올리게 하시오. 서 집사는 계적을 올리시오.
- 종헌자는 두 번 절하고 물러나시오.

10. **侑食** - 음식을 더 권하는 유식이 있겠습니다.

- 주인과 주부는 향안상 앞에 나와 주인은 읍례, 주부는 굴신례를 하고, 주인은 주전자를 들고 고위 잔, 비위 잔에 술을 더 따르시오.
- 주부는 고위 메에 수저를 동향하여 꽂고, 젓가락은 시접기 위에 자루를 서쪽으로 가게 하여 똑바로 놓으시오. 또 동쪽의 비위 메에 수저를 동향하여 꽂고, 비위 젓가락을 바로 놓고 나오시오.
- 주인은 두 번, 주부는 네 번 절하시오.

11. **闔門** - 합문이 있겠습니다.

- 참사자는 모두 나가시고, 축자는 문(병풍, 발)을 닫고 제일 늦게 나오시오.
- 주인과 남자들은 문 동쪽에서 서향하여 서 있고, 주부들은 문 서쪽에서 동향하여 서 있고, 노인은 나가서 쉬시오 〈九食頃〉.

12. **启門**

축자는 문 앞에서 '으흠' 소리를 세 번 내고, 문을 열고 들어가시오 〈熟水 準備〉.

13. **進熟水** - 숙수를 올리겠습니다.

- 주인과 주부는 국을 내리고 숙수를 올리시오.
- 집사자들은 하시저를 하고, 뚜껑을 다 덮으시오.

14. **辭神** - 주인 이하 모두 두 번(주부는 4번) 절하고, 축문을 불사르시오.

15. **納主** - 주인과 주부는 신주를 받들어 사당에 모시세요.

16. 徹饌 - 주부는 철찬을 감독하면서 잔에 있는 술과 퇴주기에 있는 술을 병에 넣어 봉함하고, 과일과 채소 고기 등은 그릇에 담고, 각종 제기들은 잘 닦아서 보관하시오.

o 人員 : 執禮, 初獻, 亞獻, 終獻, 祝官, 外執事 2, 內執事 2, 贊者 1, 男女꼬마 2. o 祭器 및 備品 : 병풍 1, 신주, 교의, 제상 1, 향안상, 주가, 소탁, 돗자리, 쟁반 2, 대기상, 축, 축판, 향로, 향합, 향, 퇴주기, 모사기, 모속, 주전자, 술, 술병, 성냥 3, 휴지, 행주 2, 시접 2벌, 시접기, 잔반 3조, 반갱기 2벌, 숙수 대접 2, 종지(꿀 2, 초첩, 겨자, 소금, 초장, 청장), 면기 2, 병 2, 적틀 3, 전접시 3, 회접시 2, 채접기 3, 포접기 2, 어해 1, 식혜 1, 과접기 10, 관수대 2, 수건 2, 촛대 2, 양초 2, 笏記, 마이크 2개, 카메라, 음료수, 컵, 油印物, 백지, 테이프, 붓, 매직. o 服裝 : 도포, 두루마기 6착, 행전, 사대, 유건, 갓, 제화, 당의-옥색 한복, 버선, 흰 양말, 옷 핀, 바늘 등.

제5절 茶禮 (正至朔望參) 笏記

1. **主人이하 序立** - 주인과 주부는 손을 씻고, 향안상 앞에서 주인은 東쪽에서 北向하고, 주부는 西쪽에서 北向하여 서시오.

- 여러 남자 참사자와 제집사들도 손을 씻고 올라가 동쪽에서 北向하여 서 있고, 여자 참사자들도 손을 씻고, 서쪽에서 北向하여 서시오.

2. 점촉 (昏則燭, 四禮卷六1쪽)
서 집사는 고위전에, 동 집사는 비위전에 점촉 하시오.

3. **奉主就位** - 주인은 여러 고위 신위를, 주부는 여러 비위 신위를 받들어 개독하시오.

4. **降神** - 강신례가 있겠습니다.

주인은 향안상 앞에 나와 읍례를 하고, 무릎 꿇어 왼손으로 향로 뚜껑을 열고 오른손으로 향합을 열어 세 번 불사르시오. 일어나 두 번 절하고 서 있으시오.

- 집사자 1인은 술병을 열어 병 입구를 닦고 술을 주전자에 부어 들고 주인의 우측에서 서향하여 서 있고, 집사자 1인은 강신 잔반을 들고 주인의 좌측에서 동향하여 서시오.
- 주인이 무릎을 꿇으면 집사자도 모두 무릎 꿇으시오.
- 주인은 주전자를 받아서 잔에 술을 따르고, 주전자를 제자리에 놓고 잔반을 받들어 왼손으로 잔대를, 오른손으로 잔을 잡아 모사기 위에 세 번에 나누어 모두 지우고, 잔반을 집사자에게 주면 집사자 모두 물러나시오.
- 주인은 구부렸다가 일어나 조금 물러나 두 번 절하고 물러나시오.

- **참례자 모두 參神再拜(주부는 4배) 하시오.**

5. **獻酒** - 주인은 주전자를 들고, 먼저 고위 잔에 그리고 후에 비위 잔에 순서대로 술을 따르시오.

- **주부는 올라가 시접기 위에 젓가락을 바로 놓으시오.**
- **주인은 두 번, 주부는 네 번 절하시오.**

(祔位 신위 잔은 長子를 시켜 술을 따르게 한다). 〈四禮卷八祭7쪽〉

☞ 栗谷日 : 冬至則 팥죽, 正朝 湯餅 若有別饌品則, 設筯楪, 於每位考妣盞盤之間, 主人斟酒訖, 主婦升正筯. <四禮卷八祭8쪽>

- 정숙하게 조금 기다린다.

6. **辭神** - 참사자 모두 사신 재배하고, 주인과 주부는 독을 닫아 납주를 하고 집사자는 철찬을 하시오.

제 6 절 喪中祭儀 (虞祭)

1. 主人 이하 皆沐浴 - (목욕)
2. 執事者陳器具饌 - 집사가 제기를 진설, 제수를 준비.
3. 設蔬果 - 채소, 과일, 잔반과 초접, 시저, 포해를 진설.
4. 祝 出神主于座, 主人 이하 皆入哭

축자가 신주를 영좌에 내 놓으면 주인이하 모두 들어와 곡한다. 복이 중한 자는 앞에 서고 가벼운 자는 뒤에 선다. 존장은 앉고 어린 자는 선다. 남자는 동쪽에 서고 여자는 서쪽에 선다.

5. **降神**

축자가 곡을 멈추고, 주인이 손을 씻고 분향 재배한다. 집사도 모두 손을 씻고 한 사람은 주인 우측에서 주전자를 들고 서향하여 무릎 꿇고, 또 한 사람은 탁자 위의 잔을 들고 주인의 좌측에서 무릎 꿇고 앉는다. 주전자를 주인에게 주면 주인은 술을 따른 다음 주전자를 동 집사에게 주고, 모사기에 酹酒(뢰주)를 하고 잔반은 서 집사에게 준다.

집사자는 주전자와 잔반을 탁상 원위치에 놓는다.

주인은 잠시 몸을 구부렸다가 일어나 재배하고 물러난다.

參神이 없다.

6. **祝 進饌** - 집사와 축자가 전, 면, 떡, 메, 그리고 초헌의 육적도 진설한다.

7. **初獻.**

주인이 주전자를 들고 北向하여 서면 집사가 영좌 전 잔반을 내려와 주인의 좌측에서 동향하여 선다. 주인은 술을 따르고 주전자를 탁상에 놓고, 영좌 전에 가서 북향하여 선다.

집사도 잔을 들고 주인의 좌측에서 동향하여 선다. 주인과 집사는 무릎 꿇고 주인은 잔을 받아서 모사기에 좨제주하고, 잔을 집사에게 주면 집사는 신위 전에 올린다.

啓飯蓋하고 모두 무릎 꿇으면 축자가 주인의 右側에서 西向하여 독축한다. 독축이 끝나면 주인은 哭 再拜하고 돌아가서 또 哭한다. 모두 잠시동안 곡하고 그친다. 집사는 퇴주기에 철주한다.

<祝文>

維 年號幾年 歲次干支. 幾月干支朔. 孤子 某(弟以下不名)敢昭告于(妻去敢字夫昭告于, 弟兄告于) 顯考 某官 府君 日月不居 奄及初虞(再虞, 三虞) 夙興夜處 哀慕不寧 謹以(妻, 弟: 玆以) 淸酌庶羞 哀薦 祫事(再虞: 虞事, 三虞: 成事) 尙 饗

8. **亞獻** – (主婦爲之)

9. **終獻** – (親賓, 男, 女爲之, 不徹酒)

10. **侑食** – 집사 집주첨잔, 挿匙飯中 不拜

11. **闔門** – 主東婦西 相向立, 一食九飯之頃

12. **祝啓門** – 主人 이하 入哭 辭神

〈家禮, 四禮便覽 07-1-24〉

제7절 조묘 세일사 홀기(祧墓 歲一祀 笏記)

1. 敍立 - 諸子孫詣墓所 再拜序立

제자손은 묘소 앞에 나아가 두 번 절하고 차례대로 서시오.

- 諸執事 分定記貼于 床石前面 /
  제집사는 책임을 맡은 대로 상석 앞에 서시오.
- 執禮立於 內階上西邊 唱笏 /
  집례는 계단 위 서쪽에 서서 창홀하시오.
- 陳設四人 盥手 / 진설할 네 사람은 손을 닦으시오.
- 各 奉果楪 奠于床南 /
  각 과일 접시를 받들어 상석 제일 남쪽 열에 놓으시오.
- 次奉盤床及 脯醢奠之 / 다음 줄에는 포와 생선 젓을 놓으시오.
- 次奉肴南奠之 / 다음에는 부꾸미를 놓으시오.
- 次奉匙箸楪及 盤盞奠之 /
  다음은 숟갈, 젓가락, 접시와 잔과 잔대를 올리시오.
- 次奉餠麵奠之 / 다음은 떡과 면을 올리시오.
- 次奉飯羹奠之 / 다음에는 밥과 국을 올리시오.
- 次奉魚肉湯奠之 / 다음은 어탕, 육탕을 올리시요.
- 設祭酒甁及 酹酒盤盞及 酒注 退酒器 於內階上東邊 /
  제주병과 뢰주 잔반과 주전자, 그리고 퇴주기를 계단 위 동변에 놓으시오.
- 香爐香盒 設於香爐石上 爐西 盒東 /
  향로는 향로석 서쪽에, 향합은 동쪽에 놓으시오.
- 祝板置于 香爐石傍 / 축판은 향로석 서쪽에 놓으시오.
- 陳設四人皆退復位 / 진설자는 제자리로 물러나시오.

2. **降神** - 강신례가 있겠습니다.

- 初獻者及執事盥手 / 초헌자와 집사는 손을 닦으시오.

- 初獻者詣 香爐石前跪 / 초헌자는 향로석 앞에 나와 무릎 꿇어 앉으시오.
- 焚香再拜少退立 / 분향하고 두 번 절하고 물러서시오.
- 執事者一人取酒瓶 傾酒于酒注中 /
  집사 한 사람은 술병을 들고 주전자에 술을 따르시오.
- 執注立于 初獻者之右. / 주전자를 들고 초헌자의 우측에 서시오.
- 執事者一人酧酒盞盤 / 집사 한 사람은 뇌주 잔반을 들으시오.
- 立于 初獻者之左 / 초헌자의 좌측에 서시오.
- 初獻者跪 執事二人皆跪 / 초헌자가 무릎 꿇으면 집사도 무릎 꿇어 앉으시오.
- 奉盞盤者以盞盤授初獻者 / 잔반을 초헌자에게 주시오.
- 初獻者受之 / 초헌자는 잔반을 받으시오.
- 執注者 斟酒于盞 / 주전자를 잡은 사람은 잔에 술을 따르시오.
- 初獻者左手執盤, 右手執盞, 三灌于地上 /
  초헌자는 왼손으로 잔대를 잡고, 오른손으로 잔을 잡아 세 번에 나누어 땅 위에 모두 따르시오.
- 以盞盤 授執事 / 잔반을 집사에게 주시오.
- 執事二人皆退復位 / 집사자는 모두 제자리로 물러나시오.
- 初獻者 俛伏興再拜 / 초헌자는 엎드렸다가 일어나 두 번 절하시오.
- 退復位 / 원래의 자리로 물러나시오.

3. **參神** – 참신례가 있겠습니다.

- 三獻者及諸執事者, 興諸子孫, 皆再拜 /
  헌관과 제 집사, 제 자손은 모두 재배하시오.

4. **初獻** – 초헌례가 있겠습니다.

- 初獻者盥手 / 초헌자는 손을 닦으시오.
- 詣香爐石前立 / 향로석 앞에 나와 서시오.
- 執事一人執酒注, 立于初獻者之右 /
  집사 한 사람은 술 주전자를 들고 헌관의 우측에 서시오.

- 初獻者 自左詣 奉考位盞盤 / 초헌자는 좌측의 고위 잔반을 받들어 오시오.
- 退詣香爐石前 東向立 / 향로석 앞에 와서 동향하여 서시오.
- 執注者 西向斟酒于盞 / 주전자를 든 집사는 서향하여 잔에 술을 따르시오.
- 初獻者 奉之奠于故處 / 초헌자는 잔반을 받들어 원 자리에 올리시오.
- 次奉妣位盞盤 / 다음에는 비위 잔반을 받드시오.
- 退詣香爐石前 東向立 / 물러나 향로석 앞에서 동향하여 서시오.
- 執注者西向斟酒于盞 / 서향하여 잔에 술을 따르시오.
- 初獻者 奉之奠于故處 / 초헌자는 잔반을 원래 자리에 올리시오.
- 退詣香爐石前 北向立 / 헌관은 향로석 앞에 나와 북향하여 서시오.
- 執事二人 進奉考妣位盞盤 / 집사 두 사람은 고위 비위 잔반을 받드시오.
- 退立於 初獻者之左右 /
  양 집사는 잔반을 받들고 물러나 헌관의 좌우에서 마주보고 서시오.
- 初獻者跪 / 초헌자는 무릎을 꿇으시오.
- 執事二人皆跪 / 집사 두 사람도 무릎 꿇으시오.
- 執事 以考位盞盤 授初獻者 / 고위 잔반을 초헌자에게 주시오.
- 初獻者受之 左手執盤 右手執盞 三祭于地 /
  초헌자는 왼손으로 잔대를 잡고, 오른손으로 잔을 잡아 땅 위에 조금씩 세 번 좨주하시오.
- 以盞盤 授執事反之故處 / 잔반을 집사에게 주어 원래 자리에 올리게 하시오.
  執事以妣位盞盤授初獻者 / 비위 잔반을 초헌자에게 주시오.
- 初獻者受之左手執盤右手執盞三祭于地 /
  초헌자는 왼손으로 잔대를 잡고, 오른손으로 잔을 잡아 땅위에 세 번 제주하시오.
- 以盞盤授執事反之故處 / 잔반을 집사에게 주어 원래 자리에 올리도록 하시오.
- 初獻者 俛伏興 少退立 / 초헌자는 엎드렸다 일어나 조금 물러서시오.
- 執事 奉肉炙奠之 / 집사는 육적을 올리시오.
- 啓飯盖置其南 / 밥 덮개를 열어 그 남쪽에 놓으시오.
- 扱匙飯中 / 수저를 밥 중앙에 동향하여 꽂으시오.
- 正筯楪上 / 젓가락을 시접기 위에 바로 놓으시오.
- 執事二人 皆退復位 / 집사자는 모두 제자리로 물러나시오.

- 祝 進取祝板立于 初獻者之左 /
  축자는 축판을 들고 초헌자의 좌측에서 동향하여 서시오.
- 初獻者以下 諸執事及 諸子孫皆跪 /
  초헌자, 제 집사, 제 자손 모두 무릎 꿇어 앉으시오.
- 祝亦跪 於初獻者之左, 讀祝 /
  축자도 초헌자의 왼쪽에서 무릎 꿇고 앉아 독축하시오.

<祝文>

維 歲次干支 幾月干支朔 幾日干支 幾代孫 某敢昭告于 某親某官府君(或某封某氏, 合葬則雙書)之墓 歲薦一祭禮有中制履玆霜露彌增感 慕謹用淸酌時羞祗奉常事 尙 饗

- 讀畢退復位 / 축문을 다 읽었으면 물러나시오.
- 初獻者以下 諸執事及諸子孫 皆興 / 초헌자 이하 모두 일어나시오.
- 初獻者再拜, 退復位 / 초헌자는 두 번 절하고 물러나시오.
- 執事二人 進取考妣位盞盤 詣東階上 /
  집사 두 사람은 고위 비위 잔반을 동측계단으로 물려 오시오.
- 傾酒于 退酒器 / 퇴주기에 술을 따르시오.
- 各盞盤于故處 徹炙 / 각 잔반을 원래의 자리에 놓고 육적을 내리시오.
- 執事皆退復位. / 집사는 모두 물러나시오.

5. **亞獻** – 아헌례가 있겠습니다.

- 亞獻如 初獻儀 / 초헌례와 같은 의식으로 하시오.
  단 독축이 없고, 어적을 올리시오.

6. **終獻** – 종헌례가 있겠습니다.

- 終獻如 亞獻儀 / 아헌례와 같이 행하시오.

단 꿩이나 계적을 올리고, 철주를 하지 않는다 〈無侑食 유식이 없다〉.

- 執事者, 進徹考妣位羹 / 집사자는 고위 비위 국을 내리시오.
- 奉熟水奠之. 退復位 / 고위 비위 숙수를 올리고 물러나시오.
- 肅俟少頃 / 모두 정숙하게 조금 기다리시오.

7. **辭神** - 사신례가 있겠습니다.

- 執事進 徹匙筯 / 집사는 시저를 내리시오.
- 闔飯盖 退復位 / 모든 뚜껑을 덮고 물러나시오.
- 三獻者及 執事興諸子孫 皆再拜 / 삼헌자와 제 자손 모두 재배하시오.

8. 徹饌

- 執事二人 與進設四人 進徹諸饌 / 집사와 진설자 모두 나와 제물을 거두시오.
- 祝焚祝文 / 축자는 축문을 불사르시오.

◈ 傳統 祭儀禮 盛服 ◈

凡言盛服者, 有官則幞頭, 公服帶靴, 進士則幞頭, 襴衫帶, 處士則幞頭皁衫帶, 無官者通用帽子衫帶, 又不能具則深衣或涼衫, 有官者亦通服帽子以下, 但不爲盛服, 婦人則冠與帔大衣長裙, 女在室者冠子背子, 衆妾假髻背子.

성복을 말하자면 벼슬이 있는 자는 복두를 쓰고 공복을 입고, 관대를 띄고, 가죽 제화를 신고, 진사는 복두를 쓰고, 난삼을 입고, 대를 두른다. 처사는 복두에 조삼(흑색)을 입고, 띄를 두른다. 벼슬이 없는 자는 백색 갓에 삼(두루마기 종류), 실띠를 두른다. 또는 심의나 얇은 한삼을 입는다. 벼슬이 있는 자도 역시 모자에 통상복을 하고, 화려한 복장을 않는다. 부인들은 관과 배자, 원삼 같은 긴치마를 입는다. 실내에 들어가서 참례하는 여자는 관과 배자를 갖추고, 기타 부인들은 가계(가발머리)에 배자를 갖추어 입는다.

笏記 考證 : 〈家禮輯覽 附錄 禮笏 祭八쪽 祧墓歲一祭〉

盛服 考證 : 〈家禮(朱子) 卷 一 의 7쪽, 四禮便覽 卷 八 祭 6쪽〉

제8절 지방(紙榜)과 축문(祝文)

1. 지방(紙榜) 서식

(1) 지방은 신주가 없을 때 임시로 만드는 조상의 표상이다.

(2) 지방은 신주와 같이 6cm x 25cm로 하되 위는 둥글게 한다.

(3) 지방을 쓸 때에는 하나의 지방에 조상 내외분을 함께 쓴다.

(4) 지방은 임시로 만드는 위패이기 때문에 '神主'라 하지 않고 '神位'라고 쓴다.

(6) 지방 쓰는 차례는 남자 조상을 서쪽(보아서 왼쪽)에 쓰고, 부인인 여자 조상은 그 동쪽(보아서 오른쪽)에 쓴다.

(예) * 벼슬이 있을 때

顯妣夫人全州李氏神位

顯考麗州郡守府君神位

高祖父母

顯高祖妣孺人全州李氏神位
顯高祖考學生府君神位

曾祖父母

顯曾祖妣孺人密陽朴氏神位
顯曾祖考學生府君神位

祖父母

顯祖妣孺人文化柳氏神位
顯祖考學生府君神位

父母

顯妣孺人坡平尹氏神位
顯考學生府君神位

兄

顯兄嫂孺人全州李氏神位
顯兄學生府君神位

남편

顯辟學生府君神位

아내

亡室孺人東萊鄭氏神位

동생

亡弟嫂孺人全州崔氏神位
亡弟學生○○○神位

아들

亡冢婦某貫某氏之靈
亡子學生○○○之靈

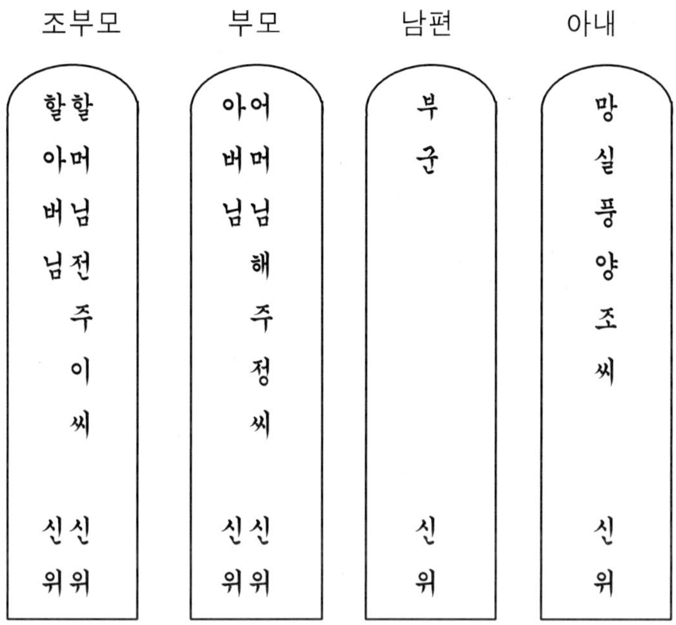

2. 축문(祝文) 서식

가. 기일제사(忌日祭祀) 축문

1) 한문 축문 서식

(1) 위에서 아래로 내려쓴다(縱書)

(2) 첫 번째 줄은 비운다.

(3) '維(이제)' 자는 위에서 세자 내려써서 축문의 기준 으로 삼는다.

(4) 연호인 '檀君' 첫 자는 '維' 자보다 두 자 높여서 쓰기 시작한다.

(5) '顯'자는 '維' 자보다 1자 높여서, '檀' 자보다는 1자 낮게 쓴다.

(6) 축문의 끝자인 '饗(흠향)' 자는 '顯'자와 같은 높이로 쓴다.

(7) '敢昭告于'는 아내에게는 '敢'자를 쓰지 않고, 아들에게는 '敢昭'를 쓰지 않는다.

(8) '顯考'는 돌아가신 아버지를 높여서 말하는 것이다. 따라서 高祖父는 '顯高祖考', 曾祖父는 '顯曾祖考', 祖父는 '顯祖考', 아내는 '故室' 또는 '亡室', 아들은 '亡子', 기타는 친족 관계에 따라 쓴다.

■ 고조부모 축문

維
檀君紀元四千三百三十六年 歲次癸未 三月甲戌朔 五日乙酉 玄孫吉童 敢昭告于
顯高祖考 學生府君
顯高祖妣孺人 全州李氏 歲序遷易
顯高祖考 諱日復臨 追遠感時 不勝永慕 謹以 清酌庶羞 恭伸奠獻 尚
饗

■ 증조부모 축문

維
檀君紀元四千三百三十六年 歲次癸未 三月甲戌朔 五日乙酉 曾孫吉童 敢昭告于
顯曾祖考 學生府君
顯曾祖妣孺人 密陽朴氏 歲序遷易
顯曾祖考 諱日復臨 追遠感時 不勝永慕 謹以 清酌庶羞 恭伸奠獻 尚
饗

■ 조부모 축문

維
檀君紀元四千三百三十六年 歲次癸未 三月甲戌朔 五日乙酉 孝孫吉童 敢昭告于
顯祖考 學生府君
顯祖妣孺人 慶州金氏 歲序遷易
顯祖考 諱日復臨 追遠感時 不勝永慕 謹以 清酌庶羞 恭伸奠獻 尚
饗

■ 부모 축문

維
檀君紀元四千三百三十六年 歲次癸未 三月甲戌朔 五日乙酉 孝子吉童 敢昭告于
顯考 書記官麗州郡守 府君
顯妣孺人 文化柳氏 歲序遷易 顯考 諱日復臨 追遠感時 昊天罔極 謹以 淸酌庶羞
恭伸奠獻 尙
饗

■ 부모님 두 분중 한 분만 모실 때

維
檀君紀元四千三百三十六年 歲次癸未 三月甲戌朔 五日乙酉 孝子吉童 敢昭告于
顯考(妣) 書記官麗州郡守 府君 (孺人文化柳氏) 歲序遷易 諱日復臨 追遠感時
昊天罔極 謹以 淸酌庶羞 恭伸奠獻 尙
饗

■ 처 축문

維
檀君紀元四千三百三十六年 歲次癸未 三月甲戌朔 五日乙酉 夫洪吉童 昭告于
亡室孺人 文化柳氏 歲序遷易 追遠感時 不勝悲悼 玆以淸酌庶羞 伸此奠儀 尙
饗 饗자를 한 자 내려 쓴다.

■ 남편의 축문

維
檀君紀元四千三百三十六年 歲次癸未 三月甲戌朔 五日乙酉 妻○○○敢昭告于
顯辟學生府君 歲序遷易 諱日復臨 追遠感時 昊天罔極 謹以 淸酌庶羞 恭伸奠
獻 尙
饗

■ 형(兄) 축문

維
檀君紀元四千三百三十六年 歲次癸未 三月甲戌朔 五日乙酉 弟○○ 敢昭告于
顯兄學生府君 歲序遷易 諱日復臨 情何悲痛 謹以 淸酌庶羞 恭伸奠獻 尙
饗

■ 아우(弟) 축문

維
檀君紀元四千三百三十六年 歲次癸未 三月甲戌朔 五日乙酉 兄告于
亡弟○○ 歲序遷易 亡日復至 情何可處 玆以 淸酌陳此 奠儀 尙
饗 饗자를 한 자 내려 쓴다.

■ 아들(子) 축문

維
檀君紀元四千三百三十六年 歲次癸未 三月甲戌朔 五日乙酉 父告于
亡子○○ 歲序遷易 亡日復至 心燃悲念 玆以 淸酌陳此 奠儀 尙
饗 饗자를 한 자 내려 쓴다.

2) 현대식 한글 축문

■ 부조(父祖)의 경우

이제
단기 4336년 3월 5일 아들(또는 손자) 길동은
아버님(또는 할아버님) 신위전에 삼가 고하나이다.
아버님(또는 할아버님)께서 별세하시던 날을 다시 당하오니
추모의 정을 금할 수 없습니다.
이에 간소한 제수를 드리오니 강림하시와
흠향하옵소서.

■ 아내의 경우

> 이제
> 단기 4336년 3월 5일 남편 ○○는
> 당신의 신위 앞에 고합니다.
> 당신이 별세하던 날을 다시 당하니 옛 생각을 금할 수 없습니다.
> 이에 간소한 제수를 드리오니
> 흠향하옵소서.

* 자손이 없이 상부(喪夫)한 경우에는 아내가 제주가 되고, 축문은 위에 준한다.

나. 명절차례 축문(節日墓祭 祝文)

> 維
> 檀君紀元四千三百三十六年 歲次癸未 ○月○○朔 ○日干支孝子 ○○ 敢昭告于
> 顯考學生 府君
> 顯妣孺人文化柳氏之墓[2] 氣序流易 歲律旣更[3] 瞻掃[4] 封塋[5] 昊天罔極[6]
> 謹以 清酌庶羞 祗薦歲事[7] 尙
> 饗

- 주1)의 '正朝'는 설날이란 뜻이며, 한식 때는 '寒食', 단오는 '端午', 한가위는 '秋夕'이라 쓴다.
- 주2)의 '之墓'는 묘지에서 지낼 때 쓰는 것
- 주3)의 '歲律旣更'은 설날에 쓰는 것이므로 한식에는 '雨露旣濡', 단오에는 '時物暢茂', 한가위에는 '白露旣降'이라 쓴다.
- 주4, 5)의 '瞻掃'와 '封塋'은 '묘지의 봉분을 쳐다보며'란 뜻이므로 묘지에서 지낼 때만 쓰고, 집에서 위패를 모시고 지낼 때는 '追遠感時'라 쓴다.
- 주6)의 '昊天罔極'은 父母에게만 쓰고, 祖父母 이상에게는 '不勝感慕', 아내에게는 '不勝悲念', 아랫사람에게는 '不勝感愴'이라 쓴다.
- 주7)의 '祗薦歲事'는 웃어른에게만 쓰고, 아내와 아랫사람에게는 '伸此歲事'라 쓴다.

다. 세일사(歲一祀) 축문

1) 한문 서식

維

檀君紀元四千三百三十六年歲次癸未 ○月干支朔○日干支 ○代孫 ○○敢昭告于

顯○代祖考○○○○ 府君

顯○代祖妣○○ ○○○氏之墓 代序雖遠 遺澤尙新 謹以 歲擧一祭 式薦明禋 尙

饗

라. 산신제(山神祭) 축문

1) 한문 서식

維

檀君紀元四千三百三十六年 歲次癸未 ○月干支朔 ○日干支 幼學姓名 敢昭告于

土地之神 今爲某官姓名 營建宅兆 神其保佑 俾無後艱 謹以淸酌脯醢 祗薦于神 尙

饗

마. 상중제의(喪中祭儀) 축문

1) 우제(虞祭) 축문

〈한문 서식〉 축문은 주상의 오른쪽에서 읽는다.

維

檀君紀元四千三百三十六年 歲次癸未 ○月○○朔 ○日干支 孤子○○ 敢昭告于[1]

顯考學生 府君[2] 日月不居 奄及初虞[3]

夙興夜處 哀慕不寧[4] 謹以[5] 淸酌庶羞 哀薦[6] 祫事[7] 尙

饗

- 주1)의 年.月.日, 주상(主喪) 자칭(自稱)은 사실대로 쓰고, 아내에게는 '敢昭告于'의 '敢'은 쓰지 않으며, 비속(卑屬)에게는 '敢昭'를 쓰지 않는다.
- 주2)의 죽은 이의 표시는 사실대로 쓴다.
- 주3)은 재우에는 '再虞', 삼우에는 '三虞'라 고쳐 쓴다.
- 주4)의 8자를 아내에게는 '悲悼酸苦 不自勝勘'이라 쓴다.
- 주5)의 '謹以'를 아내 이하에게는 '玆以'라 쓴다.
- 주6)의 '哀薦'은 아내 이하에게는 '陳此'라 쓴다.
- 주7)의 '祫事'는 재우에는 '虞事', 삼우에는 '成事'라 쓴다.

2) 졸곡(卒哭) 축문

維
檀君紀元四千三百三十六年 歲次癸未 ○月○○朔 ○日干支 孤子○○ 敢昭告于
顯考學生 府君 日月不居 奄及卒哭
夙興夜處 哀慕不寧 謹以 清酌庶羞 哀薦 成事 尚
饗

- 孤子 · 哀子라 告하고 독축은 주상의 왼쪽에서 읽는다
<卒哭日 吉祭易凶祭 故此祭漸用吉禮 이기 때문에 서쪽에서 독축〉.
- 만일 다음날 부제(祔祭)를 지낼 때는 '成事' 다음에 '來日隮祔于 祖考學生 府君(여자면 '祖妣孺人 本貫姓氏')이라 써넣는다.

3) 소상(小祥) 축문

維
檀君紀元四千三百三十六年 歲次癸未 ○月○○朔 ○日干支 孝子○○ 敢昭告于
顯考學生 府君 日月不居 奄及小祥
夙興夜處 哀慕不寧 謹以 清酌庶羞 哀薦常事 尚
饗

- 우제 축문을 참고하여 필요한 부분은 사실대로 고쳐 쓴다.

4) 대상(大喪) 축문

維
檀君紀元四千三百三十六年 歲次癸未 ○月○○朔 ○日干支 孝子○○ 敢昭告于
顯考學生 府君 日月不居 奄及大祥
夙興夜處 哀慕不寧 謹以 清酌庶羞 哀薦祥事 尚
饗

- 모든 절차는 우제와 같다.
- 다만 축문을 소상과 같게 쓰되 '小祥'을 '大喪'으로, 常事'를 '祥事'로 고친다.
- 대상을 지기 직전에 상복을 벗고 소복을 입는다.

5) 담제(禫祭) 축문

- 모든 절차는 기제사와 같다.
- 다만 축문은 소상 축문과 같게 쓰되 '小祥'을 '禫祭'로, '祥事'를 '禫事'로 고쳐 쓴다.
- 담제를 지내면 소복을 벗고 평상복을 입는다.

【 考證資料 】

三禮 :
周禮(周文公). 禮記. 儀禮.

朱子家禮 :
家禮(晦菴.朱熹). 상하권
家禮增解(이의조)9권 복사본.
近思錄

沙溪全書 :
家禮輯覽(沙溪.金長生) 喪禮備要. 儀禮問解.
.
제의초 원본. 개정본, (율곡.李珥)

陶菴李縡 :
四禮便覽1844년.
增補四禮便覽1900년
顯吐사례편람=1924년

國朝五禮儀.5권 법제처본
국조오례의초 · 상하권

宗廟大祭(이은표)
朝鮮王朝實錄

太學志. 국역본
孔子家語
석전대제 = 국립문화재연구소
儒教와 釋奠大祭 = 성균관

韓民族의 社稷大祭 = 이근도
常變通攷. 洪武禮制. 大唐開元禮. 孝經. 爾雅

經國大典. 大典會通. 大典通編.

高麗史 = (北韓 飜譯本).
조선의 관혼상제 = 北韓 社會科學院 著

100년~80년전
喪祭禮抄目. 婚喪備覧 儀禮備要.

居家雜儀. 高井祭祀節目; 畿湖.

六禮笏記 (면우. 郭宗錫).
笏記類輯 ; 대구향교.

청원군 홀기.
忽記集 ; 옥천
百禮祝輯 ; 충북 1929년.
祝規叢輯
四禮常變祝辭 : 1927년8월 16일

韓國服飾圖鑑
國學圖鑑
조선왕조 복식사론 = 이상은
儒敎思想과 儀禮服 : 1992년 李善宰

조선여속고
慵齋叢話 = 용재 成俔(1439-1504)고려~조선 성종때까지
先賢들의 字와號

歷代總目= 중국
典故大方 = 한국
史要聚選 = 중국

禮論 (성신여대)
禮論 (숙명여대)

安東의 제사.
禮法全書 ; 대구.

輪鑑錄 : 전남.
儀禮讀本.
儀禮備要.

東國歲時記. 荊楚歲時記.
열양세시기. 동경잡기. 경도잡지.

回想社 40년사
통과의례음식

가정의례서식보감
가례서식 백과

新修世界史年表 = 일본
日本의 歷史와 世界 = 일본
冠婚葬祭 사전 = 일본서적

成均館 우리의 生活禮節.

@ 2007년 1월 增補 改訂版 誤脫字나 잘못된 부분은 증거를 갖추어 下教하여 주시면 감사하겠습니다 = 院長

【編著者】

善光 **金　　錠** 光山後人 論山胎生 (乙亥生)

- 全北大學校 工科大學 3年 中退
- 成均館大學校 儒學大學院(指) 修了
- 成均館 進士班, 典校班, 任員班
- 矯導所 教化班 修了
- 無形文化財 85號 釋奠大祭班 1期 修了
- 成均館 司義 典學. 典仁 歷任
- 冠婚喪祭 講義 試演(200여회),
  成均館釋奠大祭 習儀教育 指導(10여회),
  왕세자관례, 고종황제 가례, 경복궁 담수고유제,
  알성과거제 집례 및 집행
- 成均館 典禮委員(原任)
- **成均館 副館長**

- 社團法人 韓國典禮院(理事長) 院長(前)
- 보건복지부 가정의례 심의위원(前)
- 국가전문 행정연수원 강사 3년 역임
- 사법연수원 강사 3년 역임

예절교육 禮節教育

2015年 9月 28日 제7판 발행

編著者 金 錠 成均館 副館長

발행처 월간 서예문인화 · 이화문화출판사

등록번호 제300-2001-138
주소 (우)110-053 서울시 종로구 사직로10길 17(내자동 인왕빌딩)
전화 02-738-9880, 02-732-7091~3 (주문 문의)
FAX 02-738-9887
홈페이지 www.makebook.net

ISBN 978-89-8145-643-6

값 12,000원